U0925150

作者简介

隋亚刚(Yagang SUI),研究生学历,教授级高级工程师,北京市公安局公安交通管理局副局长,总工程师。1975年以来一直从事科学交通管理和智能交通系统技术研究工作,曾先后主持过国家“八五”、“九五”、“十一五”重点科技支撑项目,北京交通管理现代化工程建设和奥运智能交通管理系统建设项目,获国家科技进步奖3次,公安部、北京市科技进步奖5次,并先后被授予“全国公安科技英才”、“北京市突出贡献专家”、“首都信息化先锋”等荣誉称号,享受国务院特殊津贴。

李瑞敏博士(Dr. Ruimin LI),清华大学交通研究所,讲师。2000年7月本科毕业于清华大学,2005年获清华大学博士学位。先后参加和主持了各类研究课题及规划项目20余项,包括国家“十五”课题“信号控制系统核心软件开发”、“杭州市智能交通管理信息系统规划设计及平台软件开发”等。在国内外期刊、会议上发表论文50余篇,其中EI/ISTP检索论文14篇。参与编写《智能交通系统概论》、《城市交通规划案例集》等学术著作两部。主要研究领域为:智能交通系统、交通管理与控制、交通安全、交通规划。

郭敏博士(Dr. Min GUO),北京市公安局公安交通管理局高级工程师。2001年7月毕业于北京理工大学。主要研究领域为:动态交通信息在交通管理中的应用、道路交通流预测预报、道路交通仿真和道路交通仿真平台。

陆化普博士(Dr. Huapu LU),清华大学教授,博士生导师,清华大学交通研究所所长。1987年留学日本,1993年获名古屋大学交通工程博士学位,2001年获清华大学学术新人奖。先后主持了国家自然科学基金,国家“九五”、“十五”、“十一五”攻关课题,国家“十一五”科技支撑课题、国家发改委、公安部等有关部委的各类研究课题以及兰州、大连、三亚、济宁、杭州、沈阳、北京、温州等城市的交通规划、智能交通等各类项目100余项,在清华大学学报、中国公路学报等各类刊物和国际会议论文集上发表论文200余篇,其中SCI/EI检索论文84篇。著有《交通规划理论与方法》、《城市交通现代化管理》、《综合交通枢纽规划》、《城市轨道交通的研究与实践》、《解析城市交通》、《智能交通系统概论》和《城市交通管理评价体系》等多部学术著作。主要研究领域为:交通规划理论、智能交通系统、可持续发展的交通运输系统、交通安全、交通经济学。部分学术兼职有:公安部、建设部“畅通工程”专家组副组长,建设部城市交通专家组专家,北京交通工程学会副理事长,中国交通运输协会运输与物流研究分会常务理事等。1994年获日本地域学会杰出论文奖;2001年获清华大学学术新人奖;2002年获辽宁省科技进步三等奖;2004年获云南省科技进步二等奖。

城市道路交通流预测预报系统研究与应用

隋亚刚　李瑞敏
郭　敏　陆化普　著

中国铁道出版社
2009·北京

内 容 简 介

本书在介绍国内外城市道路交通流预测预报系统发展状况的基础上，介绍作者研究开发的北京市道路交通流预测预报系统的系统架构、核心预测模型及部分关键技术，包括地理信息系统、数据融合技术、数据库技术、软件体系架构及在北京市道路交通流特性预测预报系统中的应用，最后介绍了该系统的需求分析、系统设计及系统开发应用的情况。

本书可作为城市智能交通系统研究和开发人员的参考用书及高等院校相关专业的辅助教材。

图书在版编目（CIP）数据

城市道路交通流预测预报系统研究与应用/隋亚刚等著.—北京：中国铁道出版社，2009.6
ISBN 978-7-113-09968-8

Ⅰ.城… Ⅱ.隋… Ⅲ.市区交通—交通流—预测—自动化系统 Ⅳ.U491.1

中国版本图书馆 CIP 数据核字（2009）第 062095 号

书　　名：城市道路交通流预测预报系统研究与应用
作　　者：隋亚刚　李瑞敏　郭　敏　陆化普

策划编辑：殷小燕　　　**电话：**51873147
责任编辑：殷小燕
封面设计：崔丽芳
责任校对：张玉华
责任印制：陆　宁

出版发行：中国铁道出版社（100054，北京市宣武区右安门西街 8 号）
网　　址：www.tdpress.com
印　　刷：北京铭成印刷有限公司
开　　本：787 mm×960 mm　1/16　印张：13.5　字数：243 千
版　　本：2009 年 12 月第 1 版　2009 年 12 月第 1 次印刷
印　　数：1～2 000 册
书　　号：ISBN 978-7-113-09968-8/U·2494
定　　价：110.00 元

前　言

机动车保有量快速增加、道路交通负荷度不断加重，已经成为北京市道路交通系统发展所面临的重要问题，亦给北京市道路交通管理提出了更高的要求。

近年来，智能交通系统的发展为缓解道路交通拥堵、提高交通管理服务水平提供了新的手段和方法，智能交通系统的重要组成部分之一是城市智能交通管理系统。城市智能交通管理系统通过把高新科技手段与最新的交通流优化控制理论相结合，对整个城市的交通系统进行全面实时监控，优化交通组织和控制，从而实现整个城市交通系统交通流的分布与交通网络通行能力的协调匹配，最大限度地发挥交通网络的通行能力，达到缓解交通拥挤、缩短旅行时间、降低能耗、减少交通事故的目的。

城市智能交通管理系统的重要基础是交通流的预测，因此交通流预测预报系统已经成为智能交通系统中重要的基础子系统之一。近年来，许多机构和学者致力于短时交通流预测方法及预测系统的研究，许多预测方法被应用于短时交通流的预测中，其中有些方法在实际应用或仿真工程中取得了较好的效果。

北京市道路交通管理系统经过多年的持续发展，目前已经形成集快速路交通流检测系统、旅行时间检测系统、信号控制系统检测系统、匝道控制检测系统、异常事件检测系统等于一体的北京市道路交通流综合信息检测系统，为道路交通管理部门提供了涵盖五环范围内绝大多数主要道路的实时交通流信息，有力的支撑了日常道路交通管理工作。

为充分利用已有的北京市道路交通流检测系统的检测信息，同时为道路交通管理与信息服务提供更好的基础，2007 年，北京市启动道路交通流仿真和预测预报系统的研究及开发工作，研究具有实用意义的道路交通流实时预测模型及开发相应的道路交通流预测预报系统。

本书结合北京市道路交通流仿真及预测预报系统的研究工作，对北京市道路交通流预测预报系统的相关内容进行了详细的介绍，在对国内外类似城市道路交通流预测预报系统研究状况介绍的基础上，介绍了北京市道路交通流预测预报系统开发的两大基础：道路交通流预测预报模型及方法以及系统开发基础技术，包括交通地理信息系统、数据融合技术、数据库技术。随后介绍了北京市道路交通流预测预报系统的研究开发工作，主要包括软件系统体系架构、系统的需求分析、系统设计及北京市道路交通流预测系统的开发。

在本书编写过程中，清华大学交通研究所张晓利博士、孙立光博士、吴大鹏工程师、中国人民公安大学朱茵副教授等参加了部分执笔工作，作者在此深表谢意。

本书的出版得到了北京市科学技术委员会科技计划项目“道路交通流仿真和预测预报系统”的支持，在此表示衷心的感谢。

由于作者水平有限，书中难免有疏漏与错误之处，诚请读者批评指正。

作　　者
2009 年 6 月

目　　录

第1章 概　　述

1.1　智能交通系统概述

智能交通系统（Intelligent Transportation System，ITS）由一系列用于交通运输系统的先进技术以及借助这些技术所提供的多种服务所组成。信息共享、系统整合、综合服务既是ITS的本质特征，也是ITS建设的根本目标。ITS技术能使管理者、运营者以及个体出行者变得更为消息灵通，相互间能够更为协调，能够做出更为明智的决策。通过ITS系统的建设与实施，实现缓解交通拥挤、减少交通事故、降低运输成本、减轻环境影响、提高运输效率的目的，从而建立起安全、便捷、高效、舒适、环保、可持续的智能型综合运输体系。

随着社会经济的发展，城市化、汽车化速度的加快，交通拥挤、交通事故、环境污染、能源短缺等问题已经成为世界各国面临的共同问题。无论是发达国家，还是发展中国家，都毫无例外地承受着不断加剧的道路交通问题的困扰。

在美国，人口和经济活动的郊外化使人们更加依赖于私人小汽车。因此，道路交通量不断增加，引起交通拥挤加剧，交通事故也在增加。美国发生在道路、港口、机场等区域的交通拥挤每年造成2 000亿美元的损失，其中航空领域的延误造成的损失为94亿美元[5]。2003年美国最大的85个城市地区的交通拥挤导致的时间损失为37亿小时，额外消耗23亿加仑燃油，折合630亿美元[5]。更为严重的是，交通拥挤正在影响人民的生活质量，剥夺人们与家人或朋友相处的时间。在安全方面，预测到2020年，因事故造成的经济损失每年将超过1 500亿美元。

为此美国相继制定了一系列交通对策。其中包括提高由州际高速道路及干线道路组成的全国干线道路网的规格，设置供多乘员车（HOV：High Occupancy Vehicle）优先行驶的车道，建立以保护交通环境为主要目的的地区交通管理委员会，先后出台“综合地面运输效率法案”、“21世纪运输平衡法”、“安全、可靠、灵活和高效的交通运输均权法案”，以及加快智能交通系统发展等。

在欧洲，交通环境亦在逐渐恶化。各国分别采取了相应的措施来改善交通状况。如英国实施鼓励民间进行道路建设和经营的政策；法国采取了建设完善巴黎的环状线、改善公共交通等对策；德国则采取了强化高速道路网、推进综合运输网络建设与管理等措施。

在日本，交通拥挤亦日趋严重。根据 1994 年东京都市圈交通拥挤对策研究报告，东京都处于严重拥挤的地点有 219 处，在东京高速道路拥挤严重的路段上，最严重时拥挤时间长达 17 h，拥挤车队的排队长度长达 9.87 km。东京每年因交通拥挤造成的交通时间损失约为 12.3 兆日元。

解决交通问题的传统办法是修建道路。但无论是哪个国家，可供修建道路的空间越来越小。另外，交通系统是一个复杂的巨系统，单独从车辆方面考虑或单独从道路方面考虑，都很难从根本上解决问题。在此背景下，把交通基础设施、交通运载工具和交通参与者综合起来进行系统考虑、充分利用高新技术解决交通问题的思想就油然而生了，这就是智能交通系统。

概括地说，发展 ITS 的主要动力有如下几点（见图 1.1）：

（1）拥挤和事故造成的经济损失非常大，解决这些问题迫在眉睫；

（2）由于土地资源和资金有限，单靠基础设施建设一个途径无法很好地解决交通问题，必须考虑现有设施的最有效利用；

（3）通过减少交通拥挤和事故，提高生产效率，强化国际间的竞争力；

（4）培育未来的新产业。

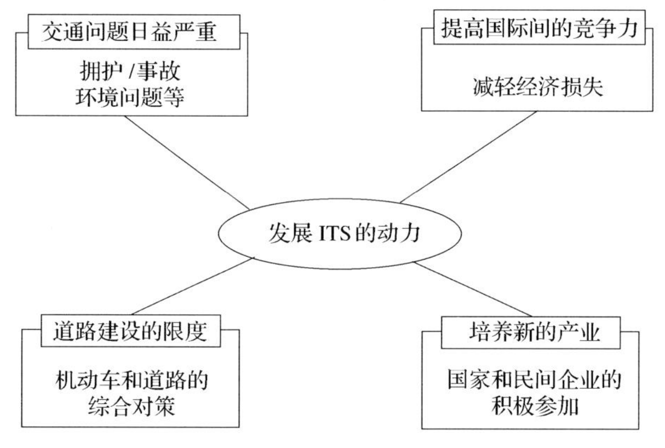

图 1.1　发展 ITS 的动力

上述对智能交通系统的定义和描述，可以被称之为“狭义的智能交通系统”。伴随着计算机、通信、信息等技术的迅速发展和人们对交通运输系统效率本质及其影响因素认识的不断深入，智能交通系统的研究范围在不断拓宽，由最初的道路交通管理系统，发展到对整个交通运输系统的规划、设计和运营管理的智能化，在提供交通服务方面将使不同运输方式之间实现最优的“无缝”衔接，可以将这种在交通运输的整个领域、涉及交通运输的全部环节、整合交通运输的全部相关系统、提供全方位综合服务的智能型综合交通系统称之为“广义的智能交通系统”。

1.2 城市道路交通管理

城市道路交通管理是指利用工程技术、法制、教育等手段，正确处理道路交通中人、车、路等因素之间的关系，使城市道路交通系统的运行实现安全、通畅、公害小及能耗少。

城市道路交通管理是对为实现特定目的而采取的疏导、控制、调节道路交通系统的各种方式、方法的总称，是配合实现城市交通规划的手段，综合协调人、车、路构成的道路交通系统中各交通元素之间的社会关系和自然关系。通过充分挖掘现有道路网的潜在通行能力和消除交通安全隐患，来解决城市交通问题和提高城市道路交通系统的运行效率。

传统的道路交通管理只是协调"人—车—路"之间的关系。然而，现代道路交通管理的内涵和外延已被大大扩展了，它除了包括传统的"人—车—路"外，还包括社会经济、环境、交通技术设施和管理模式与行为等，统称为交通系统。现代道路交通系统的管理要协调"人—车—路"之间的关系，还要协调包括它们在内的其他各部分之间的关系，否则，就不能满足社会经济和人们对交通的需求，也不能有效发挥交通系统的功能与作用。

1. 城市道路交通管理的对象

城市道路交通管理的对象是构成道路交通系统的人、车、路、环境等诸要素及其相互关系。人、车、路在城市道路交通系统中独立发挥作用，是最基本的构成要素，其他要素只能从属于这三者，通过对基本要素施加影响来发挥作用。城市道路交通管理工作实质上是研究人、车、路三要素的交通特性，使道路交通系统有效地运行，取得道路交通系统的整体社会效益。

但是，需要指出的是，这些要素本身不能成为道路交通管理的对象，只有当这些具体事物参与了道路交通活动，成为道路交通管理法规所规范的道路交通法律关系的构成因素时，才成为道路交通管理的对象。

2. 城市道路交通管理的内容

现代城市道路交通管理的主要内容包括：车辆检验，驾驶人员考核，交通违章及交通事故处理，交通秩序的维护，交通信号指挥与控制，交通警卫，人行道、车行道及停车场所的管理，交通标志、道路交通标线、隔离墩、安全岛和护栏等道路交通安全设施的布设，交通流的合理组织，交通法规的制定与执行以及交通安全的宣传教育等。表 1.1 为对城市道路交通管理内容的简单概括[1]。

3. 城市道路交通管理的目的和意义

表 1.1　城市道路交通管理的内容

序号	项　目	内　　容
1	交通设施管理	主要包括道路横断面、交叉口控制、出入口控制和行人过街设施等交通基础设施管理，亦包括相应的安全设施与环境设施
2	交通系统管理	通过管制及合理引导，使交通流在道路网络上分布合理、负荷均匀，缓解路网交通压力，内容包括静态交通管理和动态交通流组织
3	交通需求管理	通过土地利用、交通方式引导、经济手段等来控制交通需求，维持道路功能及服务水平
4	专项交通系统管理	主要包括步行系统、非机动车系统、公共交通系统和货运系统等以道路交通为载体的专项交通系统管理，从独立系统内优化资源配置、交通秩序，并注意与前述交通系统管理的整合

城市交通问题的产生涉及到若干主要环节：城市规划、城市建设、城市管理、交通规划、道路规划、道路设计、道路建设、交通管理等。任何一个环节出现问题，都会导致交通问题的出现。而每一个环节所遗留的问题，最终都需要由交通管理这一环节来承担，因此，道路交通管理水平的高低受各种因素的影响，也是道路交通系统良好运行的关键保障。

交通管理随车辆与道路交通而生，其目的也随着社会经济和机动化的快速发展而不断变化，从最初的满足交通安全到如今的有序、安全、快捷、舒适、高效、可持续等。现代道路交通管理的目的要求管理者必须采用协调、适应、有序、高效的管理内容和模式，对道路交通进行控制、协调和引导，实现适合当前社会和经济需求的和谐、可持续的城市交通。

城市道路交通在国民经济和人民生活中的地位以及道路交通系统的特殊性决定了道路交通管理的重要性。为了使交通活动能够顺利进行，国家不仅要修建充分的、高标准的道路，还必须运用法律、行政、技术、教育等各种手段，对人、车、路和环境等因素进行管理和协调，以形成一个良好的交通秩序，保障交通安全和畅通。

4. 道路交通管理的影响因素

道路交通管理的影响因素多种多样，表 1.2 对其进行了简单的概括[1]。

表 1.2　城市道路交通管理影响因素

作用类型	影响因素	说　　明
直　接	道路功能及等级	道路功能是其在城市路网体系中的定位，从根本上决定了道路交通管理的基调。相同等级和功能的道路其交通需求和交通流形态是相似的，这意味着其管理类型也是相似的。同样，不同等级、不同功能的道路其管理类型也存在着差异

续上表

作用类型	影响因素	说 明
直 接	交通结构和强度	相同等级或功能的道路，虽然其中观层面的交通需求和交通流形态是相似的，但由于微观层面交通结构及强度的差异，所带来的交通问题亦不能被道路交通管理所忽视
	行人和非机动化交通强度	我国城市道路交通最大的特点是机非混行，因此，行人和非机动车交通强度既影响机动车交通管理又影响步行和非机动车管理
	道路所处区位	道路所处的城市区位，从区域交通组织、车速控制、道路景观、安全设施、噪声控制和停车政策等各方面影响着道路交通管理
	区域路网形态	道路所处的一定区域内的路网形态，影响着此段道路在区域内的相对功能定位，并与其在城市路网中的道路功能有所区别
	城市居民交通意识	城市居民的交通意识直接影响交通管理措施的法治性、服务性等内容
间 接	交通战略、政策与规划	交通可持续发展战略、和谐交通战略、绿色交通战略、公交优先战略等从大方向上左右着城市道路交通政策的制定，也引导着道路交通管理的内容和方法
	专项交通系统方案	某项交通系统方案如停车方案、公交方案、货运方案等，会向道路管理功能提出来自该专项系统的要求
	交通事件	如交通事故或大型社会活动情况下对区域道路交通的要求，会在一定时期内影响区域道路管理功能

目前，解决交通拥挤及安全问题是城市道路交通管理的首要任务，只有在对道路交通管理的涵义、性质、目的、方法手段等充分了解的基础上，才能更好地发挥交通管理的作用，更好地为从管理的角度提出有针对性的解决交通问题的对策提供依据。

随着高新技术的发展和应用，道路交通管理领域正发生一场深刻的变革。智能交通系统在全球范围内的兴起，从根本上改变了传统交通管理的思想观念，传统的经验型交通管理模式已经无法适应新时期道路交通发展的需求。道路交通管理正从以静态管理为主的模式向着以动态管理为主、动静态管理相结合进行网络化、智能化管理的方向发展，对道路交通流进行整体优化、全面控制、主动诱导的先进交通控制技术和管理方法在现实中逐步得以实施。

智能交通管理系统（Intelligent Transportation Management System，ITMS）是通过先进的交通信息采集技术、数据通讯传输技术、电子控制技术和计算机处理技术等，把采集到的各种道路交通信息和各种交通服务信息传输到城市交通控制中心，交通控制中心对交通信息采集系统所获得的实时交通信息进行分析、处理，并利用交通控制管理优化模型进行交通控制策略、交通控制方案的优化，优化后的交通控制方案和交通服务信息等内容通过数据通讯传输设备分别传输给各种交通控制设备和交通系统的各类用户，以实现对道路交通的优化控制，为各类用户提供全面的交通信息服务。

城市智能交通管理系统通过把高新科技手段与最新的交通流优化控制理论相结合，对整个城市的道路交通系统进行全面实时监控，优化交通组织和控制，从而实现整个交通系统交通流的分布与交通网络通行能力的协调匹配，最大限度地发挥道路交通网络的通行能力，达到缓解交通拥挤、缩短旅行时间、降低能耗、减少交通事故的目的。

智能交通管理系统是ITS的核心组成部分，也是ITS中最基础的部分。正是ITMS实现了交通信息的采集、传输、存储、分析、处理及应用，实现了交通管理从简单静态管理到智能动态管理的转变，使交通静态及动态信息在最大范围内、最大限度地被出行者、司机、系统管理者、交通研究人员及政府机构所共享和利用，从而实现了交通系统的动态优化运行，有效地满足了公众不断扩大的交通需求。

通过智能交通管理系统的建设，交通管理者们可以利用多媒体技术、网络技术、卫星定位技术等现代化的管理手段，实时、准确、全面地掌握当前交通状况，预测交通流动向，制定合理的交通诱导方案，实现快速反应，准确、及时地处理交通突发事件，提前消除交通隐患。从而增强城市交通管理部门对城市交通的管控能力，提高城市交通管理的科学化、现代化水平，城市交通系统的整体性能将得到根本改善。实现智能化交通管理将是道路交通管理发展的最终目标。

1.3 北京市道路交通状况

近年来，在北京市各部门的共同努力之下，北京市的道路交通基础设施有了长足发展，但是在机动车迅速增长的今天，北京市道路交通管理依然面临如下的严峻形势。

1. 道路建设速度加快，交通管控范围迅速扩大

近些年来，北京市政府投入了大量资金进行道路的新建、改建以及扩建工作，交通基础设施建设取得了瞩目的成就，为城市交通运行提供了必要的基础设施保障。

2000年至2007年，北京市城八区道路每年以284.16 km的速度增长。截至2007年底，北京市城八区道路总长度为4 460 km，道路面积7 632万 m^2，如表1.3及图1.2所示。

表 1.3　北京市城八区道路基本情况

年份	道路长度（km）	道路面积（万 m^2）
2000	2 470.9	3 502.2
2001	2 492.9	3 701
2002	2 503.8	3 857.3
2003	3 055	5 345
2004	4 067	6 417
2005	4 073	7 437
2006	4 419	7 632
2007	4 460	7 632

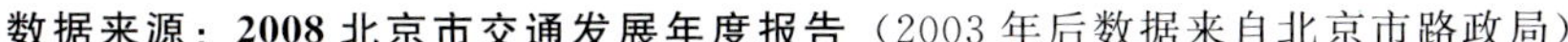
数据来源：2008 北京市交通发展年度报告（2003 年后数据来自北京市路政局）

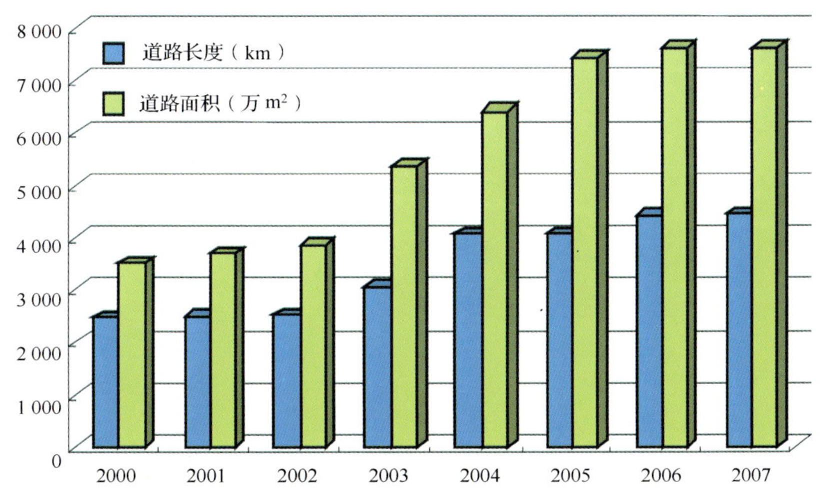

图 1.2　北京市城八区道路设施基本情况图

数据来源：2008 北京市交通发展年度报告

图 1.3 给出了北京市 2007 年城八区道路等级分类示意图。

随着路网规模的扩大，交通管控范围也逐步扩大；2008 年奥运会亦对交通管理提出了新的要求，管控难度进一步加大。

2. 机动车保有量增长与道路基础设施建设不匹配，交通供需矛盾日益尖锐

随着首都社会经济的快速增长，人民生活水平不断提高，北京市进入机动化交通快速发展时期，道路交通需求旺盛，车路矛盾不断加剧。截至 2008 年 12 月底，全市机动车保有量已达到 350 万辆，且每天仍以平均 1 000 辆的速度增

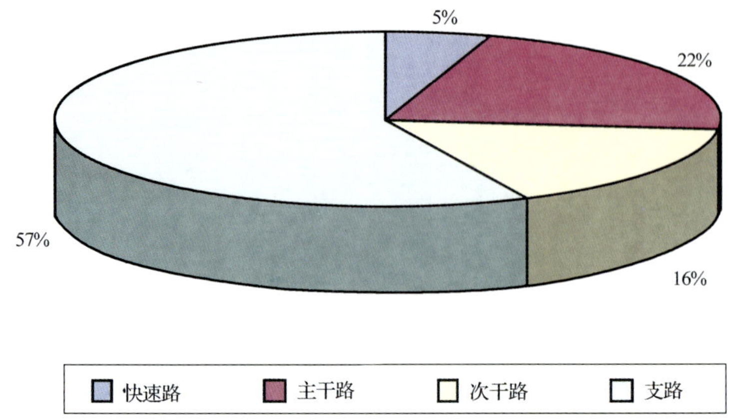

图 1.3　2007 年北京市城八区道路等级分类示意图

长。2007 年初北京市区机动车出行总量达到 600 万车次/日，早晚高峰时段市区主要干道基本处于超饱和状态，拥堵持续时间、拥堵范围均呈加长、扩大趋势。

自 2002 年初至 2008 年底，7 年间北京全市净增机动车 180 万辆，年均递增 10.9%。从历史数据看，北京市机动车保有量达到 100 万辆历时 48 年，达到 200 万辆历时 6 年半，达到 300 万辆仅用 3 年 10 个月，增长速度正在持续加快。全市近几年车辆保有量的发展状况如图 1.4 所示，2007 年机动车与驾驶员增长数量如表 1.4 所示。

表 1.4　北京市机动车与驾驶员增长情况（2007 年）

分　　类	机动车增长	驾驶员增长
日均新增	1 100 辆	1 300 名
最多一天新增	2 459 辆	
目前保有量	294.8 万辆	432.6 万名
预计增长	5 月底突破 300 万辆	
2007 年底前	318 万辆	455 万名
2008 年奥运会前	335 万辆	470 万名

目前，北京市年净增机动车数近 30 万辆，已达到中等城市平均保有量水平。交通需求以道路基础设施建设 5～6 倍的速度迅速膨胀，几乎在瞬间就将政府斥巨资新建、扩建的道路完全填满，而且还继续向原有路网蔓延，造成路网整体负荷度不断加大。按照机动车平均占用道路面积 25 m^2 测算，城区道路面积增长速度根本无法满足机动车保有量和交通需求的快速增长，城区路网已接近承载极限。

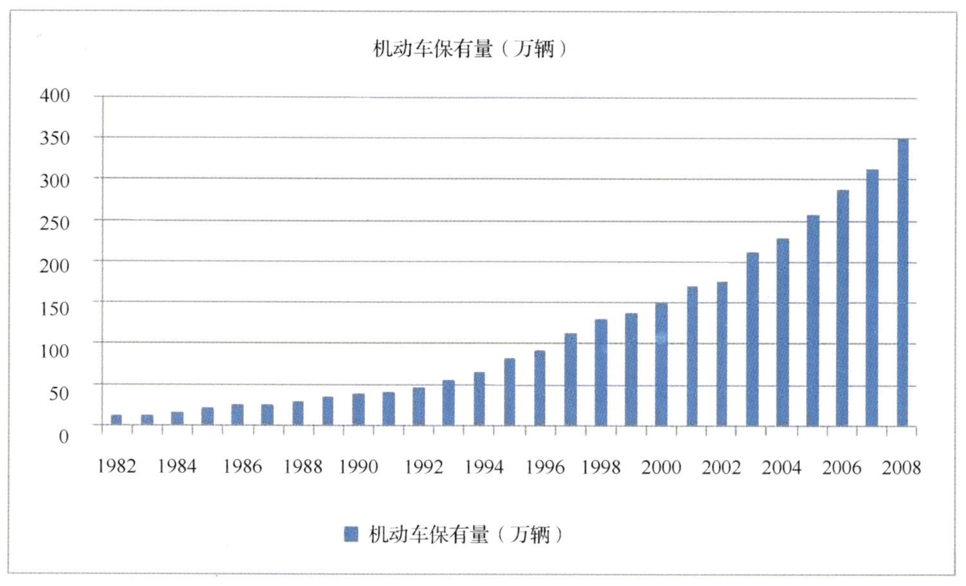

图 1.4 北京市 1982—2008 年机动车保有量示意图

3. 交通流量持续增长，路网饱和程度和交通拥堵不断加剧并向全市辐射扩散

伴随机动车保有量的高速增长，道路交通流量也以年均 18%的速度猛增。

交通流检测数据显示，北京市区道路自 7 时至 19 时持续流量高峰，快速路、环路运行速度年下降幅度高达 6 km/h，早晚高峰期间行驶速度低于 20 km/h 的路段 100 条，占检测路段的 17%，时速经常低于 20 km/h 的路段 170 条，占检测路段的 29%，平均行车延误将近 30 min。市区主要道路流量已接近饱和状态，交通拥堵正在从单点拥堵向干线、区域性拥堵发展，并从城市中心区向外围扩散。图 1.5 所示为近年来二环和三环路的平均速度呈下降趋势。

4. 科学交通管理手段严重不足

目前，北京市城市道路交通管理中的科技手段应用还不能满足交通快速发展的需要。如：300 余 km 快速路承载 73%的城区交通流量，目前虽已实现全程监视，但对 600 余处出入口尚无有效控制和管理手段，无法保证对日常交通的有效调控，更无法实施突发意外情况下交通分流疏导、封闭管理等措施。全市已建设的交通信号控制路口 3 200 余个，目前实现区域智能化控制的路口仅有 1 300余个，系统控制率仅 40%，无法充分发挥对路网运行效率的整体调控作用。交通监测系统对于加大管理力度，规范交通秩序，减少交通事故具有十分重要的作用，规划市区范围内应建设 3 000 余处，目前仅实施 1 000 余处，覆盖率仅 33%，影响了整体管控力度。交通流信息检测系统仅实现了对城市快速路、

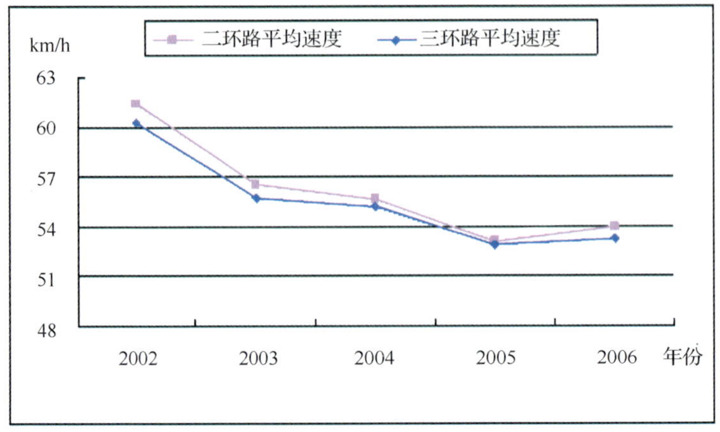

图 1.5　二环、三环路年平均速度走势

主干道的部分覆盖，无法满足服务科学决策、提供个性化交通信息服务的要求。同时，城市道路基础设施建设管理手段发展不同步。虽然科技手段已成为交通管理的必然要求，但相应建设需求、规划和工程尚未纳入道路基础设施同步实施。覆盖范围和应用规模与实际管理需求存在着较大差距，影响了交通管理科技手段整体效益的发挥。

5. 交通系统极为脆弱，各种交通事件引发大面积交通拥堵和导致大范围交通瘫痪的风险和频率将越来越高

城市路网密度低、道路功能级配结构不合理（主干道多、次干道和支路少），对快速路、主干道依赖性强等先天性缺陷，加之交通需求与交通供给不匹配，交通承载能力处于极限状态等因素的共同影响，北京城市路网缺乏对交通流量变化和意外事件因素自我调整适应能力，始终处于十分脆弱的临界运行状态，稍有扰动，就有可能导致交通状况的迅速恶化。交通事故、恶劣天气、局部交通拥堵造成的影响，都有可能导致整个路网系统运行状况的迅速恶化，甚至引发路网运行崩溃的连锁反应。在短期内无法解决交通供需矛盾，且缺乏有效管理手段的条件下，北京交通随时面临瞬时瘫痪的风险。

1.4　北京市智能交通管理系统发展状况

1.4.1　北京市智能交通管理系统基础

经过近年来北京市道路交通管理科技工程的建设，目前已经初步形成了“一个中心，三个平台”的技术支撑体系。“一个中心，三个平台”的具体结构如

图 1.6 所示。

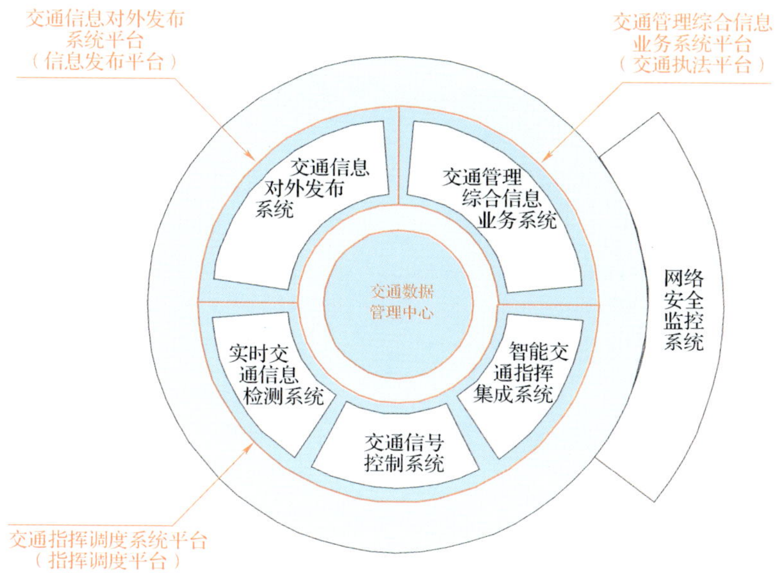

图 1.6 “一个中心，三个平台”

交通信号控制、交通信息综合检测和监测、交通信息发布及诱导、交通综合业务管理、交通指挥调度以及交通管理通信网络系统已具备了一定基础，智能交通技术和设施已在交通管理系统中发挥了积极作用。

1. 改造交通信号控制系统

改造交通信号控制系统的主要工作包括调整完善原有 SCOOT 系统、新建信号控制系统建设、快速路控制系统建设、交通信号控制系统数传网络数字化改造和信号控制系统管理平台建设等内容。

2. 扩展完善道路交通流实时动态信息监测系统

为了加快城市交通管理系统的信息化、网络化和智能化进程，提高城市路网的通行能力，保证车辆的安全快速的行驶，提高交通管理的路网运行状况，结合北京城自身的交通特征，建立了先进的、全面精确的交通监测系统，具体建设内容包括交通电视监视系统、交通流信息检测系统、交通违法监测系统、远郊电视监视检查系统、交通指挥中心大屏幕显示系统和车辆旅行时间检测系统。

3. 完善交通信息对外发布系统

近年来，北京市在二、三、四环路、联络线和长安街、中关村大街等主要的城市主干路上设置了大量的室外信息显示屏。在这些重点路段上室外显示屏的使用初步满足了交通诱导信息发布的需要。此外，还在局中心和海淀、朝阳、丰台分中心建立了室外显示屏的控制台。开发并完善了交通诱导信息室外显示系统的控制和管理软件。

4. 建立交通管理无线通信系统

交通管理无线通信系统的建设主要涉及无线指挥调度系统的改造和建设以及扩展建设无线通信同频同播系统。

5. 建设宽带综合业务网

宽带综合业务网的建设包括通信设备、网络管理系统、信息点和配套电源的建设。建设2个核心节点、12个骨干节点。

6. 建设和完善交通管理业务综合信息应用系统

交通管理业务综合信息应用系统的建设和完善完成了交管应用平台、交管集成数据平台、共享应用支撑平台、交管安全管理平台、交管网站门户、交管运营管理平台等数个平台的建设。

7. 建立网络安全监控系统

针对对外信息发布网络和交通管理业务网络不同的特点，分别建立起了一套网络安全监控系统。借助计算机审计、实时监测、分级授权、自动跟踪等手段，采取了各种有效的技术措施，使得网络安全监察和集中管理水平得到很大的提高，保证了数据信息应用的安全可靠。

8. 建立智能交通综合集成系统

智能交通综合集成系统的建设内容主要围绕“一个中心，三个平台”展开。建设完成后覆盖和集成了相关的北京市公安局公安交通管理局已建和在建的十多个业务应用系统和指挥调度专业功能系统，同时涉及必要的市局系统和外部系统。通过功能集成、信息集成和网络集成，提升了北京市道路交通管理系统的整体水平，为建设与北京市交通管理发展相适应的管理系统奠定了坚实的基础。

参 考 文 献

[1] 李定，范文博，蔡美玲．城市道路交通管理功能分类研究［J］．交通与运输，2006，12：52～55

[2] 陆化普　编著．解析城市交通［M］．北京：中国水利水电出版社，2001，9

[3] 陆化普　编著．城市交通现代化管理［M］．北京：人民交通出版社，1999，3

[4] 陆化普，李瑞敏，朱茵．智能交通系统概论［M］．北京：中国铁道出版社，2006

[5] Deportment of Transportation，United states of America. National strategy to reduce longestion on America’s Transportation Network. May，2006

第2章　城市道路交通流预测预报系统

2.1　城市道路交通流预测预报系统概述

交通流特性的预测特别是短时道路交通流预测是城市道路交通控制与诱导等交通管理手段的基础，因此交通流预测系统是智能交通系统中重要的基础子系统之一。近年来，许多学者致力于短时交通流预测方法的研究，许多预测方法被应用于短时交通流的预测中，如卡尔曼滤波方法、多元回归方法、时间序列方法、神经网络方法、非参数回归方法等，其中有些方法在实际应用或仿真工程中取得了较好的效果。

但是，交通流过程所具有的复杂性和不确定性，决定了准确的交通流的预测不是单一模型或方法所能够解决和完成的，这就决定了建立交通流预测支持系统的必要性。

(1) 从目前的研究来看，没有任何一种交通流预测方法能够表现出对所有方法的绝对优越性能，从而可以完全替代其他方法。每一种方法都有一定的适应范围和应用条件。另外每一种预测方法由其自身的特点所决定，针对某类特定情形下的交通流过程，能够获得较好的预测结果，而在其他条件下，其预测效果往往不尽人意。而交通流过程又是时变的，不同的空间位置、道路环境、时间段下，其状态特征差异很大。这样，对各种环境条件下的交通流预测应当是一个综合运用多种方法、互相补充的过程。

(2) 在应用大多数预测模型进行交通流预测时，首先需要确定若干个模型参数，因此在实际预测之前需要进行模型的标定，基于历史数据或实时数据，离线或在线地确定模型的各个待定参数，从而决定预测模型的结构。当影响交通流过程的内、外部因素保持相对稳定时，利用这些模型得到的结果是可信的。然而当交通流过程的内、外部特性发生改变，偏离某些标定时的状态时，模型就无法反映交通流过程的特征，其结果的准确性必然降低，必须对模型重新进行标定。因此，一种成功的交通流预测过程，应当能够正确把握被预测过程及其环境的变化，并能够及时调整模型的结构，使预测系统具有适应性。

（3）与其他的预测应用不同，短时交通流的预测是在线的、实时完成的，对预测的实时性要求较高。一方面，预测是为交通控制、诱导和其他管理方式提供数据，要求预测必须在规定的最短周期内完成一系列复杂的计算工作，保证及时准确地对下一时刻和周期的交通流量进行准确的估计，否则再准确的预测结果也是无用的；另一方面，交通流系统中，数据检测、传输也是在线实时完成的。这样，预测系统中有条件获取大量的样本数据，并能很快地对刚刚完成的预测的准确程度做出评价，这使得开发者比较容易对各种预测模型的方法进行比较，选择最适宜的方法。

从以上分析中，不难发现预测过程中需要解决的关键问题是根据被预测的交通流过程当前的情况形成最适合的预测模型进行预测，并能够依据预测的效果对开发的预测模型进行判断和评价，以便不断改进预测的效果。这一过程不可避免地将应用推理、判断、总结、学习等技术，将多种预测方法和模型与人工智能技术相结合，建立短时交通流的预测支持系统，满足智能交通系统对交通流预测的各项要求[13]。

2.2 国内外发展状况

2.2.1 欧盟

1. CAPITALS 项目[1]

（1）背景概述

欧盟第四框架中设置了 CAPITALS 项目，包括了 5 个欧洲国家的首都：布鲁塞尔、柏林、巴黎、马德里和罗马。主要研究目标是通过使用和改进现有的数据和信息来源，建立起面向管理层和旅行者的、用于交通管理和信息服务的信息平台。

目前在欧洲的一些大都市圈，例如像布鲁塞尔、柏林、巴黎、马德里和罗马这样的首都城市，普遍面临着日益增长的公众出行需求所带来的交通问题。在各个层面上加入和改进交通信息服务的目标是一致的，采取的措施包括应用合适的无线数据通信系统等服务。

超过 2 000 万的人口居住在 CAPITALS 项目覆盖的区域内。该区域的道路上行驶着超过 1 400 万辆的私家车，每日行驶距离总和达 7 000 万 km，占整个欧盟的每日出行距离总和的 30%。这为引入无线数据通信系统提供了特殊的机遇，因为用户接受程度比较高。考虑到整个市场份额的 70%，CAPITALS 项目有机会为都市圈的交通问题提供真正的解决方案。

(2) 方　　法

本项目的技术工作涵盖了 4 个领域:

• 改进交通管理和信息系统来辅助决策者:利用法国巴黎地区的一半路网规模的数据来进行今后一天到两天的交通预测;通过 VMS (Variable Message Sign) 在整个法国路网上发布交通信息的协调策略;通过柏林的交通信息中心的 DVB (Digital Video Broadcasting) 系统来设置和整合浮动车数据。

• 多模态信息的改善来为用户和旅客提供更好的信息:为柏林的中小交通公司提供交通信息,以及连接巴黎地区的多个交通信息服务器。

• 改进并采用交通控制策略来改善交通和环境状况:布鲁塞尔都市路网中的集成交通控制 & 用户信息系统;在马德里市明确规定的权限内的交通管理监控系统。

• 引入需求管理方法,实现对城区可用空间的更好的利用:电子通道控制系统,可减少进入位于罗马市历史中心的内城区的车辆数。

(3) 成　　果

• 交通管理和信息领域

交通预测工具已经投入测试,巴黎交通信息的协调已经完成。

柏林已经建立起了交通信息中心和物流信息系统。

• 其结果:

尽管用于巴黎的预测工具的未来使用看起来与其准确度水平有关,但是用户反映整体上是持肯定态度的。

对于交通系统的影响的第一手资料已经在巴黎和柏林进行了收集,包括路径重定位信息和柏林物流信息系统的初次使用等方面。

• 在多模态信息领域

罗马启动了集成信息付费系统的示范项目。从整体反馈情况来看,用户对信息和票务功能表示认可。用户同时还对增加公共交通表示支持。

巴黎已经制定了信息提供者之间的机构框架,同时制定了提供者和服务运营者之间的联系,包括停车场状态的信息。

关于无线数据通信系统辅助的交通控制系统领域,马德里和布鲁塞尔在试验中出现了不同类型的延误,从而制止了这两个城市彻底检测上述系统对路网的真实影响。而对布鲁塞尔系统的短期协作和马德里的长期检索的接受程度的用户反应调查则得以成功进行。

• 在交通需求管理领域

示范后的本质结果对交通、能源消费和环境的影响在罗马进行了估测。采取的方法是利用调查和建模的结果。结果显示针对受控通道方案的运费政策是一项本质上非常敏感的因素。

(4) 结论和对未来的展望

总的来说，CAPITALS 无线数据通信系统的应用和服务会有利于项目所涉及到的各个城市的交通信息和管理方案的改进。

该项目所强调的重点是建立在兼容平台所提供的更好的信息上的，这些平台正试图在这 4 个城市上建立起来。这些交通信息系统和服务会对用户出行行为产生社会影响，以及对这些系统的运行产生经济上的影响。

CAPITALS 项目涉及的城市把其应用定位于为建立都市圈更好的交通环境添砖加瓦。

2. CAPITALS Plus[2]

CAPITAL PlUS 示范和验证了交通的信息通讯系统和服务系统开发的功能。CAPITAL PlUS 是基于 CAPITAL 项目开发的。

5 个欧洲首府中，布鲁塞尔作为协调中心，巴黎、马德里、罗马和柏林同意进一步拓展他们的信息平台，成为整合的机动的服务平台。与这些平台交互的是存储有多模式数据的服务器，例如像公共交通时间表，获取的停车和天气信息等。在这些平台的基础之上，开发和展示信息服务系统。

(1) 方　法

• 布鲁塞尔

目标是将已有运行的集成平台（交通数据服务器）拓展成为多模式信息系统，通过提供与其他现有控制中心的技术交互（隧道的交通监视系统（摄像头）、公共交通管理系统、信号灯控制系统），并且支持将集成的信息提供给旅行者和控制人员。

技术手段解决了交通信息服务器的拓展，这样的交互系统使中间用户获取数据成为可能。

在交通信息服务器上，不同形式的数据被进行整合和处理。经过这些数据的存储和处理，不同等级的交通服务水平可以展示在综合交通状况表现图中。通过管理不同的事件情景，这个交通状况的显示被进一步优化。所有的实时或历史数据存储在交通数据服务器中，可以被工作站调用。并且，交通数据服务器传递专用信息给公共媒体，然后提供给道路使用者高端信息。尤其，RTBF 电台会发布每日多模式的出行信息。

• 巴黎

预报工具是信息服务平台的基础条件，目标是拓展预报工具以涵盖不同情况（恶劣天气、罢工）下的优化预测。

这个技术方法验证了和拓展了现有系统，使拓展后的系统涵盖了巴黎城区，环路和外围的道路。

通过进行进一步访谈，评估了运营者每日对该系统信息的接受程度，以及投入（每日对可预测事件的集成工作）与产出（该结果的准确性和对决策带来的支持）的比较，并且测试检查了预测与实际的事件的吻合程度。

更进一步的数据，例如用于预测的天气信息，更新的和历史交通数据，罢工和示威活动事件也正在整合中。

• 马德里

目标是：

◆在现有系统上整合数据和资料，设立并显示集成的数据信息以服务于 UTC，公共交通和停车管理。

◆经过在 M30 公路上的 VMS 系统，给出行者提供预测出的旅行时间。

技术路线可描述为两个层次：从硬件或软件角度看与多模式信息服务平台。现有系统，例如 UTC，停车信息系统和公共交通信息系统服务器接入了新的服务器，来集成交通信息、是否有停车位的信息、公共交通线路、最佳的旅行路线以及出租车信息等。

与公共交通信息系统服务器的连接是经过了双向的数据交互。例如，将道路交通状况的信息传输回公共交通，这就意味着私营的交通机构（马德里自治市）或是公共交通（CRTM）能够交换相关信息和数据，而这些数据在过去是不可能通过如此简单的方式交换成功的。

M30 环路机动车道上的出行时间的估计是基于通过检测器和摄像头收集网络实时交通信息，并且用于拥堵分析的短期预测技术。这些信息经过 M30 交通控制中心处理，经由 VMS 传输给司机。

• 柏林

目标是：

◆使更远的控制中心相互连接，例如公交运营中心 BVG 与现有的交通信息中心相连接。

◆将 TIC 转换为机动平台，用于交通信息服务并带有扩展的功能：各模式交通的信息和交通状况预测功能通过分析历史浮动车数据。

◆设置仿真工具，用于分析交通带来的影响以支持不同时间下的交通管理和决策支持。

技术手段是基于交通信息系统，设置于 CAPITALS 中，使交通信息警报系统控制中心（PTMC）和物流信息系统相互连接。运用从已有的项目中得来的现有的浮动车数据，更进一步地对交通造成的不同影响进行分析。并且，更进一步使 Berliner Verkehrsbetriebe（BVG）连接公共交通的控制中心，实现了 BVG

在 CAPITALS PLUS 中的功能定义。道路路网上的交通信息和出行者出行前的公交信息都被集成在 TIC 中，集成信息通过一个服务器终端被提供给公交乘坐者和司机。这些信息包括辅助出行决策、延误时间和提供备选路线（譬如施工造成的延误）。

在提供实时的交通信息之外，这个平台将会实现和提供预测功能用于预测当天和第二天的交通状况。这个功能将运用于柏林的两个交通通道上。

• 罗马

目标是：

◆设计出一个用户界面友好的、易于连接的信息平台。在这个平台上提供可达性相关的信息和服务。

◆创建一个交通控制中心，此中心能集成私有和公共应用程序功能，以便可以进行集中控制和管理。

这些目标要求创造出 3 个像伞状的中心。中心能辅助交通应用程序的管理，并且能提供市民交通方式选择。

交通控制中心（Traffic Control Center，TCC）集成私营交通软件，建立集中的控制和指挥中心，并且提供未处理的原始数据给地理信息系统（地理信息系统的坐标是与 ALERTC 一致的）。

功能完善的交通信息中心（Traffic Information Center，TIC），此中心能把其他情况下的信息集成在 TCC 数据库中。此中心将原始数据处理为更易理解、更易于使用的信息形式，但是并不能控制地区的运行系统或发布命令。

研制一系列的信息传播技术，包括一个最核心的远程信息处理中心。TIC 处理后的信息经由互联网或是 GSM，与用户的交互界面采用标准协议，提供用户服务。其他的传播技术包括远程电视通信、广播、自服务的信息亭和电话服务中心。

（2）结果和成就

预期的结果是：

◆集成可动性服务系统平台与所有的 CAPITALS PLUS 的城市，使用已有的和增强的信息服务系统，提供具有附加值的信息。例如，交通状况（历史、当前、预测）通过交通信息板提供（例如堵塞、路网和公共交通）；仿真技术运用于辅助决策，出行时间预估运用于个人和公共交通、停车以及事件信息等。

◆为出行前提供有用的旅途规划信息，提供给私人汽车、公共交通、管理决策支持等。信息通过互联网、文字电视广播、订购传真、GSM 手机、信息亭、广播，提供给在所有 CAPITALS PLUS 的城市中，包括布鲁塞尔、柏林、巴黎、马德里和罗马。

◆出行时的信息服务，例如布鲁塞尔的内环公路通过 VMS 系统提供给司机旅行时间信息，马德里的 M30 环城公路提供预测的出行时间。

◆在布鲁塞尔提供停车信息，在罗马提供通道控制和停车信息，包括相关的用于控制和缴费的软硬件安装。

2.2.2　英国

国家交通控制中心（Nnational Traffic Control Center，NTCC）项目 traffic England，是英国政府 2010 年建设现代化交通系统十年规划的核心[3]。

在西部诸郡的基础上，这个中心用于收集、分析和交换机动车交通信息。

NTCC 通过机动车路网收集实时信息，使得驾驶员接收信息时更加方便、旅行时间更加可靠。

图 2.1 显示旅行者能够使用网站来查询交通状况或者交通预报，获得必要的信息。

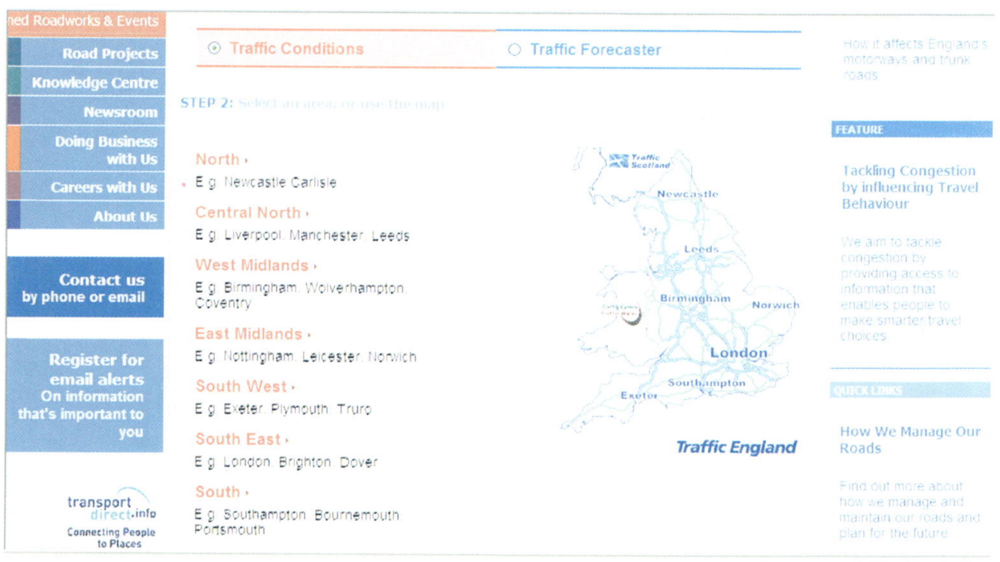

图 2.1　Traffic England 的用户界面

图 2.2 是旅行者选择了伦敦的交通状况后所显示的实时交通状况。

图 2.3 显示的是旅行者选择了未来的某个时段。

图 2.4 显示了交通状况。

图 2.5 显示的是未来某时段中每小时的交通趋势。

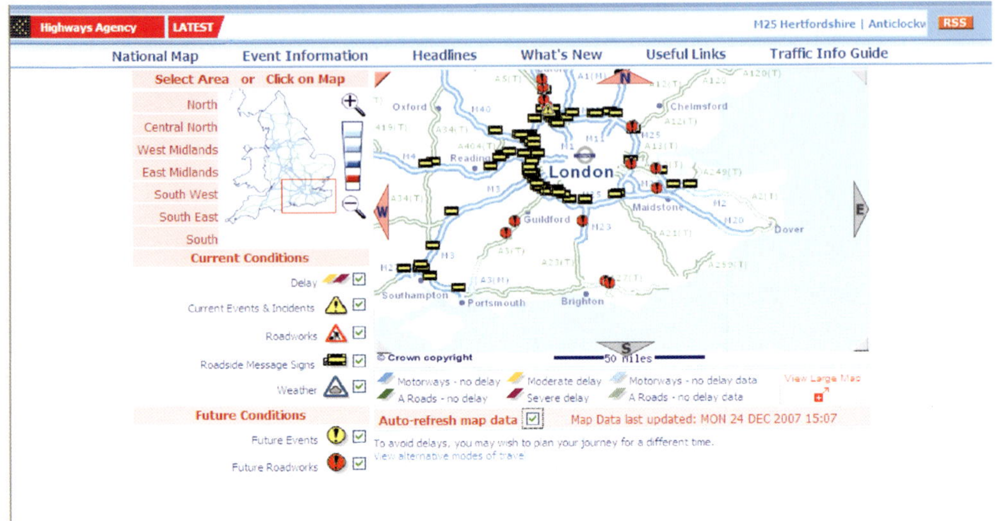

图 2.2　实时交通状况

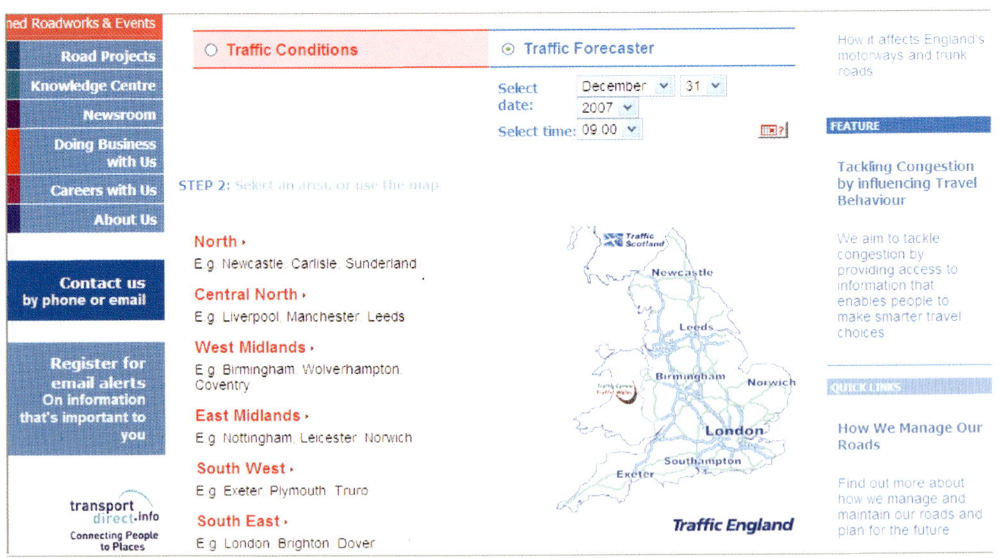

图 2.3　交通状况预测

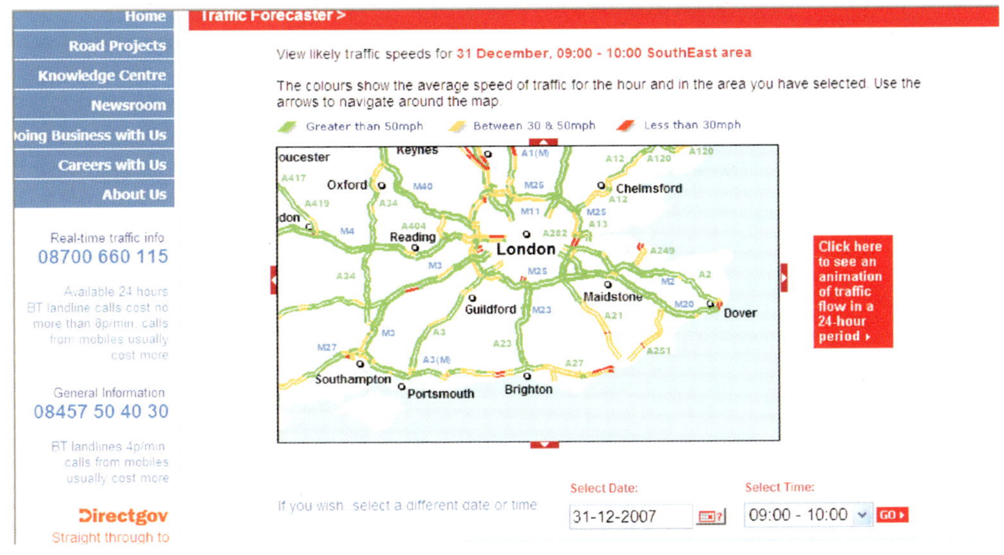

图 2.4　交通状况查询

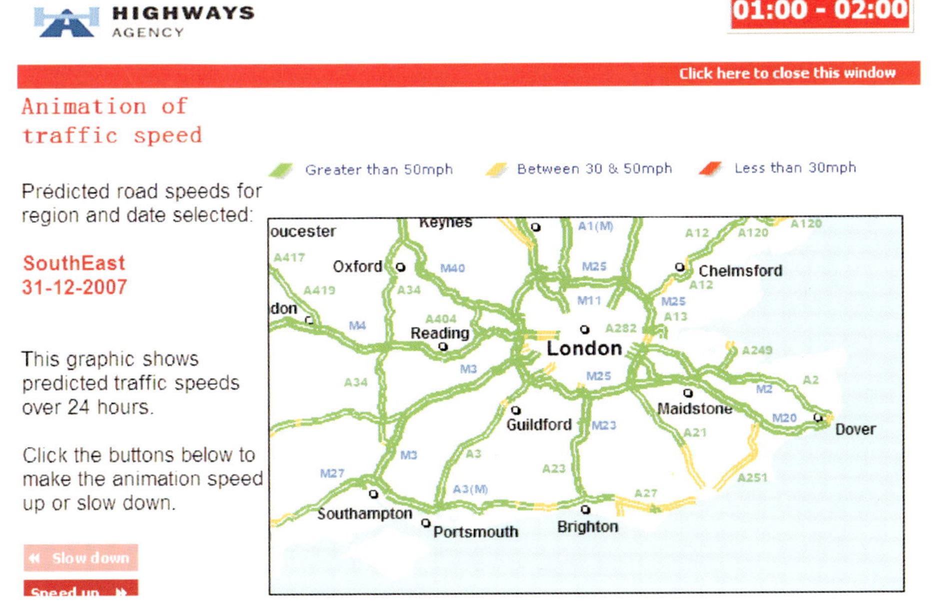

图 2.5　未来某时段交通趋势

◆运行界面有很多，包括：300 个可变信息标志。覆盖了所有主要的路线和交叉口，2 000个实时交通检测点（线圈以及全自动数字识别摄像机），与区域控制人员的交互界面以及与 42 处警力的通讯联系。

• 主要的优势

◆准确的实时信息；

◆降低由大的交通事故造成的秩序混乱；

◆对可选路线的更好的建议，以便使交通堵塞、事故和施工带来的影响最低；

◆旅行时间可靠性进一步提高；

◆降低驾驶员的压力、道路更加安全。

• 信息采集方式

◆通过大量的信息源，包括人力和技术手段。NTCC 收集和采用的信息建立在已知的和过去的数据以及对事件的改变比较敏感的意外事件和实时信息上面。

• 信息共享

◆NTCC 公共部门、媒体和商业机构提供信息服务。

• 公众获取信息的方式

◆网站：通过访问 www. highways. gov. uk 可以获得路网和交通状况的信息。

◆电话：高速公路机构信息服务专线为出行者提供高速公路机构的主要工作计划和路面整修项目的详细情况。接线员在工作日早 8:00 上班、晚 8:00下班，节假日是上午 9:00 到下午5:00。

◆可变信息板：驾驶途中获取信息。在主要的交叉口设有超过 350 个的 VMS 来为出行者提供转换路线的选择。另外的 1 400 个 VMS 可以为出行者提供即将经过的路段的相关信息。

◆交通旅行新闻广播：获取实时更新的交通旅行信息。多年来一直提供24 h 的广播、电视和其他媒体的服务。

• 旅行者会在以下场合中看到交通管理人员

◆车辆相撞现场；指挥移走损坏的和遗弃的车辆；清理车道上面的残骸；进行可视度很高的巡逻；提供临时的道路关闭措施；职权范围内帮助警察。

• 为旅行者提供的优势

◆道路使用者更加安全；事故后通过快速安全的转移车辆来减少堵塞；通过全天候的机动巡查监控交通状况和路网；电子路牌提供更多的信息；更多受过训练的人员提供帮助。

2.2.3 德国

BayernInfo 最初源于 BAYERN ONLINE 的一个子项目——一个由 Bavarian 州政府发起的，名为“Offensive Zukunft Bayernan”的倡议[4]。

这项服务发起并成立于 1995 年至 2001 年之间，并一直由 Bavarian 州内政部高级建设局运营至 2005 年。而在这段时间内，通过招投标的方式，确定它将会以公私合营的方式继续下一个 10 年的扩张与运营。

伴随着合同的签订，VIB（Verkehrsinformationsagentur Bayern）国际财团将会在 2006 年继续负责服务运营。财团成员包括 Siemens、PTV、mdv、micKS 与 DDG。

服务范围将逐步予以调整和扩大，直到 2008 年。更现代的地图，更准确的信息，更好地预测和更详细的支路信息，以及周边地区的信息集成都正在规划之中。如图 2.6 所示。

图 2.6 BayernInfo 界面

• BayernInfo 服务信息的来源

目前交通状况是通过很多不同的信息来源得到的。对于不同种类的信息与时间跨度，有不同的方法与之对应。通过这项服务，可以得到综合所有方法而成的结果，创造出关于所有街道和时间的全面描述。而报告管理部门负责所有的信息，它们以交通报告的形式存在。目前这些报告包括：

◆基于公共交通警报服务的警方（交通报告中心）报告。关于当前联邦公路和高速公路的道路网络，以及重要的城市道路，州内公路和州际公路的事件与危害的报告。

◆高速公路的单位（Bavarian 公路建设局）的信息。

• 大量方法形成了系统中的“交通模型”

被应用于高速公路交通检测系统的检测器提供“当前交通状况”及“短期预测”信息。一种名叫 ASDA－FOTO 的交通模型也与检测器配套使用，以用于寻找交通拥堵，并评估未来 60 min 以上时间的发展趋势。为此，每分钟的交通量和车速数据都会按车道采集并且进行分析（区分客车和卡车）。检测网络越密集，结果越可靠。

对于未安装检测器的道路则采用其他方法。其中包括由道路使用者的行为得到的理论。游客可以发现从一点到另一点间通常有多少次出行（如周一、周二——周四、周五、周六、周日）。交通工程师将其称作对交通网络的需求“分配”。这就是为什么这些方法也被称为“基于分配的方法”。

系统中的“交通模型”采用了多种方法：

如果信息可以被长期正确指定，则可以评估整个道路网内每一个小时交通将会如何分配。这便是一个所谓的“长期预测”的做法。

如果你还知道什么时候限制对该道路网的使用，旅行者也可以考虑它们。这就是中期预测要做的，每晚考虑未来 14 天内的公路作业。这可以为之后的 14 天带来更精确的评估。

如果将所有结果全部综合在一起——包括长期、中期、短期预测，目前的交通状况与报告，便可以得到能向公众展示的最终结果。根据选定的时间、地点，出行者将会得到对未来交通量的预测。

• 未来的发展计划

显而易见，更多的信息可以带来更好的预测。BayernInfo 今后主要着眼于以下信息：

◆天气；

◆事件 ；

◆小型乡村、城镇的检测器；

◆停车指示系统；

◆最新 FCD（Floating Car Data，浮动车数据）技术；

◆公开的交通报告。

为了包含所有的信息，必须对 BayernInfo 模型进行相应修改，甚至融入新的方法。

除了向出行者提供关于目前的交通状况的描述，出行者还可以使用系统的资料来计算自己的行车时间和距离。旅客能够根据系统所有的预测来计算速度最快的路线。这就是交通工程师所说的“动态路线”。

为了实现这一目标，系统需要更多的合作伙伴，尤其是地区一级的地方当局和道路建设局，他们掌握着可用于出行者的资料。这样，每个地区与整个 Bavarian 州都将会从 BayernInfo 中受益。

2.2.4　美国

在此主要介绍一下美国的 TrEPS[14]。

1. TrEPS 研究背景

TrEPS（Traffic Estimation and Prediction System）在美国联邦公路局（Federal Highway Administration，FHWA）的战略规划中具有重要地位。FHWA 希望“为美国人创造世界上最安全、最高效的公路运输系统。在这样的运输系统中，碰撞、延误、拥挤显著减少；货物很容易、并以最低成本通过城镇、州和国境；道路可以保护好生态系统；并且，车辆在道路上的旅行不会使空气质量降低。”为实现这些目的，FHWA 提出了如下 5 个战略目标：①安全性；②灵活性；③高效率；④人类和自然环境；⑤国家安全。TrEPS 将帮助 FHWA 达成这些目标，尤其是在灵活性与高效率方面。TrEPS 将直接或者协同 ITS 其他子系统，减少交通网络中的拥挤与延误，从而提高个人的灵活性、竞争力、效率，减少环境影响，增加交通安全，改善生活质量。在美国交通部制定的国家 ITS 体系结构（1999 年）中[5]，认为 TrEPS 是位于交通管理中心（Traffic Management Center，TMC），并为 ITS 各子系统（如 ATMS/ATIS）提供实时信息服务，是 ITS 的信息中枢（见图 2.7）。

基于 TrEPS，政府领导人可使用预测的交通信息来改善公共安全。警察、消防人员等曾一度发现由于交通拥挤，对紧急事件的响应已变得越来越困难。此时，他们将能使用 TrEPS 提供的信息，更有效地对交通事故进行定位并作出处理，通过适当地配置人员和装备，可节约大量时间、资源，甚至还可挽救不少人的生命。实际上，TrEPS 本身已具备了一些基本的 ATMS/ATIS 功能。它的主要作用是估计当前的交通状况，并产生满足无偏性和一致性条件的交通预测，以便交通管理中心能够实时执行前摄式的交通管理（如可提前把即将发生的交通拥堵消除于萌芽状态）。其中，无偏性意味着出行者无法通过其他方式获得比 TrEPS 推荐的更佳的路径，即 TrEPS 提供给出行者的信息是基于当前和预期网络状况的最佳估计来生成；一致性表明 TrEPS 提供的交通状况预测与出行者在随后的行程途中实际经历到的交通状况是一致的[14]。

2. TrEPS 功能与应用

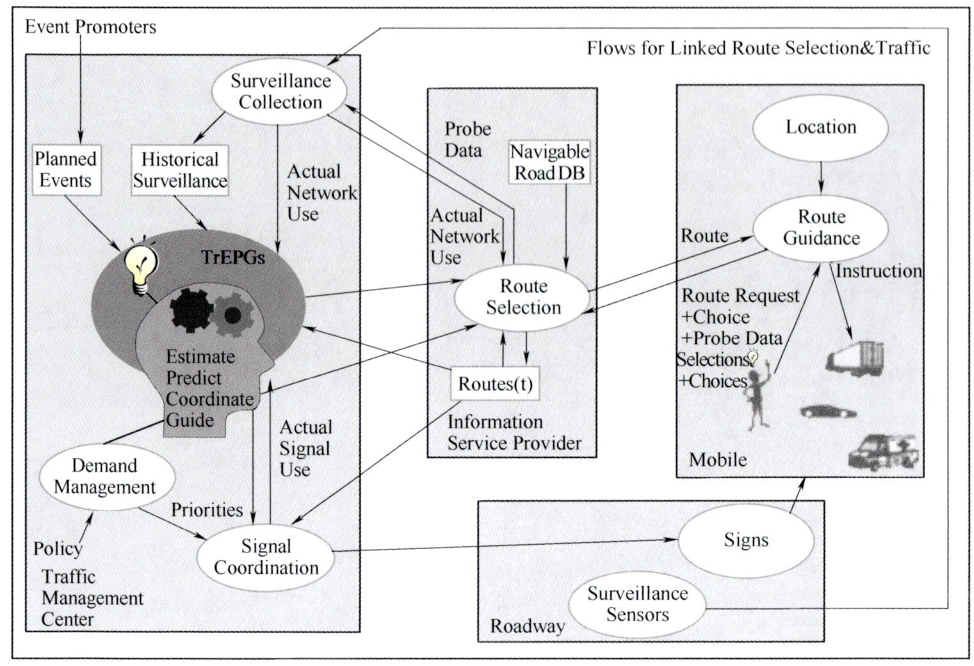

图 2.7　TrEPS 在美国国家 ITS 体系结构中的地位

美国联邦公路局启动的 DTA（Dynamic Traffic Assignment）项目有两个主要目标：

• 开发一套可实际应用的实时交通信息估计与预测系统，以提供 ITS 环境中所需的信息。

• 运用同样的技术开发新一代的交通规划工具，并支持 ITS 环境中的交通管理决策。

（1）TrEPS 功能

TrEPS 是一套位于交通管理中心的 ATMS/ATIS 支持系统。它与 ATMS、ATIS、交通检测系统、事件管理系统，以及其他 ITS 子系统进行交互，为 ITS 子系统提供预测的交通信息，以便帮助产生前摄式的、网络范围内的、协调的诱导与控制策略。它可为出行前规划产生旅行信息，如出行方式选择、出行时间选择和路径选择；也可为途中准备分流的旅行者产生交通信息和诱导信息。如图 2.8 所示，TrEPS 是 ITS 中一个有“感知”能力的组件，并连接交通检测系统和 ITS 子系统。

TrEPS 利用先进的交通模型、实时检测信息（网络中若干路段上的车流量、行程时间等）、各种历史数据（路段车流量、行程时间、道路占有率、动态 OD

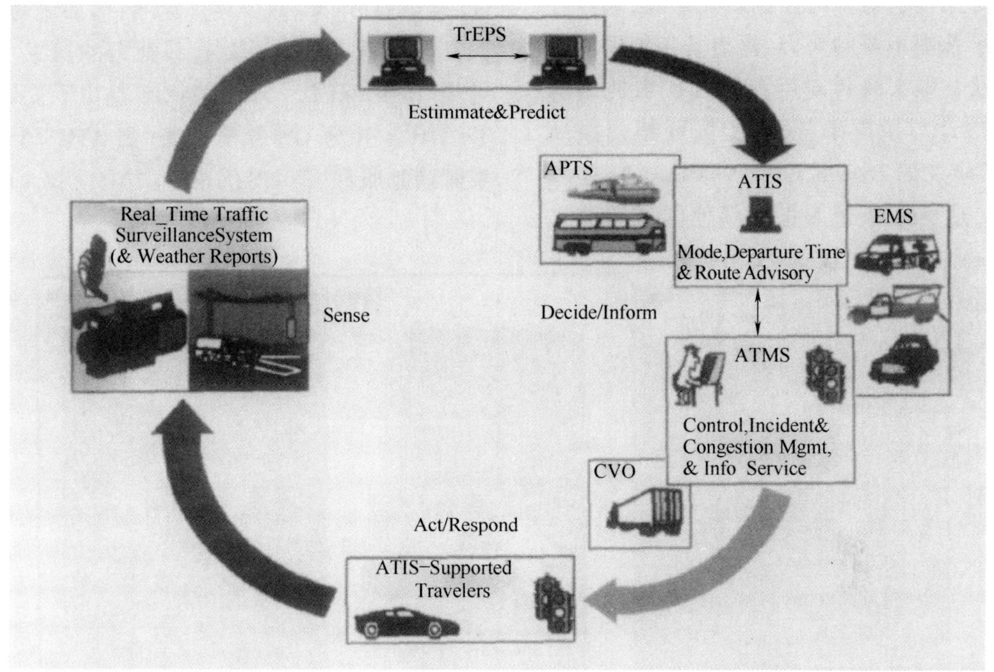

图 2.8　TrEPS 原型的功能框架

矩阵等），以及来自其他的 ATMS/ATIS 支持系统的信息，提供如下功能[6~7]：

• 为交通控制和管理系统估计并预测短期内的交通 OD 需求。

• 网络状况的实时估计，如各路段的行程时间、排队长度、车流密度等。

• 对各种交通控制方法和信息发布策略作出响应，滚动预测网络状况。

• 为实现各种交通管理与控制目标，通过 ATIS 为出行者提供适合出行的时间、方式、路径，以及其他的交通信息和交通咨询，从而实现驾驶员的最优决策。

图 2.9 给出了 TrEPS 原型的一般框架。

(2) TrEPS 应用

TrEPS 可应用在如下领域，包括实时和离线操作方式[6~9]：

• 为产生前摄式的 ATIS 和 ATMS 控制策略，在交通管理中心提供当前和预测的实时交通信息。

• 为紧急事件响应车辆提供交通信息。

• 为路径诱导提供信息服务。

• 在实时紧急事件状态下（如自然灾害等），撤退与营救方案的协调。

• 评价随着时间、地点、当前道路状况而变化的拥挤收费方案。

- 可变消息板（VMS）的有效运行。
- 实时交通事件管理和控制。
- 实时交通事件管理策略的离线评价。
- 各种交通控制策略的评价。
- 历史数据库的生成。

3. TrEPS研究、开发与实施计划

在制定美国国家ITS体系结构的过程中，FHWA承认ITS的成功实施将需要TrEPS提供的功能。FHWA理解，这种先进的信息处理系统是必需的，以便产生交通状况的估计和预测，而这将是出行者和ITS服务提供者作出智能的、前摄式决定的基础[10]。

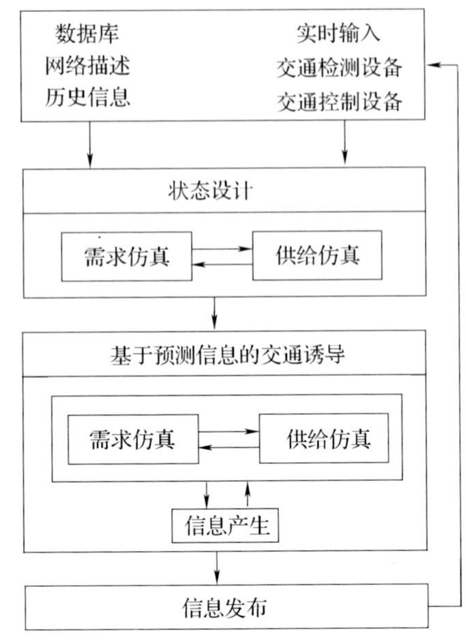

图2.9　TrEPS原型的一般框架

为满足TrEPS的需要，并解决基于信息的动态的ITS环境中复杂的交通控制和管理问题，FHWA在1994年6月启动了动态交通分配项目，主要目标是开发出一套可实际应用的实时交通估计与预测系统（TrEPS），并解决关键的DTA问题。在广泛征求了交通领域专家的意见后，最终形成了项目说明书，并于1995年10月分别和麻省理工学院（MIT）、德州大学奥斯汀分校（UTX）签订了项目合同，橡树岭国家实验室（ORNL）作为该项目的管理单位。项目要求两个单位分别独立开发出一套TrEPS，两套系统将是相互竞争的关系。DTA研究项目是长期的项目并分3个阶段实施，投入经费超过1 000万美元，历时已近10年。

（1）阶段1——TrEPS原型开发

阶段1（1995～1998）的任务为开发TrEPS的功能原型，并要求其具有实时应用的潜力。1998年10月，MIT和UTX各自独立开发出了一套TrEPS原型，即DynaMIT（MIT），DynaSmart－X（UTX），并被送到橡树岭国家实验室（ORNL）进行评价。两套原型的不同之处在于：交通网络元素的描述方式、交通流模型与算法、驾驶员对ATIS/ATMS响应行为的假定、实时数据的融合算法、系统设计与集成方法等。

（2）阶段1.5A——独立实验室评价与TrEPS－P的开发

阶段1.5A、1.5B、1.5C均是独立的原型评价阶段。阶段1.5A对MIT和UTX开发的TrEPS和TrEPS－P原型系统进行实验室评价，共有4套系统：

DynaMIT，DynaMIT—P，DynaSmart，DynaSmart—X。在实验室评价完成后，TrEPS原型将在一个交通管理中心进行现场评价（阶段1.5B）；并且，TrEPS—P原型将针对交通规划的目的进行评价（阶段1.5C）。

阶段1.5A（1998.10～2000.6）对原型进行评价，并判断原型是否满足需求说明书中列出的所有22个功能。对于TrEPS原型，22个功能中的一个是：原型必须能够离线运行，以便用于交通规划。这个功能的重要性随着项目的进展变得越来越突出。因此，每个开发组均提交了一份用于交通规划的可离线运行的TrEPS版本，即TrEPS—P。TrEPS—P原型在2000年2月提交，直接来源于其对应的实时版本，但具有扩展的输出功能和统计分析能力，这对于交通规划的研究是必需的。

（3）阶段1.5B——TrEPS在TMC的现场实验

TrEPS的实验室测评并不是排斥现场测试，而是为代价更高的现场测试提供指引。通过综合的实验室测试，代价高昂的误差和错误可以得到避免。然而，现场测试是需要的，以确保TrEPS最终能够实际应用。此外，将和交通管理部门建立合作关系，以便原型能够在交通管理中心（TMC）得到评价。位于Orange County的Caltrans ATMS测试平台被指定为该项研究的试验场。

TMC评价的主要任务包括：

• 评价使用实时数据时，估计与预测信息的质量。

• 评价对于TMC，TrEPS输出信息的收益和适用性。

• 评价在TMC中配置TrEPS的意义。

• 提出在阶段2的TrEPS研发中需要进一步解决的问题。

• 评价在交通规划过程中，TrEPS输出数据的离线价值与适用性，例如，使用检测数据估计得到动态的OD流。

• 评价TrEPS用于评估各种ITS方案的能力。

TrEPS的TMC评价将分四阶段进行：（1）离线开环评价；（2）在线开环评价；（3）离线闭环评价；（4）在线闭环评价。

① 离线开环评价

通过使用历史数据（如网络交通状况、人口、OD等）、文档化的检测系统数据、事件数据、TMC操作员执行的相应诱导和控制策略，对原型系统进行标定并离线运行TrEPS，从而可评价：（1）生成的OD数据质量和适用性；（2）估计和预测信息的质量；（3）诱导信息的功用和质量；（4）数据质量和数量对系统性能的影响。之所以称作“开环测试”，是因为TrEPS产生的数据不会被TMC操作员用来改变网络交通状况，即信息不会发布给驾驶员，且不会有新的交通管理策略将会基于这些数据而得到执行。

② 在线开环评价

评价 TrEPS 原型的实时运行性能、参数自标定能力、鲁棒性、TMC 应用潜力。通过分析 TrEPS 的哪些输出数据可被 TMC 操作员用于设置信号控制参数并提供交通信息，可对其适用性做出评价。

原型将安装在测试现场，并输入实时检测数据、VMS 数据、信号控制状态数据、历史数据。其中，检测数据和 VMS 数据直接输入到 TrEPS 中，原型将以一种开环的方式在线运行。在开环评价过程中，TrEPS 数据将不会用来改变交通状况。评价的主要目标是测试原型的实时运行性能，包括是否很好地满足实时运行的需要，使用实时检测数据（存在测量误差）时估计和预测信息的质量。在 TMC，也将对 TrEPS 产生的信息的其他可能应用进行评价。

③ 离线闭环评价

原型与代表真实交通系统的仿真器（如 Paramics，MITSIM）将输入历史的和检测到的数据，并以一种闭环的方式离线运行。仿真器代表“现实世界”，并与原型进行交互，如同现实世界中的那样。原型系统产生的交通诱导信息将被发布到代表“现实世界”的仿真器中，以便提供实际的诱导。检测信息从仿真器输入到原型系统中，便于 TrEPS 进行估计和预测。通过将 TrEPS 和仿真器的输出进行比较，可评价估计和预测数据的质量，并对网络的性能进行评价。

④ 在线闭环评价

解决 TrEPS 在 TMC 的交通管理方面的实时应用问题。实时检测数据流将直接输入到 TrEPS 中，TrEPS 产生的预测信息将传递给 TMC 操作员，用于对交通控制策略进行相应的调整。交通信息通过 VMS 及测试现场的其他出行者咨询系统直接发布给用户，或者用于产生 TMC 操作员所需的控制策略及其他信息。除评价 TrEPS 的交通预测能力外，在测试现场配置基于 TrEPS 的信息系统的收益也将得到评价。

在线闭环评价只有当 TrEPS 研发成熟并且预测信息对 TMC 操作员在决定实时交通控制策略时是真正有益的情况下，才能够最终得以执行。

（4）阶段 1.5C——TrEPS－P 评价

评估 TrEPS－P 的应用性能。

（5）阶段 2——增强、初步实施、技术支持

阶段 2 由 3 个平行的阶段组成：2A，2B，2C。阶段 2A 的目标是维护和增强原型，并为 FHWA 研发机构以及 TrEPS/TrEPS－P 用户提供技术支持。在阶段 2B，FHWA 将寻求和州、地方代理机构的合作，以便进行系统的初步实施，解决每个特定场合的需要；并且，进一步提炼 TrEPS 原型，以满足更多场

合的需要。在阶段2C，FHWA将首次公开展示TrEPS—P原型，并举办演示和培训研讨会、β测试等；此外，TrEPS—P软件和文档将公开发行。

（6）阶段3——TrEPS与TrEPS—P的维护、增强与首次发行

阶段3将继续维护并增强TrEPS和TrEPS—P原型，并为FHWA研发机构以及TrEPS和TrEPS—P用户提供技术支持。此外，该阶段也将为TrEPS和TrEPS—P的长期研究、开发、评价与实施培育合作关系。阶段3仅包含3A和3B，其中3A将继续支持FHWA研发机构的研究以及TrEPS和TrEPS—P用户；阶段3B将首次发行TrEPS包，以便进行更多的现场配置。由于TrEPS和TrEPS—P拥有相同的核心代码，TrEPS所做的任何改进也将相应地包含在TrEPS—P中。

4. TrEPS原型评价

表2.1为橡树岭国家实验室于2000年5月对两套实时交通估计与预测原型系统DynaMIT与DynaSmart—X作出的评价[11]；同时，对另外两套用于交通规划的系统DynaMIT—P与DynaSmart—P也进行了评价，结果是由于经费限制，DynaMIT—P不再进入到1.5C阶段的开发中，而DynaSmart—P将继续受到FHWA的资助，进入到1.5C的现场评价阶段。基本上，对于实时的交通信息估计与预测系统，DynaMIT有着更好的性能。初步的实验室评价结果显示，基于TrEPS的ITS具体实施后所获得的收益，其范围大约从10%～50%。

表2.1　实时TrEPS原型评价（美国橡树岭国家实验室，2000年5月）

TrEPS		DynaMIT	DynaSmart—X
相似点		1. 两个主要功能：状态估计、基于预测信息的交通诱导；2. 产生描述性和说明性的交通诱导信息；3. 利用仿真法实现动态交通分配；4. 利用滑动窗滚动预测交通状况；5. 产生一致的预测的交通诱导；6. 内嵌基于定时间步长的中观供给仿真器；7. 车辆运动行为从宏观层次上建模；8. 分布式结构：功能分解；9. 明确地为驾驶员的信息响应行为、交通回流、队列形成及消散建模；10. 具体实施与使用时不大容易	
差异	网络模型	动态连接线节段	静态连接线
	信号控制建模	描述为连接线末端的容量限制	信号配时模型
	交通动力学	不同的排队与运动速度模型	不同的排队与运动速度模型
	出行前驾驶员行为	交通需求基于出行时间和出行方式的不同选择而发生相应改变	出行时间和出行方式均是给定的
	驾驶员分类	基于对交通信息的接收与网络熟悉程度决定驾驶员行为；用户均衡（UE）条件不是完全满足	基于对交通信息的接收、有限的理性决策决定驾驶员的行为；用户均衡（UE）条件完全满足
	路径产生	运行开始时一次性产生所有路径	在运行期间产生路径
	收敛准则	基于时间平滑的连续平均算法（MSA）	基于流量平滑的连续平均算法（MSA）
	状态估计过程	采用仿真法的动态交通分配	一致性检查算法
	OD估计与预测	离散化模型	集合化模型

续上表

TrEPS		DynaMIT	DynaSmart－X
差异	具体实现	面向对象分析与设计；核心算法用C＋＋语言编写；模块化结构；输入数据存储在普通数据文件中，使用文本编辑器进行修改	面向过程分析与设计；核心算法用FORTRAN语言编写；不是完全模块化的结构；输入数据存储在Access和Postgresql数据库中，使用GUI（图形用户接口）进行修改
评价结果	结论	稳定、可靠、模块化、易扩展；具有丰富的功能；分布式结构有实时应用的潜力	（评价尚不完整）丰富的功能，分布式系统；要求进行系统再生工程并稳定该系统
	进一步提炼	完整地实现需求提案中需要的功能，修改用户手册与用户向导	待完成评价后再提出建议
	阶段1.5B开发	现场评价；两个具体的应用：基于检测系统的OD数据合成用于交通规划，在线评价与实现	延期决定直到评价完成

2.2.5 新加坡

利用新加坡陆路交通管理局的i－Transport系统的历史交通数据及实时交通信息，IBM的“交通预测工具”在预先设定的时段内（10 min、15 min、30 min、45 min和60 min）对交通流量进行了预测。新加坡中央商务区（CBD）交通预测试点工作从2006年12月开始，至2007年4月完成。实现了覆盖CBD地区的速度预测和流量预测都高于85%的目标准确率。采用这些预测结果，陆路交通管理局的交通控制人员将能够更好地通过预判来管理交通流，有效地防止交通堵塞。在高峰期间，如果能够得到实时数据，CBD地区流量预测的平均准确率在10 min时段接近或高于90%，并且能够对未来长达60 min的流量进行预测[17]。

IBM“交通预测工具”（TPT）是一项正在申请专利的技术，由IBM华生研究院（Watson Research Laboratories）开发，用于预测不同路段上的交通流量和速度。TPT能够及时准确地提供数据（流量和速度）以预测未来短期和中期的交通状况。该技术采用的是自适应统计方法，同时结合自动误差校正方法，来对多时段交通状况进行预测。

i－Transport是新加坡陆路交通管理局的“智能交通系统（ITS）中心”的核心。该系统将陆路交通管理局的各种不同的ITS工具整合在了一起，这些工具包括优化交通信号系统Green Link Determining（GLIDE）System的计算机化的交通信号系统、电子扫描系统TrafficScan、城市快速路监控信息系统Expressway Monitoring AdvisorySystem（EMAS），以及“电子道路计价”（ERP）系统。这些ITS工具为陆路交通管理局提供道路交通运行的现有数据和历史数据。

2.2.6　国内

1. 国内系统

(1) 深圳仿真系统

深圳市城市交通仿真系统是城市交通综合治理的重要措施和智能交通系统建设的核心工程，可以为交通规划编制提供技术支持，并为政府部门交通规划、建设和管理提供决策支持[15]。

深圳市城市交通仿真系统一期开发初步实现了城市交通信息通信传输网络覆盖以及四个平台的功能。其中交通信息综合采集与处理平台，已将约 5 000 辆出租汽车 FCD 数据和 67 个定点采集数据纳入公用信息平台。城市交通仿真平台初步建立起交通模型交互分析平台，规划设计人员能根据具体项目的需要，快速、合理调整模型并实现特定要求下的交通仿真测试和方案评估。交通信息服务平台主要是以交通信息服务门户网站形式提供，展现实时交通运行状况，提供相关资讯查询。系统一期开发完成主要功能及特点如下[16]。

• 动态交通信息发布与综合交通信息服务

实时交通运行状况的发布为政府部门、行业部门以及公众提供了全面了解实时交通状况和变化趋势的服务，为交通决策、研究以及公众的出行选择提供信息。针对不同用户提供综合交通信息查询，为三大类用户提供“八大功能模块（公众用户 3 类、行政管理者用户 2 类、规划人员 3 类），60 个功能点（公众用户 10 类、行政管理者用户 30 类、规划人员 20 类）”的信息服务。

系统提供的各种查询功能见表 2.2。

表 2.2　深圳市城市交通仿真系统查询功能表

菜单	菜单列表内容	主　要　功　能
一般查询	拥堵路段定位	在路网图上显示每月最拥堵的 10～30 条（或自定义）路段位置
	单个路段属性查询	针对路网上的任一路段，提供详尽的交通静态信息，包括长度、车道数等
	路网指标查询	分区域、分等级的路网里程数据查询，以及某条主要道路的里程数据
高级查询	交通指标对比分析	按区域、等级（主要道路）、时间等条件组合的车速、流量、饱和度等指标数据时间变化对比
	交通指标时间变化分析	按区域、等级（主要道路）、时间等条件组合的车速、流量、饱和度等指标数据时间变化数据
	交通检测数据明细查询	提供按年、月、日查询 5 min、15 min、1 h 的交通指标（速度、流量、饱和度、周转量等）数据，同时在图上显示结果
	交通检测数据筛选查询	提供按区、等级（主要道路）、时间等条件组合查询各种交通指标（速度、流量、饱和度）的数据筛选查询，同时显示路段查询结果
交通报表	交通月报	提供月报报表、图片的信息查询
	交通年报	提供年报报表、图片的信息查询
组合查询	路段组合	用户自定义的路段组合查询
	其他组合	查询其他组合信息，如主要道路、关口、境界线等

• 规划业务支持

对规划业务的支持一方面是实现上述信息查询，更重要的是对各层次交通仿真的支持。系统已初步建立交互分析平台，提供了综合、高质量、快速反应服务平台。与传统规划业务支持相比，该平台突出的优势在于：①业务管理一体化：通过客户端一中间层一服务器三层逻辑构架，实现对规划业务案例的统一组织与管理，从而最大限度地保证业务流程的可追溯性和可再现性，将提高后续深入研究或衍生利用的效率。②模型平台一体化：通过选择合理的仿真模型平台和接口开发，实现宏观、中观、微观三个层次模型平台之间有机结合，从而提高了公用基础信息的利用率和业务处理效率。③案例评估一体化：通过典型案例评估的模板化，实现对典型规划业务案例的标准化评估，突出了评估标准的一致性和案例效果的横向可比性。

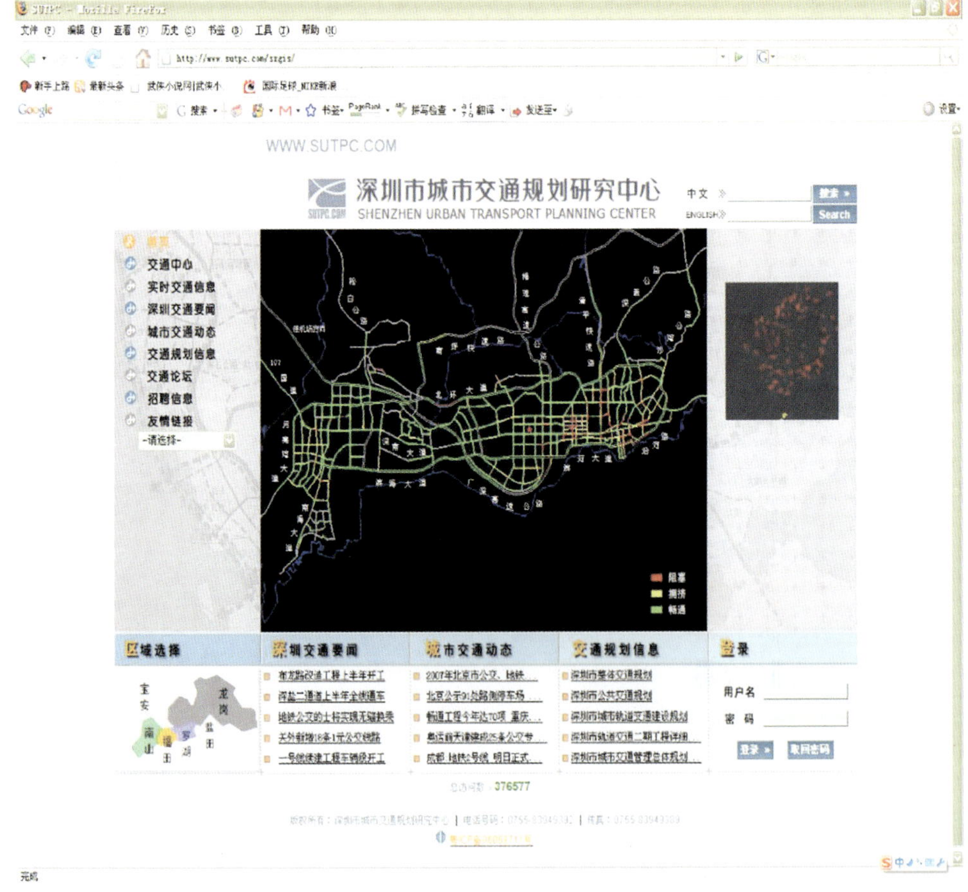

图 2.10　深圳市交通仿真系统界面

• 政府决策支持

通过对交通运行状况的不间断检测、统计、分析，在门户网站及时发布相关信息，或定期形成报告，提供包括实时交通运行状况、热点地区交通运行状况及趋势等综合交通信息，为政府部门提供了一个了解实时交通运行状况和交

图 2.11　北京市公众出行信息服务网界面

通发展趋势的平台。如图 2.10 所示。

（2）北京公众出行网

“北京公众出行网”于 2006 年 4 月 7 日开通，是交通部支持的公众出行信息服务示范工程，也是北京市第一个面向公众提供动态和综合性的交通信息服务网站。该网站（www. bjjt. cn、www. trafficview. cn）最大特点是推出了“交通眼一实时交通路况信息发布”的服务，市民可以通过互联网及时、直观地查询基于地图显示的各路段交通拥堵状况，进而选择合适的出行路线，避开拥堵道路。此外，针对公交出行和自驾车出行用户的需求，该网站推出的服务还包含公交、地铁、长途客运的线路、班次以及换乘信息；加油站、停车场、汽车维修企业、汽车租赁站点等交通服务机构信息。比较新颖的是该网站对一些重点路段和复杂立交桥以图片和动画的形式进行指路服务。如图 2.11 所示。

2. 概括

从上述案例及分析可以看出，目前，基于预测信息的交通信息服务与交通管理在国际上属于智能交通系统研究的前沿领域，部分发达国家和地区都在进行相关方面的研究工作，但良好的成熟的应用成果非常罕见。

目前国外应用较为广泛的是基于实时采集信息的交通管理和信息服务系统，绝大多数不包括预测信息。

国内部分单位和城市在交通信息服务和交通流预测方面进行了一些研究工作，但都尚未达到成熟实用的阶段。

参 考 文 献

[1] http：//cordis. europa. eu/telematics/tap _ transport/home. html. 2008

[2] http：//cordis. europa. eu/telematics/tap _ transport/research/projects/capitalsplus. html. 2008

[3] http：//www. highways. gov. uk. 2008

[4] http：//www. bayerninfo. de/vib/localeSwitcher. do；jsessionid＝BE2D6FC6A32A0ACEF9784362DA0D8246？language＝de. 2008

[5] ITS America. The National Architecture for ITS：A Frame-work for Integrated Transportation into the 21stCentury. 1999

[6] MIT. DynaMIT Evaluation Final Reports，Volume 1. OakRidge National Laboratory for Federal Highway Administration，USDOT. Feb.，2003

[7] MIT. DynaMIT Evaluation Final Reports，Volume 2. OakRidge National Laboratory for Federal Highway Administration，USDOT. Feb.，2003

[8] University ofMaryland. DYNASMARTEvaluation Final Report，Volume 1. Oak Ridge National Laboratory for Federal Highway Administration，USDOT. Feb.，2003

[9]　University ofMaryland. DYNASMARTEvaluation Final Report，Volume 2. Oak Ridge National Laboratory for Federal Highway Administration，USDOT. Feb.，2003

[10]　Federal Highway Administration. A Roadmap for the Research，Development and Deployment of Traffic Estimation and Prediction Systems for Real-time and Off-line Applications (TrEPS，TrEPS－P)．Jul.，2001

[11]　Oak Ridge National Laboratory. DTA Project Phase 1. 5A：Independent Laboratory Evaluation of TrEPS and TrEPS－P Prototypes. Dec.，2000

[12]　http：//www. dot. state. mn. us/traffic/data/html/forecast. html. 2008

[13]　马寿峰，贺国光，刘豹．智能交通系统中短时交通流预测系统的研究［J］．预测，2004，23（2）：28～34

[14]　林勇，李建新，刘学军．实时交通信息估计与预测系统在美国的发展概况［J］．交通运输系统工程与信息，2006，6（3）：34～40

[15]　深圳市城市交通规划研究中心．深圳市城市交通发展工作纲要［R］．深圳：深圳市城市交通规划研究中心，2003

[16]　林群，李锋，关志超．深圳市城市交通仿真系统建设实践［J］．城市交通，2007，5（5）：22～27

[17]　http：//tt. hexun. com/2009-2-20/114758107. html. 2008

[18]　http：//www. sutpc. com/szgis. 2008

[19]　http：//www. bjjt. cn/bjjtindex. html. 2008

第3章 道路交通流预测模型与方法

3.1 概 述

3.1.1 短时交通流预测概述

通常情况下，道路交通网络中的拥堵路段不仅影响到拥堵路段本身，而且还将影响到道路交通网络中的相邻路段，更严重的情况下，有可能使整个区域路网瘫痪，因此，在道路交通流将要开始拥堵时如果能够通过采取恰当的方法对道路网络交通流的变化态势进行预测分析，从而采取恰当的交通管理和交通诱导措施，从系统的角度均衡网络交通流，实现道路交通网络的顺畅通行则无论对于道路交通管理者抑或是交通出行者都具有重要的意义。

短时交通流预测是智能交通系统的重要基础和核心，可以为智能交通管理系统、交通信息服务系统、紧急事件管理系统等的实现提供基础理论支持和数据支持。一方面，交通控制管理中心通过采集到的交通流信息掌握道路网络的实时交通状况，通过短时交通流量预测获得下一时刻道路网的交通状况，然后为出行者发布交通信息，对道路网的交通状况实施管理和监控，科学合理地引导出行者的行走路线，使交通流能够尽量合理地分配在路网上，在拥堵未发生之前，采取措施来避免拥堵的发生，而不是当拥堵发生后，再被动地去解决和处理。另一方面，出行者可以利用交通控制管理中心发布的交通信息，了解道路网的交通状况，对出行前和出行中的路径、出发时间、交通工具做出正确的选择，避免交通堵塞。同时交通管理部门也可以向出行者提供丰富的实时交通信息和最优路径引导信息，减少交通阻塞以及车辆在道路上的逗留时间，并最终实现交通流量在网络中各路段上的最优分配。

城市交通诱导系统是城市智能交通系统的重要组成部分，在制定诱导策略时主要基于两方面的工作：一是对交通状况（如行程时间、交通流量、平均速度等）的预测；一是基于最小代价（行程时间、行程距离）等行车线路的优化，其中对交通状况的预测是问题的关键，是制定诱导策略的基础，只有得到了准确可靠的短时交通流预测信息才能进行行车路线的优化和选择。

因此，实时、准确的短时交通流预测无论对于出行者个体，还是交通管理部门而言都是必不可少的。

3.1.2　短时交通流预测需求分析

短时交通流预测是实时交通管理与控制的基础性工作。对于交通控制与诱导而言，由于诱导周期一般不超过 5 min，而控制周期一般在 2.5 min 之内，所以需要预测的时间短，要求 5 min 乃至更短时间的微观交通流量，这时不能根据以小时、日、周、月、年为单位的统计数据来进行预测，只能根据当时当地检测到的交通流量数据实时地预测下一个控制（诱导）周期的交通流状态。

如果从控制角度看交通流量预测，图 3.1 表示了交通流状态、预测状态与控制变量之间的关系。

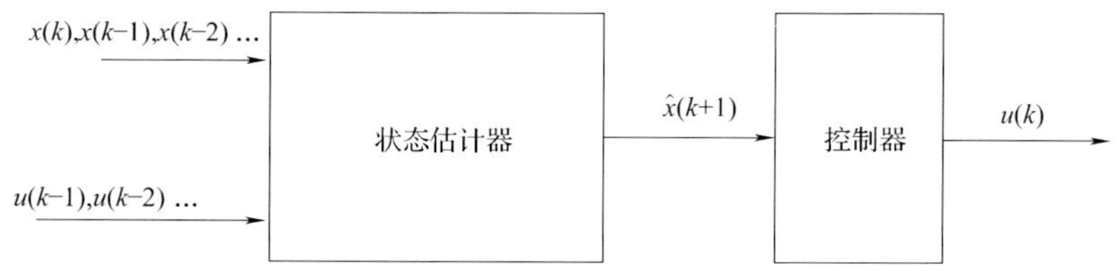

图 3.1　交通流与控制关系示意图

图 3.1 中，括号中的符号表示离散时间，$k+1$，k，$k-1$，$k-2$，…组成了一个时刻排列，当前时刻是 k，前一次采样时刻是 $k-1$，前两次采样时刻是 $k-2$，依次类推，未来下一个采样时刻是 $k+1$；$x(k)$，$x(k-1)$，$x(k-2)$ 分别表示各个采样时刻得到的系统状态变量值，在交通流量预测中，状态变量一般选择交通流量、密度、速度、占有率、饱和度等。$u(k)$，$u(k-1)$，$u(k+1)$ 是各个时刻的控制变量的值，在交通控制问题中交通信号的配时参数以及交通诱导中的诱导信号就是控制变量。$\hat{x}(k+1)$ 表示对下一个时刻系统状态变量的估计值。作为一个实际的交通控制系统，当前时刻 k 能够得到的信息只能是图中表示的输入状态估计器的输入变量的时间序列 $x(k)$，$x(k-1)$，$x(k-2)$ …和控制变量 $u(k-1)$，$u(k-2)$，…，下一个时刻系统状态变量的估计值 $\hat{x}(k+1)$ 是需要预测的。因此，无论如何必须有一个状态估计器来不断地完成对未来时刻状态的预测，状态估计器就是实现交通流短时预测模型算法的模块。

3.1.3　短时交通流预测特性分析

交通流系统是一个有人参与的、动态的、开放的复杂巨系统，具有高度的非线性、时变性和不确定性，而交通流的这些特性也对短时交通流预测提出了更高的要求。

（1）非线性

对于道路交通网络而言，由于存在匝道、交叉口等交通流吸纳点，因而，对于路口或路段交通流预测而言，其影响因素众多，用简化的线性模型难以很好地描述其特征。同时，机动车在道路上行驶的状态，受到司机主观判断的影响，机动车在道路上行驶的规律也不尽相同。反映到总体各个路段的流量状态上，即交通流参数不仅是时间的函数，本身也是非线性函数。

（2）时变性

根据系统的动态特性不同，系统可以分为时变系统和时不变系统，交通流系统是典型的非线性时变系统。系统输出不仅与各种影响因素和状态变量之间是非线性关系，同时也是时间的非线性函数，而且状态变量也在随着时间的推移不断变化。采用何种方法来解决短时交通流预测中的非线性时变问题是预测的核心问题。

（3）不确定性

不确定性包括非本质不确定性和本质不确定性。非本质不确定性是指通常概率统计意义下的随机性（Randomness）。随机性属于不确定性。交通流模型中考虑了随机扰动，随机变量都服从一定的统计规律，有确定的随机分布，可以用概率的特征参数（如均值、方差）来描述。

本质不确定性是没有统计规律的不确定性，这种不确定性不服从确定的随机分布，不能用概率的特征参数来描述，不能简单地用概率论的方法来处理它。在所研究路段上的车辆排列状态、车辆的离散状态、车辆的组成、司机的行为等等都是这种本质不确定性的。在非饱和交通的路段上、在非高峰时段，尤其是这样。它是由当时该路段的所有出行者的出行目的、出行习惯、随时可能改变的想法和行为等因素决定的。下一个研究时间区间的交通流状态又取决于下一个时段的另外一批出行者的行为，通常他们之间没有约定的联系，除非是有组织的活动。对于这样的问题，不能用假定它服从某种随机分布来处理它，也就是不能用基于概率论的办法来估计下一个时段的交通流状态，因为它是本质不确定的。从根本上说，在特定路段上的人们的出行意志不会受研究者假定的统计规律所左右，究竟每个出行者当时有什么想法、将采取什么行为（超车、停靠、跟驰、加速、减速…）旁人是无法知道更无法预测的。与一般的随机性不同，没有统计规律，不确定性更强，处理更难。对于具有随机性的交通流的状态，虽然不能准确地预测，但是可以根据大量的样本得出统计规律，依靠人的知识、依靠专家的主观偏好，可以大致推算出交通流未来状态发生的概率；而对于本质不确定性的交通流却不同，由于无法获得或者即便能够获得也无法利用具有本质不确定性的交通流的大量样本，从而也就找不到统计规律，根本无法用统计方法预测未来状态。

3.1.4　各种预测方法的研究综述

随着预测技术的不断发展和应用，新的预测方法也在不断地涌现。大致来说，预测方法分为定性和定量两个大类，定性预测方法有相关类比法和德尔菲法等，定量预测方法大致可以分为因果分析预测、趋势分析预测和智能模型预测3类，如图3.2所示。

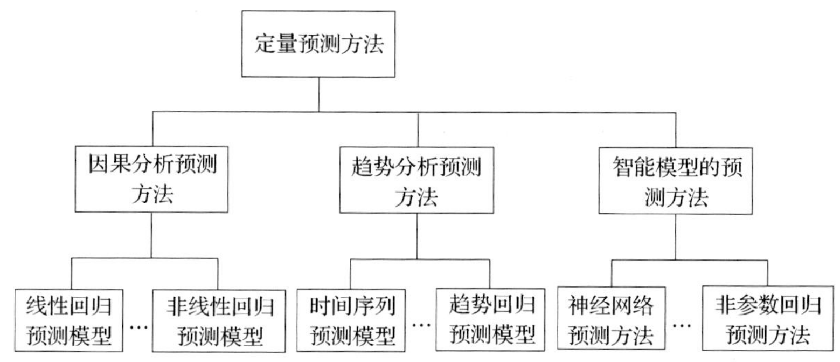

图3.2　预测方法分类

目前应用于短时流量预测方面的主要有：历史平均法（Historical Average Method）、线性回归模型（Linear Regression Models）、时间序列法（Time Series Model）、卡尔曼滤波法（Kalman Filtering Model）、非参数回归模型（Non-parametric Regressive Model）、人工神经网络模型（ANNs，即 Artificial Neural Networks）、支持向量机（support vector machine）等。现在的发展趋势是将这些方法恰当地组合起来应用，即组合预测方法。

基于线性模型的预测方法、单纯的时间序列法或者数理统计法等，例如历史平均法、线性回归法、自回归模型（Autoregressive，AR）、滑动平均模型（Moving Autoregressive，MA）等，由于这些模型是用线性关系代替复杂的非线性关系，往往不能很好地克服随机干扰对交通流的影响，尤其是随着预测时间间隔的缩短，流量的规律性越发不明显，本质不确定性越来越强，因此这些方法正在逐步被淘汰。

鉴于交通流本身的非线性和复杂性，基于知识的无模型智能预测算法被应用到短时交通流预测领域中。例如神经网络模型，由于神经网络模型及其基于神经网络的组合模型具有很强的学习能力、较强的鲁棒性和容错能力、并行结构和非线性映射的优点，比较适合于短时交通流预测领域，因此目前在短时交通流预测领域应用很广。但是，神经网络模型也有很多缺陷，这些缺陷有的是可以通过组合其他方法而得到解决，例如单纯神经网络模型易陷入局部极小点，可以采用动量批梯度下降法等加以解决；网络结构过分依赖经验，可以用遗传算法或者其他全局优化算法解决；网络的“黑箱”式学习模式，得不到容易被人接受的输入/输出关系，可以与模糊推理系统结合，得到“IF－THEN”规则。但是有的致命缺陷却是无法克服的，例如当网络结构非常庞大时，网络的训练时间会过长，尤其是短时交通流的训练数据可能达到几千甚至几万个，网络的隐层节点数非常多，训练任务是根本无法完成的。

用单一的预测模型进行预测时，由于模型本身存在这样或那样的缺陷，所以利用两种或两种以上的方法进行预测可以取长补短，更好地发挥各自的优势，预测效果比单一方法要好。这在短时交通流预测中成为一种趋势。特别是智能方法与智能方法、智能方法与数理统计方法相结合的应用最多，预测效果也最明显。

在本次研究中，基于对北京市道路交通流特性的分析以及对已有多种方法的对比分析，选择了非参数回归及组合模型作为预测模型的核心。

3.2　非参数回归的短时交通流预测模型

3.2.1　基于非参数回归的短时交通流预测过程

非参数回归方法是一种无模型的智能方法，与一般解析方法不同，它从理论上看，是一种模式识别的方法，不是在系统输入和输出之间找到一个精确的函数对应关系 f，而是利用模式匹配算法，找到一组与输入数据相对应的数据，而对应关系不需要精确的函数表达式，而是一个近似的关系 f'，甚至这个近似的关系都不是必须的。在每次模式匹配算法中，随着输入数据的模式变化，f'也会有所变化，因此非参数回归方法达到了动态预测的目的。利用非参数回归方法进行预测与一般解析方法的输入和输出关系如图 3.3 和 3.4 所示。

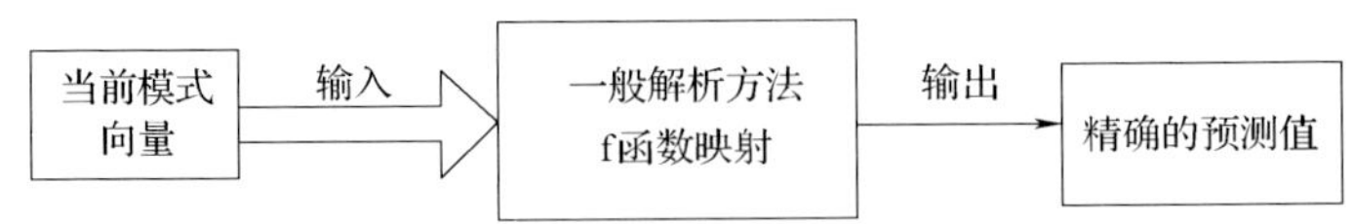

图 3.3　一般解析方法的输入和输出关系

非参数回归方法的主要优点有：它不需要先验知识和大量的参数识别，对原始数据没有做平滑处理，只需要足够的历史数据，应对突发事件的能力强，预测准确性和误差分布较好，并且算法原理清晰，强壮性好，适合应用于具有

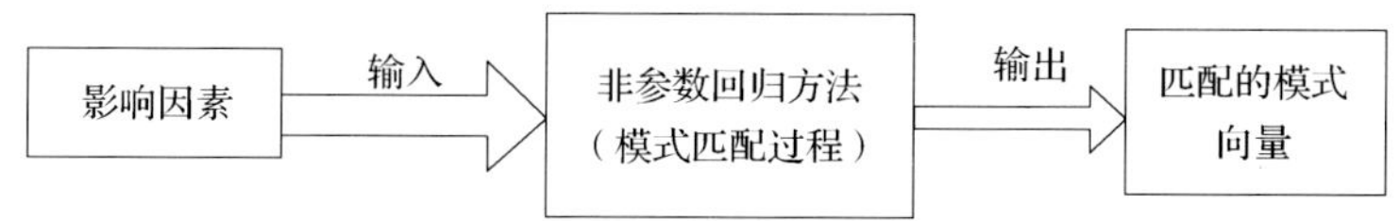

图 3.4　非参数回归方法的输入和输出关系

非线性和不确定性的系统预测。将非参数回归方法应用到短时流量预测中，预测过程如图 3.5 所示。

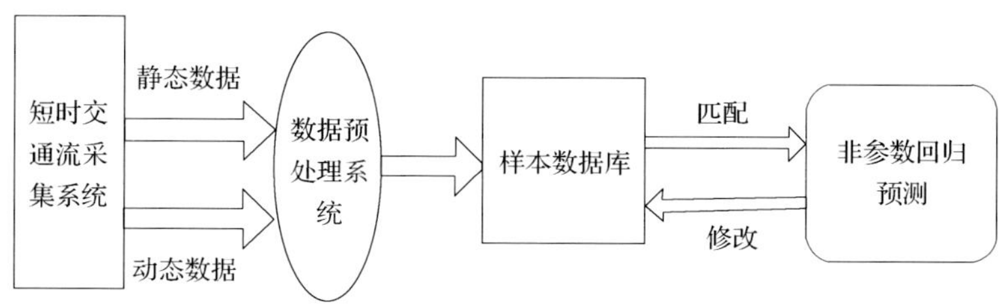

图 3.5　非参数回归方法在短时流量预测中的应用

城市短时交通流数据采集系统能够实时地将采集到的交通流数据送入数据预处理系统。这些数据中包括静态数据和动态数据。静态数据指的是以往的大量的历史数据（已经存储在样本数据库中的历史数据），经过数据预处理系统后主要用于建立样本数据库。这是一个非常耗时的过程，并且没有实时性要求，因此可以脱机进行；动态数据指的是动态采集的当前时刻的实时交通流数据，经过数据预处理后，动态地加入到样本数据库中，进行流量模式的更新。非参数回归方法从样本数据库中取得数据进行匹配和预测，同时对样本数据库在结构和存储数据上进行修改。

非参数回归方法从本质上讲，是依靠数据驱动的智能方法，代替寻找一般的数学解析表达式，是从大量的历史数据样本中寻找所需的匹配数据，依赖匹配数据进行预测，非参数回归方法应用如下方法来实现时变系统的动态映射：

（1）降低对问题的要求，不必寻求最优解，退而求次优解或者满意解。在这个前提下，就可以放宽原问题的限制，针对与原问题近似的问题来优化，得到对原问题而言是次优或满意的解。针对应用非参数回归方法预测短时交通流，就是利用当前交通流模式在整个数据库中进行搜索，得到近似匹配的历史交通流模式。近似匹配的交通流模式很可能有多个，这些都是次优解或满意解。

（2）假设时变系统的时变速度比较慢，比系统的输入与输出之间的动态过程慢得多，在这个假设条件下，就可以认为在一个小的时间区间内系统是时不变的，这意味着输入一输出函数关系在这个小时间区间内是确定的。这样就可以用各种智能算法进行静态优化来研究和处理问题。

具体到应用非参数回归模型预测短时交通流，就是认为在一段时间内（假设预测周期为 5 min，这段时间就可以定为 $5\times n$，n 在［0～5］内）是时不变。也就说，在这段时间内，输入一输出变量之间存在一定的静态函数关系，即上游路段的车流模式经过一段时间（小于 $5\times n$）的演化，必然会在下游路段产生相对应的流量模式。例如图 3.6 针对最简单的单个十字交叉路口，4 路段是预测流量路段，1，2，3 路段是其上游路段，a，b，c 流量是这 3 个上游路段的直行、右转、左转流量，经过一段时间的演化，汇总成 4 路段的 d 流量。

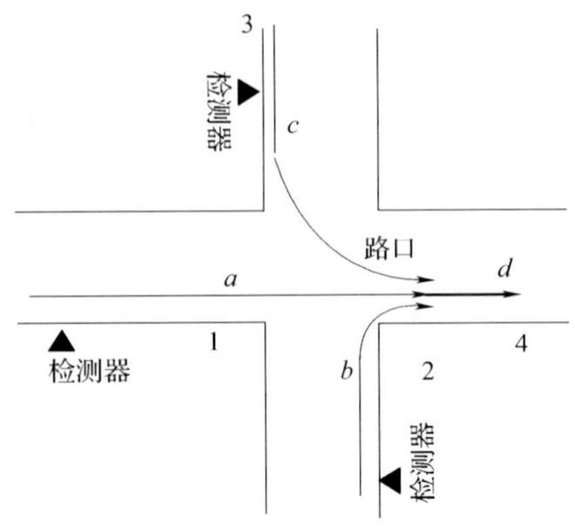

图 3.6　单路口相关路段

可以认为，在这段时间内（小于 $5\times n$），其实是存在这样的函数关系映射的：

$$V_d(t)=f(V_a,V_b,V_c,\zeta) \tag{3.1}$$

d 流量的产生其实是 a，b，c 流量和干扰 ζ 的非线性函数映射 f，并且 a，b，c 流量同时也是时间 t 和干扰因素 ℓ 的函数：

$$V_a=g_1(t,\ell_1) \tag{3.2}$$

$$V_b=g_2(t,\ell_2) \tag{3.3}$$

$$V_c=g_3(t,\ell_3) \tag{3.4}$$

其实非参数回归方法在这段时间内也没有去寻找具体的 f 函数表达式，而是利用在数据库中相匹配的数据进行预测。

利用非参数回归方法进行短时流量预测的具体操作：

（1）利用当前流量模式 p 在数据库中匹配，找到 n 个匹配的模式 $\{W_1, W_2, \cdots, W_n\}$，如图 3.7。

（2）利用短时间区间内时不变特性，对这 $\{W\}$ 前 n 个时刻进行匹配，寻找最佳匹配点 W_i，如图 3.8。

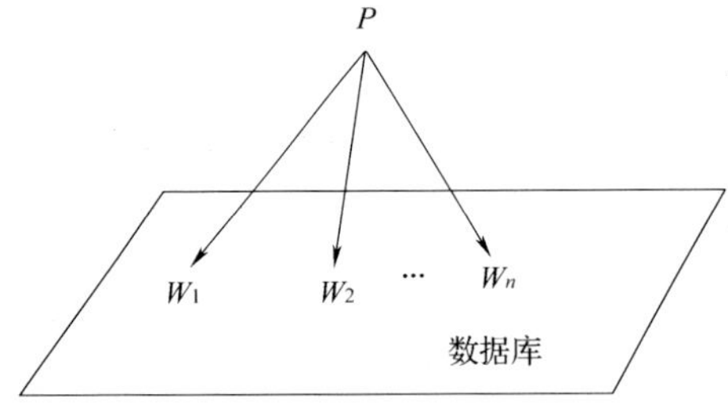

图 3.7　数据库匹配点

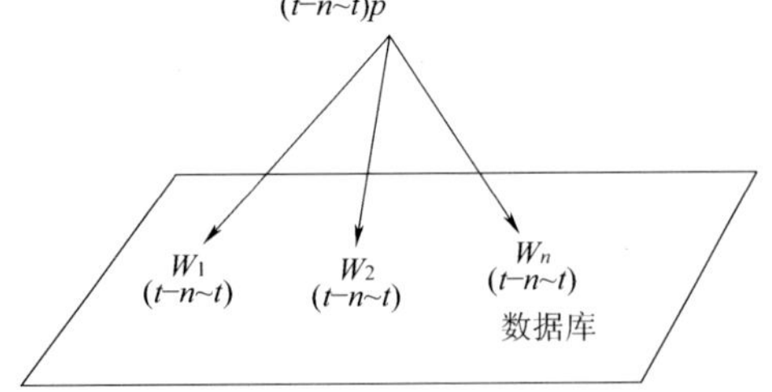

图 3.8　考虑时间连续的数据库匹配

(3) 利用最佳匹配点 W_i 及其近邻点进行预测。

3.2.2　非参数回归预测模块设计及各部分主要功能

非参数回归预测模块主要分为静态和动态两大部分。静态部分主要对数据进行预处理和创建必需的数据库；动态部分主要指实时预测部分。具体而言，整个非参数回归模块由数据整理模块、主成分分析模块、聚类模块、预测模块以及数据库组成。系统框架如图 3.9 所示。

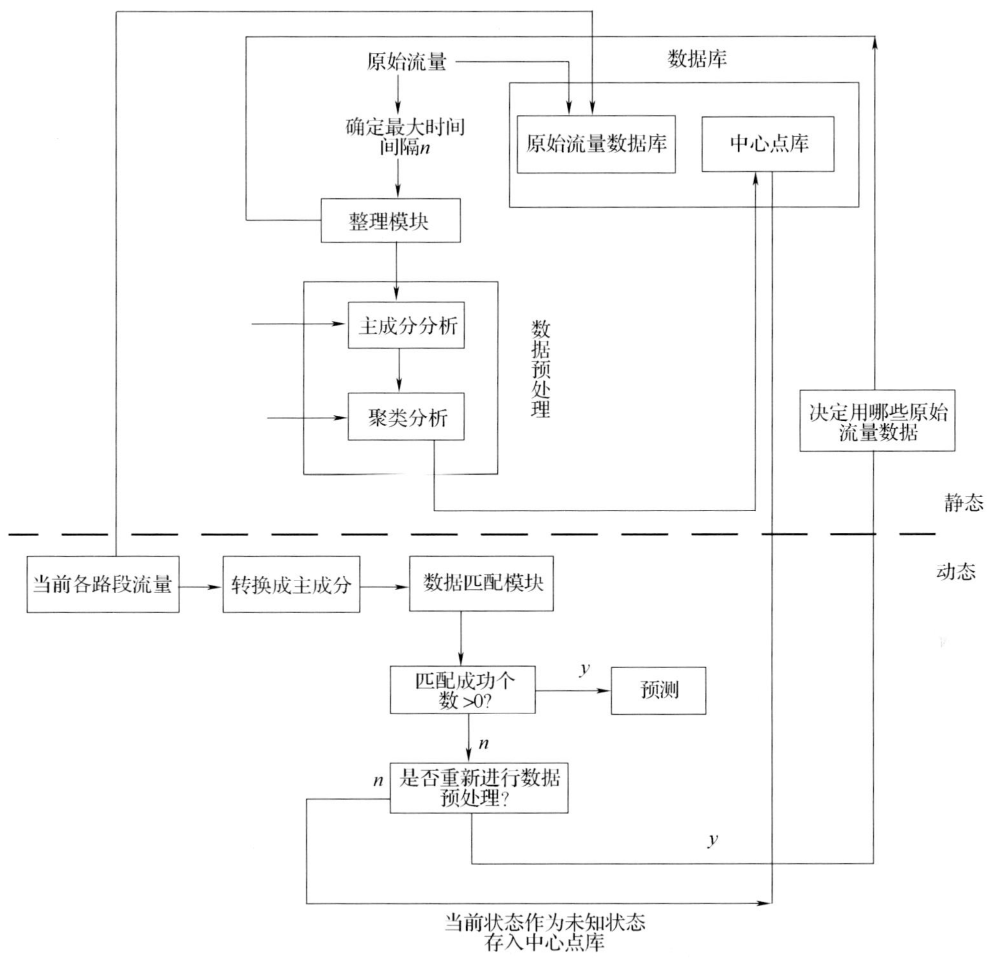

图 3.9　预测系统框架

1. 数据整理模块

未经过处理的原始数据不能直接用于预测系统，必须要经过数据的修正、融合等步骤。对检测器的原始检测数据（如流量、平均速度、平均占有率等）进行校核，主要为剔除错误数据、修复缺失数据，在此基础上进行数据的融合，例如将原始时段的数据转化为预测时段及分钟时间间隔的数据，并且将原始数据区分节假日和非节假日，对其分别建库。

（1）重复数据、缺失数据的处理

按照检测器时间确定数据是否重复和缺失。对于重复数据，处理原则是只保留第一组数据；对于缺失数据，如果缺失量较小（一组或者两组），则采用拷贝前一时刻或者后一时刻的组数据。如果缺失量较大，则缺失数据全部补零。

（2）数据整合

原始数据的检测时间间隔与预测的间隔往往不完全相同，因此需要将原始时间间隔的数据处理成系统所需要的预测的时间间隔。

2. 主成分分析

主成分分析时通过一组变量的几个线性组合来解释这组变量的方差—协方差结构。它的一般目的是：①数据的压缩；②数据的解释。

虽然要求 p 个成分可以再现全系统的变异性，但大部分变异性常常只用少数 k 个主成分就可说明。出现这种情况时，这 k 个主成分中所包含的信息和那 p 个原变量所包含的几乎一样多。于是这 k 个主成分就可以用来取代那初始的 p 个变量，并且由对 p 个变量的所组成的原数据集，就压缩为对 k 个主成分的 n 次测量值所组成的数据集。

短时交通流预测需要对路网进行大量的实验，收集大量的数据以便进行分析寻找规律。影响被测路段交通流的因素很多，而且当路网结构越复杂时，影响因素越多，这种多因素在有的时候可以达到十几个甚至几十个。多变量大样本无疑会为流量预测提供丰富的信息，但也在一定程度上增大了数据采集的工作量，这会使后面的数据存储浪费大量的存储空间，并且在数据检索时，会由于庞大的数据量而无法达到实时性的要求，从而造成“维数灾”问题。

更重要的是，在大多数情况下，许多变量之间可能存在相关性而增加了问题分析的复杂性，同时对分析带来不便。如果分别分析每个指标，分析又可能是独立的，而不是综合的。盲目减少指标会损失很多信息，容易产生错误的结论。因此，需要找到一个合理的方法，减少分析指标的同时，尽量减少原指标包含信息的损失，对所收集的数据做全面的分析。由于各变量间存在一定的相关关系，因此有可能用较少的综合指标分别综合存在于各变量中的各类信息。综合指标之间彼此不相关，即各指标代表的信息不重叠。

同时也必须看到，在大量的影响路段交通流的因素中，有些因素的影响力是非常小的，有的甚至是可有可无的，具有非常影响力的因素可能限定在有限的几个因素之内。如果将众多的影响因素不加区别地对待，势必会抹杀重要因素的影响力，而使预测准确度下降；同时，各个因素之间也有不同程度的关联，例如图 3.6，在函数映射 $V_d(t+1)=f(V_a(t), V_b(t), V_c(t), \cdots)$ 中，被测路段的流量 $V_d(t+1)$ 是各个相连路段的流量 $V_a(t)$，$V_b(t)$，$V_c(t)$ 和其他影响因素等的非线性映射。同时，有可能存在 $V_a(t)$ 是其他因素的非线性函数 g，即 $V_a(t)=g_1(t,\ell_1)$。而且这种关联性使得影响因素的成因不明晰，从而影响预测的准确性。

因此，必须对原始数据进行精简，但是要保证是在不丢失重要信息和不降低预测准确度的前提下。由前面的主成分原理论述可以知道，主成分的两个主要作用是数据的压缩和数据的解释，也就是说，通过主成分分析将为数众多的影响因素压缩成十几个，甚至是几个。对于短时交通流预测，压缩之后的因素就是各种影响交通流因素的线性组合；主成分的第二个作用是数据的解释，说明压缩之后的主成分和哪些因素关系最为密切，而且主成分分析的最终结果是各个主成分的标准差、方差所占比例和累计贡献率。标准差越大，那么方差所占比例和累计贡献率也就越大，说明主成分的重要性也就越大。把这种重要性从大到小排列，得到主成分重要性序列，当前 n 个主成分的累计贡献率达到某一数值（85%）时，说明因变量的产生大概有 85% 的原因是由这 n 个主成分引起的，因此，在以后的分析中，只用这 n 个主成分就可以了，而不用原来的远远超过 n 个的原始因素变量；还有，各个主成分并不是单个的影响因素，而是各影响因素的线性组合，这种线性组合恰好说明了各主成分是多种因素综合作用的结果，也说明了各因素变量之间是有内在联系的。主成分分析的前提条件：①确定被测路段的上游路段的检测器；②车辆从上游检测器行驶到下游检测器所需的平均时间；③确定流量时间间隔 n。

这样，对于短时交通流预测，原始因素向量 $\{V_a, V_b, V_c, \cdots\}$，就变为 n 个主成分组成的向量 $\{V_{com1}, V_{com2}, V_{com3}, \cdots, V_{comn}\}$，$n \ll N$，如图 3.10 所示。

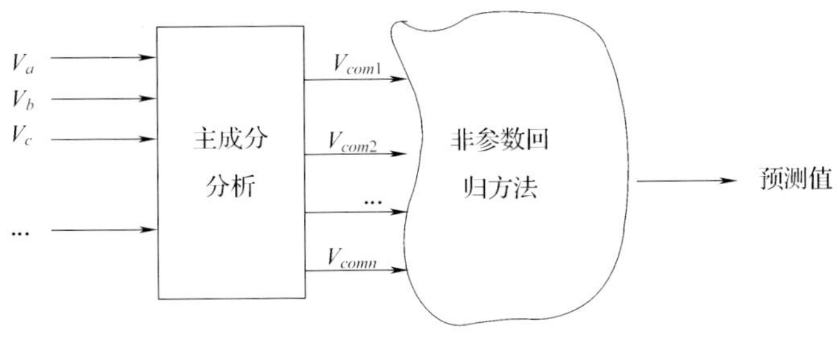

图 3.10　数据预处理—主成分分析

非参数回归方法从本质上说是利用交通流的上下游的因果关系，因此，考虑交通流形成因素是非常重要的。当形成因素非常多时，不仅会降低实时匹配的效率，还会影响预测精度。因此对形成因素进行分析是非常必要的，主成分分析的目的是将多个影响下游交通流状态的因素进行综合整理之后得到为数不多的几个因素（主成分），在不影响预测效果的情况下，达到削减变量个数、提高预测速度的目的。

3．聚类分析

聚类就是将数据库中的数据进行分组，使得每一组内的数据尽可能相似而不同组内的数据尽可能不同，即把大量的 d 维数据样本（n 个）聚集成 k 个类（n，k），使同一类中样本的相似性最大。

利用聚类分析主要有两个目的：

（1）发现数据中心点和近邻点。这是非参数回归方法所必须用到的。

（2）剔除出冗余数据。庞大的原始流量数据和不断增长的流量数据使得数据库不可能容纳所有的数据，而且在所有的数据中，由于交通流量有一定的“自重复性”，重复数据是很多的。因此，有必要对原始数据进行聚类分析，得到原始数据中的典型数据，也就是典型的流量模式，剔除出那些重复的不必保存的数据。

4．样本数据库的生成

从非参数回归方法的原理上看，数据库是整个非参数回归方法的核心，它是连接现实世界，也就是实际发生的流量模式和抽象的非参数方法之间的桥梁，是整个非参数回归方法预测的基础和重要组成部分，只有当数据库兼具完备性和典型性时，非参数回归方法才能得以有效应用。在短时交通流预测中，非参数回归方法与样本数据库的主要关系是：非参数回归方法从样本数据库中寻找所匹配中心点，根据匹配的中心点附近的 K 个近邻点进行预测，同时对数据库进行修改。

在数据库中需要存放的数据主要有中心点向量、中心点附近的近邻点向量，以及原始数据，其中原始数据是一个时间序列。其数据描述为：

（1）原始变量数据（时间序列）

$Original\_Data\ (t) = \{V_{n1(t)}, V_{n2(t)}, \cdots, V_{nN(t)}\}$

有 N 个状态变量，V_{ni}（t）表示第 i 个状态变量的时间序列。

（2）数据预处理之后的一般数据点

$Normal\_Data\_Point\ (t) = \{P_{m1}(t), P_{m2}(t), \cdots, P_{mM}(t)\}$

数据预处理之后，每个数据点有 M 个分量，P_{mi}（t）表示 t 时刻第 i 个分量。

（3）中心点向量

$Center\_Data\_Point\ (t) = \{C_{m1}\ (t),\ C_{m2}\ (t),\ \cdots,\ C_{mM}\ (t)\}$

中心点向量分量个数和一般数据点个数一致，$C_{mi}\ (t)$ 表示 t 时刻第 i 个分量。

(4) 中心点附近 K 个近邻点向量

$Neighbour\_Set\ (t) =$
$\{Normal\_Data\_Point_1\ (t_1),\ Normal\_Data\_Point_2\ (t_2),\ \cdots,\ Normal\_Data\_Point_K\ (t_K)\}$ 近邻点全部为一般数据点。每个近邻点的采样时间是不一样的，用 t_i 表示。

因为原始数据是一个连续的时间序列，而其他数据是以数据点形式存在的，而且其分量数也不一定和中心点或者近邻点的分量数相同，因此原始数据必须要单独存放。其数据结构一般是最简单的一维线性表结构。

表 3.1　中心点和近邻点在一起存放的数据库结构

序号 ID_C	$Center\_Data\_Point\ (t)$	$Neighbour\_Set\ (t)$

如果把其他所有数据放在一个数据库中，即中心点和近邻点在一起存放，数据库结构如表 3.1 所示。虽然数据库结构简单，但是冗余数据量大，而且搜索速度慢。其原因有两点：

• 顺序存储的结构使得每次搜索操作必须从头开始，即使要找的数据可能在最后一个。搜索的时间复杂度是 O (n^2)，如果数据库非常庞大，那么搜索操作是非常耗时的，不符合实时预测的要求。

• 冗余数据量大。中心点附近的 K 个近邻点相互存在重叠情况，也就是说，某一个数据点可能是多个中心点的近邻点。如果每个中心点的近邻点的表示是用的具体数值，那么数据冗余度会非常高。

因此，为降低冗余度，首先把中心点和近邻点这两种数据分别存放。在中心点库数据结构中，只存放中心点各个分量数据以及其所属的近邻点的序号(也是索引号)，如表 3.2；而在近邻点数据库中存放具体的各个分量值，如表 3.3。

表 3.2　中心点库的数据结构

序号 ID_C	$Center\_Data\_Point\ (t)$	序号 ID_N1	序号 ID_N2	…	序号 ID_NK

其中：序号 ID_Ni 表示 $Normal\_Data\_Point_i\ (t_i)$。

表 3.3　一般数据点（近邻点）数据库

序号 ID _ N	P_{m1}（t）	P_{m2}（t）	…	P_{mM}（t）

把中心点库和近邻点库分开存放，只是降低了数据的冗余度，而对加快数据搜索没有任何作用，甚至比同时存放时搜索速度更低了，因为分开存放存在二次搜索的问题。在中心点库中由于存放的是索引序号，而真正得到数据必须到近邻点库中根据序号得到数据值。虽然在近邻点库中搜索方式是随机的（在中心点库中是顺序查找方式），但是也浪费了一定的搜索时间。相对于冗余度的降低，这点牺牲是值得的。

具体的数据库操作流程如图 3.11 所示。

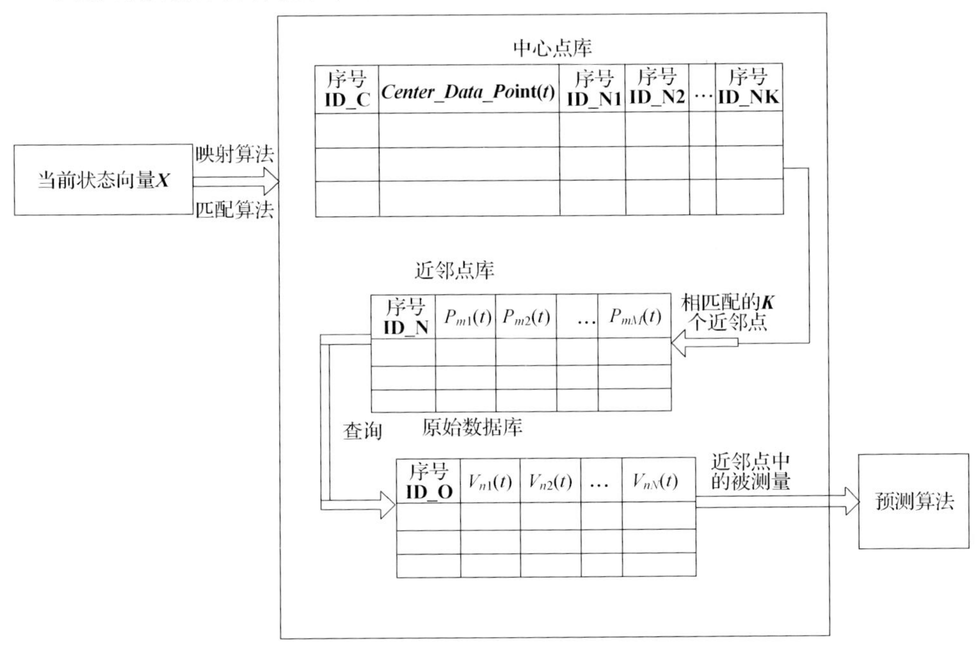

图 3.11　具体的数据库操作流程

大致数据库操作步骤：

（1）当前状态向量 **X**，通过映射算法和匹配算法在中心点库查找与 **X** 最为相似的 *Center _ Data _ Point*（t）向量。根据与 *Center _ Data _ Point*（t）对应的 *Neighbour _ Set*（t）确定近邻点在数据库中的位置。

（2）将每个近邻点的序号送入对应的近邻点数据库，找到对应的近邻点，并且在原始数据库中找到变量的具体值。

（3）将这些具体值送入预测算法，进行预测。

另外，数据库还有一个比较重要的问题——数据更新问题。新产生的交通状态若在数据库中匹配不到，则将其作为新模式纳入到数据库中。在本书中，纳入过程需要辨别 4 类数据：检测器号、预测周期、流量速度占有率、节假日或者非节假日。

3.3　基于组合模型的交通流预测模型与方法

3.3.1　组合预测模型概述

1. 组合预测模型主要研究内容

组合预测模型主要研究内容如图 3.12 所示，包括子模型选择、组合预测模型建立、各子模型结构确定、子模型权重更新方法、模型核心程序开发、历史数据处理、预测精度分析、组合模型测试等诸多环节。

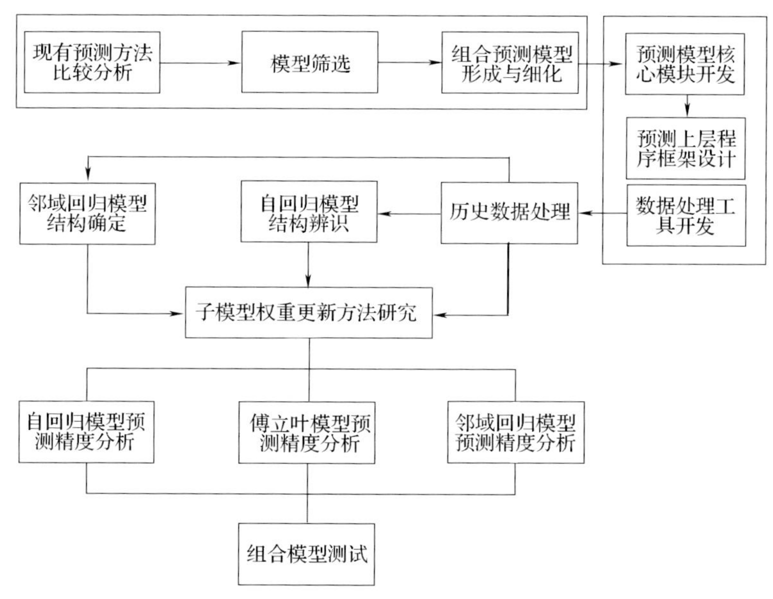

图 3.12　组合预测模型主要研究内容

2. 子模型的选择

通过对目前比较主流的 6 种预测方法（ARIMA、神经网络、支持向量机、傅立叶变换、卡尔曼滤波、非参数回归）的深入研究，对每一种预测方法的预测机理、适用范围、已有研究中的预测精度表现等内容进行对比分析，得出以下基本结论。

（1）ARIMA 模型是典型的时间序列模式，仅适用于短期预测。考虑到具体实施问题，在本书内采用差分迭代自回归模型进行预测，具体的差分阶数和自回归阶数需要根据历史数据的分析结果来确定。

（2）神经网络模型可以考虑使用的包括 RBF（Radial Basis Function）和 BP（back-propagation）两种，其中 RBF 比 BP 收敛速度快，学习过程稳定。整体而言，神经网络模型仅适用于短期预测，不适用于中长期预测。同时，神经网络模型的在线更新是一个难点，在具体实施上存在问题。

（3）支持向量机主要用于模式分类，其用于预测的理论和方法尚未成熟。

（4）傅立叶变换的预测模式与其他模型显著不同。它基于历史数据进行预测，而不是基于紧邻的时间序列，因此傅立叶变换方法属于一种广义的历史平均预测法，其预测模型是以“天”为周期进行更新的。

（5）卡尔曼滤波要求数学模型的精确形式和两种误差的分布。在交通流预测中应用的前提是合理地确定交通流参数序列构成的状态空间的数学演化模型。

（6）非参数回归根据样本相似性，用历史序列中类似样本的合理均值作为预测值，既可以用于短期预测，也可以用于中长期预测，但其预测的实施和预测的准确度严重依赖于历史数据库的完整性和良好的可检索性。非参数回归方法与其他方法不同，需要建立专用的特殊结构的数据库作为支持，因此不适合作为子模型与其他模型进行组合。

基于以上结论，结合北京实际情况，最终确定适合北京市的组合预测模型所需要的预测方法为：主体应用 ARIMA 模型和傅立叶变换模型，局部考虑使用卡尔曼滤波和贝叶斯决策。同时根据研究结果将 ARIMA 模型进一步具体化为无差分的自回归模型。

3. 组合预测模型基本形式

所谓“组合预测模型”，在本书中是指自回归模型、傅立叶变换模型和邻域回归模型 3 个子模型之组合。组合预测模型的基本假设为：某断面 $k+1$ 时刻的交通流参数值与该断面的历史平均值、该断面当前一段时间内的参数值（时间序列）以及空间邻近断面的当前一段时间内的参数值相关。由此确定组合预测模型的基本形式为：

$$x(k+1)=\alpha\bar{x}(k+1)+\beta\hat{x}(k+1)+\gamma x^{*}(k+1) \tag{3.5}$$

其中，$\bar{x}(k+1)$ 为傅立叶变换子模型的输出结果，表示预测断面在 $k+1$ 时刻的历史平均值。傅立叶变换子模型假设交通流的变化形态以一个星期为周期，为每一个断面的每一个需要预测的交通参数维持一个区分星期几和一天内不同时段（5 min 划分）的历史平均值表格。每获得新一天的数据，与原历史平均序列加权平均后，就对新序列进行离散傅立叶变换，执行系数筛选，再通过离散傅立叶逆变换得到该断面该参数的该类特征天的历史平均序列，用此更新历史平均值表格。

$\hat{x}(k+1)$ 为自回归子模型的输出结果。一个典型的 p 阶自回归模型的基本形式为：$\hat{x}(k+1)=\theta_1 x(k)+\theta_2 x(k-1)+\cdots+\theta_p x(k-p+1)$。每个断面的每个预测参数的自回归阶数 p 都需要通过对历史数据进行自相关分析和偏自相关分析来确定，阶数确定之后，在软件运行时不进行修改。

$x^*(k+1)$ 为邻域回归子模型的输出结果。该子模型反映了邻近断面路况对当前待预测断面的影响，模型采用类似自回归模型的线性模型结构，模型的自变量集合需要根据预测断面所处路网位置的拓扑关系以及邻近路段上的检测器安装情况来具体确定。例如：图 3.13 表示 001 断面未来 5 min 的交通流参数与 002 断面之前 10 min 和 20 min 的交通流参数、003 断面当前时刻的交通流参数以及 004 断面 5 min 前的交通流参数有关。与预测断面相关联的邻近断面以及相应的关联时刻全部根据路网拓扑确定，在软件运行过程中不进行修改。

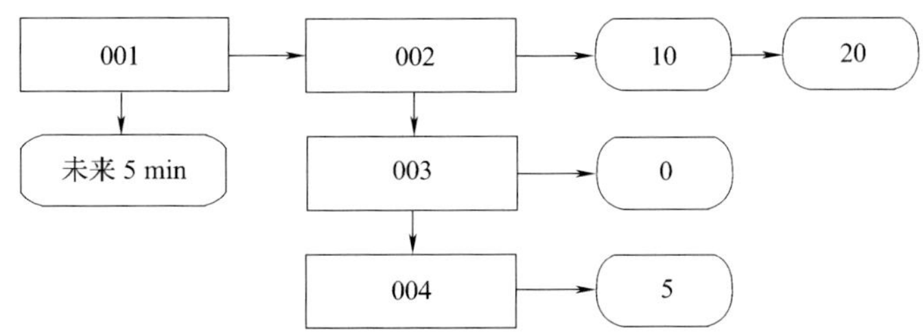

图 3.13　邻域回归关系示例

α、β、γ 为 3 个子模型的权重系数。通过调节 α、β、γ 的取值，可以实现对各个子模型的强化或弱化作用。在边缘情形下，通过将部分权重系数设为 0，可以起到模型开关的作用。

为了使预测模型能够实时反映交通流特性的变化规律，本书采用了多种方法实现模型的在线更新。其中傅立叶变换模型将以一周为周期，区分 7 类日期，使用最新的历史数据对模型进行更新。自回归模型和邻域回归模型在最终表现形式上都属于典型的多元线性回归方程，因此均采用在线迭代回归的方法对模型进行更新。这是对离线最小二乘法拟合过程的一种离散化和实时化的改进。在系统运行初期，使用基于历史真实数据的最小二乘法标定预测模型的参数初始值，在系统的运行过程中，随着实时数据地不断获取，采用在线迭代回归方法不断地对模型的参数进行修正，保持模型始终体现交通流特性的规律。三个子模型的权重系数则根据贝叶斯决策进行更新，更新过程体现了对子模型预测误差、实测数据质量以及预测时段等多种因素的综合考虑。

4. 组合预测模型示例

假设001断面$k+1$时刻的流量与001断面的历史平均值、001断面k到$k-3$时刻的即时流量，以及邻近的002断面和003断面在k、$k-1$时刻的流量有关，3个子模型权重系数设置为（0.3，0.4，0.3），则由此得出的组合预测模型计算公式为：

$$x(k+1)=0.3\times\overline{x}(k+1)+0.4\times\hat{x}(k+1)+0.3\times x^{*}(k+1)$$

将各个子模型嵌入，得到的完整预测公式为：

$$\begin{aligned}x^{001}(k+1)=\;&0.3\times\overline{x^{001}}(k+1)+0.4\times\{\theta_1 x^{001}(k)+\theta_2 x^{001}(k-1)+\theta_3 x^{001}(k-2)+\\&\theta_4 x^{001}(k-3)\}+0.3\times\{\gamma_1 x^{002}(k)+\gamma_2 x^{003}(k)+\gamma_3 x^{002}(k-1)+\\&\gamma_4 x^{003}(k-1)\}\end{aligned}$$

预测系统最终将根据该公式进行单步预测。

3.3.2 组合预测模型详细分析

本节首先对构成组合预测模型的三个子模型进行详细介绍，然后针对组合预测模型的参数存储、模型在线更新、多步预测模式以及权重更新方法等实际应用问题进行阐述。

1. 傅立叶模型

（1）基本原理

傅立叶变换属于随机过程或信号序列的频域分析方法，傅立叶变换的基本作用是“转换观察与分析数值序列的视角”。根据信号特性的不同，分为连续时间傅立叶变换和离散时间傅立叶变换（Discrete Fourier Transform，DFT）。由于交通参数序列属于离散时间序列，所以本模型实际选用离散时间傅立叶变换模型。

下面给出离散时间傅立叶变换的定义。

离散时间傅立叶变换，将根据给定的长度为N的离散时间序列$x(0),x(1),x(2),\cdots,x(N-1)$，计算采样点为$M$（$M\geqslant N$）的傅立叶系数序列。离散傅立叶变换，将傅立叶系数序列$(1,2,3,\cdots M-1)\times\frac{2\pi}{M}$共$M$个看作周期为$N$的连续函数的一个周期内的$M$个采样点，分别对应相位点。计算公式如下：

$$X(k)=\sum_{n=0}^{N-1}x(n)\times \mathrm{e}^{-\mathrm{j}\frac{2k\pi}{M}n}\quad(k=0,1,2,\cdots,M-1)\tag{3.6}$$

或

$$X(k)=\frac{1}{N}\times\sum_{n=0}^{N-1}x(n)\times \mathrm{e}^{-\mathrm{j}\frac{2k\pi}{M}n}\quad(k=0,1,2,\cdots,M-1)\tag{3.7}$$

得到变换之后的序列 $X(0),X(1),X(2),\cdots,X(M-1)$，相应的傅立叶逆变换公式为：

$$x(n)=\frac{1}{N}\times\sum_{k=0}^{M-1}X(k)\times \mathrm{e}^{-\mathrm{j}\frac{2k\pi}{M}n}\quad(n=0,1,2,\cdots,N-1)\tag{3.8}$$

或

$$x(n)=\sum_{k=0}^{M-1}X(k)\times \mathrm{e}^{\mathrm{j}\frac{2k\pi}{M}n}\quad(n=0,1,2,\cdots,N-1)\tag{3.9}$$

公式（3.6）、公式（3.7）和公式（3.8）、公式（3.9）成对使用。通常情况下取 $M=N$。

本书中使用公式（3.7）和公式（3.9），因为在这种情况下其变换之后得到的能量参数意义更加合理。为了程序实现更加方便，根据公式（3.10）将上述公式中的自然对数复数幂函数形式转换为三角函数形式。变换之后的傅立叶系数表示为 $X(k)=a_k+\mathrm{j}b_k$（$k=0$，1，2，…，M），逆变换公式（3.9）相应地转换为三角函数的表达形式，如公式（3.11）所示。这样就可以将计算公式直接当作伪代码作为程序实现的参考依据。

$$\mathrm{e}^{\alpha \mathrm{j}}=\cos\alpha+\mathrm{j}\sin\alpha\tag{3.10}$$

$$x(n)=a_0+\sum_{k=1}^{M-1}\left(a_k\cos\left(\frac{2\pi}{M}kn\right)+b_k\sin\left(\frac{2\pi}{M}kn\right)\right)\quad n=0,1,2,\cdots,N-1\tag{3.11}$$

（2）应用模式

下面详细阐述傅立叶变换模型用于预测的模式。模型为每一个断面、每一个交通参数、每一类特征天保存一个数据序列，表示该断面参数在该类特征天的历史平均趋势。特征天是指具有相同属性的一类日期。本书中使用的傅立叶模型共划分7类特征天，表示从周一到周日的不同特征。模型进行预测时，就是从该历史平均数据序列中选择对应时段的数值作为预测值，因此，傅立叶模型的预测精度是和预测步长无关的。

傅立叶模型使用新获得的实测数据对用于预测的历史平均数据序列进行更新。更新的方法为：每获得新一天的数据，将该数据序列和历史平均数据序列进行加权平均，形成组合数据序列。然后使用傅立叶变换模型对组合数据序列进行消噪处理，将处理后的数据序列作为新的历史平均数据序列，处理过程将在后面部分详细说明。

(3) 历史平均数据存储方法

傅立叶模型为每一个断面的每一个交通流参数（包括流量、速度、占有率 3 个）维持对应 7 个特征天的 7 个历史平均数据序列，在逻辑上构成了如表 3.4 所示的表格。在预测系统运行中，在内存中维持的数据结构与此类似。每次进行预测时，直接从该表中读取对应日期类型和对应时段的交通参数数值作为预测值即可。

表 3.4 历史平均数据存储逻辑表

时段 日期类型	00：00～00：05	00：06～00：10	…	23：51～23：55	23：56～24：00
星期一					
星期二					
…					
星期日					

历史平均数据序列的永久性存储通过数据库实现。所有断面、所有交通参数、所有特征天的历史平均数据均存储在同一个数据库表（table）内，表名为 HISTORY _ AVERAGE _ FLOW。该表内的每一条记录（record）表示某个断面在某类型日期的某个时段的所有交通参数数值，时段大小固定为 5 min，并规定此处存储的流量值不是 5 min 内实际经过的车辆数，而是经过换算处理后的单位小时流量，单位为：pcu/h。HISTORY _ AVERAGE _ FLOW 的逻辑结构如表 3.5 所示。

表 3.5 HISTORY _ AVERAGE _ FLOW 表的逻辑结构

表　　名	HISTORY _ AVERAGE _ FLOW			
字段名称	数据类型	空/非空	约束条件	说　　明
SECTION _ INDEX	字符串	非空	主键	安装有检测器的道路断面编号，该编号在整个系统内保持唯一性
TIME _ OF _ DAY	整数	非空	主键	1 天共划分为 288 个 5 min 时段，该字段表示从 1 开始计数的时段序号，合理取值为 1～288
DAY _ OF _ WEEK	整数	非空	主键	表示日期类型，合理取值为 1～7，表示星期一到星期日
VOLUME	双精度浮点数			单位小时流量数据
SPEED	双精度浮点数			5 min 时段平均速度
OCCUPANCY	双精度浮点数			5 min 时段平均占有率

（4）历史平均数据的更新方法

由于统计时段固定为 5 min，每个断面、每个参数、每个特征天的历史平均数据序列长度为 288。在系统首次运行时，直接将新获得的实测数据作为初始值，根据其日期类型添加到数据库表格 HISTORY_AVERAGE_FLOW 中。

当每类特征天的数据均初始化后，傅立叶模型就开始了更新过程。历史平均数据序列的更新每天执行一次，执行时间为午夜 2 点。每次更新计算，以刚过去的一天的交通数据为基础，针对每一个断面，每一个交通参数，执行以下操作（参见图 3.14）：

① 从实测数据存储表格（DETECT_TRAFFIC_FLOW_5MIN）中读取前一日的数据序列 h_{new}，长度为 288；

② 根据 $h=(1-\alpha)\cdot h_{old}+\alpha\cdot h_{new}$，将 HISTORY_AVERAGE_FLOW 表格中存储的与前一日对应的特征天的当前历史平均数据序列 h_{old} 和 h_{new} 进行加权平均，得到组合数据序列 h，其中 α 为新数据的权重系数；

③ 对序列 h 进行离散傅立叶变换，得到傅立叶系数序列 h_p，包括对应每一阶频率的振幅和相位角；

④ 根据振幅对系数序列 h_p 进行排序，根据设定的筛选比例，自动生成振幅筛选阈值，通过将所有小于该阈值的振幅设为零，忽略对应频率成分对数据序列的贡献，从而起到消噪的作用；

⑤ 对筛选之后的系数序列 h_p 进行离散傅立叶逆变换，生成新的历史平均数据序列，并将其存入 HISTORY_AVERAGE_FLOW 表格内。

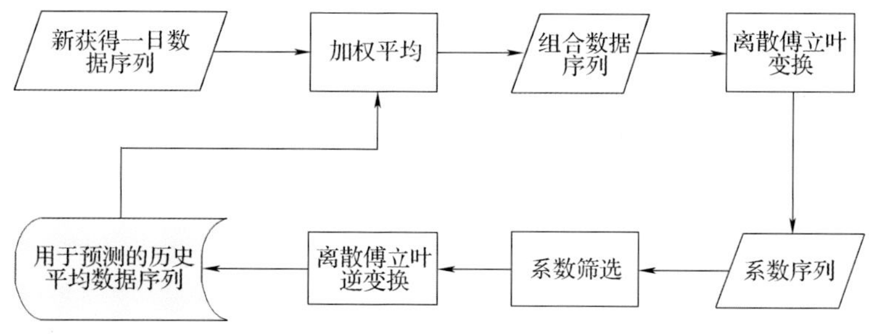

图 3.14　傅立叶模型更新流程图

2. 自回归模型

经过前期对主流预测模型的分析和筛选过程，确定在组合预测模型中使用 ARIMA（时间序列）模型，ARIMA 模型是对 AR、MA、ARMA 以及 ARIMA 等模型的总称。经过模型结构辨识过程，确定最终采用的模型类型为 AR 模型，也就是无差分的自回归模型。

典型的 p 阶自回归模型形式为：$\boldsymbol{\beta x}=\beta_1 x(k)+\beta_2 x(k-1)+\cdots\beta_p x(k-p+1)$。该模型需要根据历史真实数据，确定合理的自回归阶数 p。p 的确定方法采用经典的基于“自相关函数和偏自相关函数分析”的方法。在系统实际投入运行之前，作为离线研究工作，由人工采用上述方法为每一个断面的每一个交通参数确定合适的自回归阶数 p，并固化到软件中。在软件运行过程中，自回归阶数 p 不发生改变。

3. 邻域回归模型

邻域回归模型的输入变量需要根据每一个断面在路网中的具体位置，通过人工分析来确定。分析确定的结果是当前断面与邻近断面的关联关系。首先，需要确定关联断面的构成，例如：断面 001 和断面 002、003、004 相关。下一步需要确定当前断面的指定步长的预测数值具体和关联断面的哪些时刻的参数数值相关，例如：001 断面未来 15 min 的交通参数与 002 断面之前 10 min 和 20 min的交通参数、003 断面当前时刻的交通参数以及 004 断面5 min前的交通参数有关，相应的邻域回归模型预测计算公式表示为：$x^{001}(k+3)=f(x^{002}(k-2),x^{002}(k-4),x^{003}(k),x^{004}(k-1))$，函数具体采用线性方程形式，因此，最终的模型预测公式为：$x^{001}(k+3)=\gamma_1 x^{002}(k-2)+\gamma_2 x^{002}(k-4)+\gamma_3 x^{003}(k)+\gamma_4 x^{004}(k-1)$。

由于自回归模型和邻域回归模型同属于多元线性回归模型，所以使用相同的模型在线更新策略，详细算法参见下文。

4. 模型信息存储

预测模型信息包括两部分：模型结构信息和模型参数信息。其中，模型结构信息是在系统运行过程中固定不变的；而模型参数信息随着模型更新过程的执行而不断地被更新，始终保持反映实时交通流的特征规律。这两部分信息都需要进行永久性的存储，本书采取了联合存储的方案，也就是将同一个子模型的结构信息和参数信息存储在同一个数据库表格内。例如，如下所示的组合预测模型的预测公式中共包括 11 个参数，包括自回归模型参数 4 个，邻域回归模型参数 4 个以及子模型权重系数 3 个。预测软件系统在数据库内建立 3 个表格分别实现对子模型权重系数、自回归模型信息和邻域回归模型信息的永久性存储。

$$\begin{aligned}x^{001}(k+1)=&\alpha\times\overline{x^{001}}(k+1)+\\&\beta\times\{\theta_1 x^{001}(k)+\theta_2 x^{001}(k-1)+\theta_3 x^{001}(k-2)+\theta_4 x^{001}(k-3)\}+\\&\gamma\times\{\gamma_1 x^{002}(k)+\gamma_2 x^{003}(k)+\gamma_3 x^{002}(k-1)+\gamma_4 x^{003}(k-1)\}\end{aligned}$$

表格结构说明如表 3.6～表 3.8 所示。其中，FORECAST_MODEL_AR_COEFF 和 FORECAST_MODEL_NB_COEFF 内含了模型的结构信息，当程序从数据库中加载指定 SECTION_INDEX 和 FORECAST_TYPE 的多条记录时，可

以从中有效地解析出自回归模型和邻域回归模型的结构信息。

表 3.6　存储自回归模型信息的表格结构

表　　名	FORECAST_MODEL_AR_COEFF			
字段名称	数据类型	空/非空	约束条件	说　　明
SECTION_INDEX	字符串	非空	主键	安装有检测器的道路断面编号，该编号在整个系统内保持唯一性
FORECAST_TYPE	字符串	非空	主键	预测参数类型，取值集合为{Volume，Speed，Occupancy}
AR_ORDER	整数	非空	主键	自回归模型的阶数
COEFFICIENT	双精度浮点数			与 AR_ORDER 对应的模型系数

表 3.7　存储邻域回归模型信息的表格结构

表　　名	FORECAST_MODEL_NB_COEFF			
字段名称	数据类型	空/非空	约束条件	说　　明
SECTION_INDEX	字符串	非空	主键	安装有检测器的道路断面编号，该编号在整个系统内保持唯一性
FORECAST_TYPE	字符串	非空	主键	预测参数类型，取值集合为{Volume，Speed，Occupancy}
NEIGHBOR_SECTION_INDEX	字符串	非空	主键	关联断面的唯一性编号
NB_ORDER	整数	非空	主键	与 NEIGHBOR_SECTION_INDEX 相应的时刻偏移阶数
COEFFICIENT	双精度浮点数			与 NEIGHBOR_SECTION_INDEX 和 NB_ORDER 对应的模型系数

表 3.8　存储子模型权重系数的表格结构

表　　名	FORECAST_MODEL_PARAMETERS			
字段名称	数据类型	空/非空	约束条件	说　　明
SECTION_INDEX	字符串	非空	主键	安装有检测器的道路断面编号，该编号在整个系统内保持唯一性
FORECAST_TYPE	字符串	非空	主键	预测参数类型，取值集合为{Volume，Speed，Occupancy}
HISTORY_WEIGHT	双精度浮点数			傅立叶模型的权重系数
AR_WEIGHT	双精度浮点数			自回归模型的权重系数
NEIGHBOR_WEIGHT	双精度浮点数			邻域回归模型的权重系数

5. 模型更新策略

（1）模型更新原理

基于历史真实数据标定得到模型的参数初始值，在软件的运行过程中，随着实时数据的不断获取，采用了多种方法对预测模型的参数进行修正，保证模型始终反映最新的交通流特性规律。

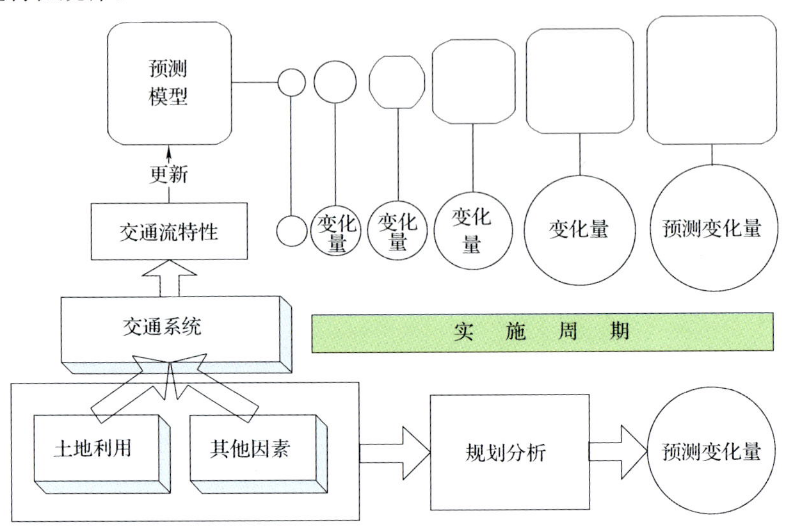

图 3.15　组合预测模型的长周期更新原理

如图 3.15 所示，交通流特性是交通系统特征的外在表现，交通系统是社会经济的衍生服务系统，其变化主要由土地利用等因素引起。土地利用等外因发生作用不是一蹴而就的，相应的交通系统的变化也是一个渐进的过程。在这个过程中，作为外在表现的交通流特性也呈现出渐变的形态。组合预测模型采用在线模型更新策略，实时地与最新的交通流特性保持一致。经过长期的演化，组合预测模型的变化就可以反映交通系统的较大的变化。

（2）在线迭代回归方法

组合预测模型使用的更新方法包括：傅立叶模型的逐日更新机制、自回归模型和邻域回归模型采用的在线迭代回归以及子模型权重系数依据的贝叶斯决策。本节重点介绍在线迭代回归方法，贝叶斯决策将在后面章节进行详细论述。

在线迭代回归方法是对经典的最小二乘拟合方法的离散化和实时化处理，用于实现多元线性回归方程形式的预测模型的在线更新。典型的多元线性回归方程的基本形式为：$\boldsymbol{y}=\boldsymbol{\theta x}$，其中自变量个数为 p。为了实现在线迭代回归，在整个系统运行过程中，需要为该预测模型维持一个 $p\times p$ 的误差协方差矩阵。

在线迭代回归过程描述如下：

① 设定初值。迭代序号 $m=0$。初始模型系数 $\boldsymbol{\theta}(m)$ 为 $p\times 1$ 的列向量。误差

协方差矩阵为 $\boldsymbol{P}(m)=\alpha^2\boldsymbol{I}$，$\boldsymbol{I}$ 为 p 阶单位矩阵，α^2 要求为非常大的数值。初始参数 $\boldsymbol{\theta}(m)$ 可以考虑基于大量历史样本数据使用常规的最小二乘法得到，或者采取简单的赋以 0 值或任意值，又或者全部赋值为 $1/p$。

② 获得了新的样本：$\boldsymbol{X}(m+1),y(m+1)$

③ 计算增益矩阵：

$$\boldsymbol{K}(m+1)=\boldsymbol{P}(m)\boldsymbol{X}(m+1)[1+\boldsymbol{X}^{\mathrm{T}}(m+1)\boldsymbol{P}(m)\boldsymbol{X}(m+1)]^{-1}$$

④ 更新预测参数：

$$\hat{\boldsymbol{\theta}}(m+1)=\hat{\boldsymbol{\theta}}(m)+\boldsymbol{K}(m+1)[y(m+1)-\boldsymbol{X}^{\mathrm{T}}(m+1)\hat{\boldsymbol{\theta}}(m)]$$

⑤ 更新误差协方差矩阵：

$$\boldsymbol{P}(m+1)=\boldsymbol{P}(m)-\boldsymbol{X}(m+1)[1+\boldsymbol{X}^{\mathrm{T}}(m+1)\boldsymbol{P}(m)\boldsymbol{X}(m+1)]^{-1}\boldsymbol{X}^{\mathrm{T}}(m+1)\boldsymbol{P}(m)$$

⑥ 迭代次数增加：$m=m+1$，返回第②步。

(3) 协方差矩阵的存储

与预测模型的更新过程相关联的协方差矩阵数据同样需要进行永久性的存储。由于现有的关系型数据库表格不适应存储矩阵结构的数据，所以将协方差矩阵的数据在充分保证精度的情况下转化为字符串，再存储到数据库中。例如：2×2 的协方差矩阵，按照“5 位整数.5为小数”的精度转化为字符串。

$$\begin{bmatrix}1.2 & 3.4\\ 5.6 & 7.8\end{bmatrix}\xrightarrow{\text{指定精度转换}}$$ “00001.2000000003.4000000005.6000000007.80000”。

用于存储协方差矩阵的数据库表格结构，如表 3.9 所示。

表 3.9　存储协方差矩阵的表格结构

表　名	FORECAST_MODEL_COMAT			
字段名称	数据类型	空/非空	约束条件	说　明
SECTION_INDEX	字符串	非空	主键	安装有检测器的道路断面编号，该编号在整个系统内保持唯一性
FORECAST_TYPE	字符串	非空	主键	预测参数类型，取值集合为{Volume，Speed，Occupancy}
ABC_COMAT	字符串			与权重系数相关联的协方差矩阵
AR_COMAT	字符串			与自回归模型相关联的协方差矩阵
NB_COMAT	字符串			与邻域回归模型相关联的协方差矩阵

6. 多步预测模式

(1) 预测更新周期

预测结果的更新周期，也就是预测任务执行的周期。其确定需要考虑两方面的问题：

• 计算效率。每次预测任务必须在一个预测周期内完成，否则将失去预测的意义。例如：如果一次预测任务的执行需要耗时 30 s，那么考虑到数据传输等各方面的时间延迟，选择 1 min 为更新周期就是不合理的。因此更新周期不宜太短。预测任务的执行时间决定了更新周期的下限。

• 原始交通数据的统计时段。更新周期不能小于统计时段长度，否则无法从原始数据中提取与当前时刻相关联的合理数据序列。

本书中最终确定后台预测的更新周期为 5 min。同时为了保留实现小于 5 min更新周期的可能性，要求交通流参数基础数据统计时段长度为 1 min。预测系统将首先将 1 min 统计时段的原始数据合并成 5 min 统计时段，再提供给预测模型使用。

（2）多步预测模式

根据需求分析的结果，预测系统需要对未来 5 min、15 min 和 30 min 时刻的路况进行预测。当预测步长大于输入序列的统计时段长度（5 min）时，存在两种逻辑来实现大步长的预测任务。以 15 min 预测步长为例进行说明：

① 实现逻辑一：将交通参数序列按照 5 min 时段进行统计，进行连续 3 步迭代预测，可得出未来 15 min 的交通参数。所谓 3 步迭代预测是指，先进行单步预测，得到未来 5 min 的参数，将预测值当作实际值添加到真实序列中，再进行单步预测，得到未来 10 min 的参数，再将 10 min 的预测值当作实际值添加到真实序列中，进行单步预测，进一步得到15 min的参数。同理 6 步迭代预测可以得到 30 min 的预测值。如图 3.16 所示。

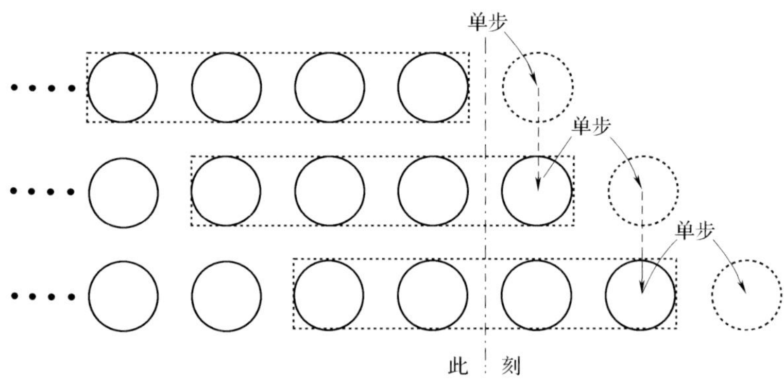

图 3.16 多步迭代预测示意图

② 实现逻辑二：将交通参数序列按照 15 min 时段进行统计，那么进行单步预测，就可得出未来 15 min 的交通参数。同理，将交通参数序列按照 30 min 时段进行统计，那么进行单步预测，就可得出未来 30 min 的交通参数。

出于预测模式的灵活性考虑，交通参数序列基础数据的统计时段长度不宜

过大，否则将损失细节信息。一般可以考虑为 1 min 或 5 min，而不能使用 15 min为统计时段。在这个前提下实现逻辑二，就必须增加对基础序列进行额外的汇总处理计算，因此，实现逻辑一相对更加简单一些。最终确定在系统中使用实现逻辑一所述的“多步迭代预测”方法来实现较大步长的预测任务。

7. 子模型权重更新方法

（1）基本原理

贝叶斯决策，是利用贝叶斯定理求得后验概率，再据以进行决策的方法。后验概率和先验概率都是针对某一事件的发生概率进行的推测或判断。先验概率是指根据以往经验和分析得到的概率，或者在历史资料不全的情况下进行的主观判断而未经证实的概率。后验概率是基于新的信息，修正原来的先验概率后所获得的更接近实际情况的概率估计。二者是相对的，如果以后还有新的信息引入，更新了现在所谓的后验概率，得到了新的概率值，那么在这次修正过程中，原来的后验概率被视作先验概率，而这个新的概率值被称为后验概率。

子模型的权重系数更新过程，相当于选择哪一个模型来进行预测的决策问题，结合本书的模型特征，就是需要确定每一个子模型的权重系数。一个基本的原则是：哪个子模型预测的更准确，那么该子模型的权重系数就越大。

权重更新过程中的变量说明如下：

$P(H_i|D)$：为针对当前实测数据，选择模型 H_i 的概率，同时这就是模型 H_i 权重系数 w_i。

$P(D|H_i)$：为针对当前实测数据，采用模型 H_i 能够做出准确预测的概率。$P(D|H_i)$根据最近 k 个时刻的模型 H_i 的预测误差进行计算。

$P(H_i)$：为模型 H_i 被选择的概率。根据预测误差越小，越倾向于被选择的基本原则，$P(H_i)$是根据模型 H_i 在同类特征天的总体历史平均预测误差进行计算的。

根据贝叶斯定理，可得如下计算公式：

$$P(H_i|D)=\frac{P(D|H_i)\cdot P(H_i)}{\sum P(D|H_i)\cdot P(H_i)}$$

（2）变量计算

本节介绍变量 $P(D|H_i)$ 和 $P(H_i)$ 的详细计算方法。

①$P(D|H_i)$ 的计算

$P(D|H_i)$ 根据最近 k 个时刻的模型 H_i 的预测误差进行计算。预测误差指标选择以往分析中常用的 MAPE，即平均绝对百分比误差。误差统计的范围为包含当前时刻的前 k 个时刻的三个子模型的预测误差。具体计算公式为：

$$P(D|H_i)=\begin{cases}f(E_i) & (E_i<1)\\0 & (E_i\geqslant 1)\end{cases}$$

其中，E_i 为模型 H_i 的 k 时刻预测误差的平均值。f 函数采用分段线性函数形式，如下公式所示。

$$y=f(x)=\begin{cases}1 & 0\leqslant x\leqslant 0.1\\ 1.05-0.5x & 0.1<x\leqslant 0.2\\ 1.15-x & 0.2<x\leqslant 0.5\\ 1.65-2x & 0.5<x\leqslant 0.825\\ 0 & 0.825\leqslant x\end{cases}$$

例如，当前时刻前 5 个时刻，AR 模型的 MAPE 分别为：30%、20%、30%、10%、10%，则 E_i 为 20%，则 $P(D|AR)=1.05-0.5\times 0.2=0.95$。

②$P(H_i)$ 的计算

$P(H_i)$ 是根据模型 H_i 在同类特征天的总体历史平均预测误差进行计算的，存在两种计算方法。

一种方法是：

$$P(H_i)=P(EH_i<\mu)$$

$P(EH_i<\mu)$阈值为同类特征天中模型的日平均绝对百分比误差 EH_i 小于阈值 μ 的概率。阈值 μ 是人为设定的。比如，可以认为误差高于 20%的为预测失败，低于 20%的为预测成功。

假设 2007 年 10 月 25 日（周四）的 288 个时刻 DFT 预测，144 次成功，则该天的 $P(EH_i<\mu)=50\%$，如果将所有周四的 $P(H_i)$平均，可以得到周四特征天的 $P(H_i)$，假设为 60%。如果预测天为周四，可以认为 $P(DFT)=0.6$。

第二种方法是：

$$P(H_i)=\begin{cases}f(EH_i) & (E_i<1)\\ 0 & (E_i\geqslant 1)\end{cases}$$

其中 f 函数同于前文所述。第二种方法计算逻辑简单，但是没有第一种准确，例如一个模型预测结果中有几个预测值偏差很大的点，将会提高平均值，而第一种方法将不受此影响。

本书采用了第一种计算方法。

（3）权重计算

设 3 个模型的权重分别为 W_F、W_A、W_N，权重计算方法有如下两种：

① Winner Takes It All（WTIA）

$DF(t)$表示采用的预测值，$DF_i(t)$表示模型 H_i 的预测值。则 $DF(t)=DF_i(t)$，其中 $i=\text{argmax}(P(H_i|D)$，也就是选择最可能预测准确的模型的预测值作为预测结果。

② Weighted Linear Combination (WLC)

采用各个子模型的权重系数为 $W_i(t)=P(H_i|D)$，相应地预测值为：

$$DF(t)=\sum W_i(t)\cdot DF_i(t)$$

本书采用第二种计算方法。

(4) 数据存储

实现上述权重更新计算过程，需要大量的误差数据的支持，因此，需要对各个子模型的预测误差数据进行永久性的存储。本节给出用于存储模型预测误差的数据库表格设计方案。共设计了2个表格，分别为 FORECAST_ERROR_5MIN 和 HISTORY_AVERAGE_ERROR_5MIN，二者分别用于存储最近一日的细分时段的预测误差和日平均误差数据。见表3.10和表3.11所示。

表3.10　时段预测误差表格结构

表格名称	FORECAST_ERROR_5MIN	
字段名称	数据类型	说明
SECTION_INDEX	String	检测点编号
FORECAST_TIME	DateTime	预测时间
VOLUME_DFT	Double，[0，1]	流量－DFT误差
SPEED_DFT	Double，[0，1]	速度－DFT误差
OCCUPANCY_DFT	Double，[0，1]	占有率－DFT误差
VOLUME_AR	Double，[0，1]	流量－AR误差
SPEED_AR	Double，[0，1]	速度－AR误差
OCCUPANCY_AR	Double，[0，1]	占有率－AR误差
VOLUME_NAR	Double，[0，1]	流量－NAR误差
SPEED_NAR	Double，[0，1]	速度－NAR误差
OCCUPANCY_NAR	Double，[0，1]	占有率－NAR误差
补充说明	DFT表示傅立叶模型；AR表示自回归模型；NAR表示邻域回归模型	

为了节省空间，表 FORECAST_ERROR_5MIN 的长度可以只维持288行，也就是说只存储最近一天的数据。每当一天结束时，系统需要将一天的预测精度做一个总结，也就是将各模型一天的预测平均误差计算出来。存入表 HISTORY_AVERAGE_ERROR_5MIN 内。该数据表可以采用直接更新的方法，也就是获得一组新的数据，就将原有数据替换。

表 3.11　日平均预测误差表格结构

表格名称	HISTORY_AVERAGE_ERROR_5MIN	
代码	数据类型	名称
SECTION_INDEX	String	监测点编号
DAY_OF_WEEK	Int	日期类型
TIME_OF_DAY	DateTime	日期
VOLUME_DFT	Double，[0，1]	流量－DFT 误差
SPEED_DFT	Double，[0，1]	速度－DFT 误差
OCCUPANCY_DFT	Double，[0，1]	占有率－DFT 误差
VOLUME_AR	Double，[0，1]	流量－AR 误差
SPEED_AR	Double，[0，1]	速度－AR 误差
OCCUPANCY_AR	Double，[0，1]	占有率－AR 误差
VOLUME_NAR	Double，[0，1]	流量－NAR 误差
SPEED_NAR	Double，[0，1]	速度－NAR 误差
OCCUPANCY_NAR	Double，[0，1]	占有率－NAR 误差
VOLUME_CMB	Double，[0，1]	流量－CMB 误差
SPEED_CMB	Double，[0，1]	速度－CMB 误差
OCCUPANCY_CMB	Double，[0，1]	占有率－CMB 误差
补充说明	DFT 表示傅立叶模型；AR 表示自回归模型；NAR 表示邻域回归模型。	

（5）计算过程

① 变量说明

预测误差指标分为两种：一是前 k 次预测误差的平均值，表示最近时间的实时误差（用 E 表示）；二是同类特征天的日平均预测误差（用 EH 表示）。预测参数分为流量、速度、占有率。由于这三者的计算方法一致，这里就以流量为例进行描述。这里使用的是预测步长 5 min 的预测误差数据。

符号说明见表 3.12。

表 3.12　符号说明

	实时误差	历史误差
傅立叶模型	E_f	EH_f
自回归模型	E_a	EH_a
邻域回归模型	E_n	EH_n

② 步骤

Step1：

从 HISTORY _ AVERAGE _ ERROR _ 5MIN 读取同类特征天的历史平均误差，分别为 EH_f、EH_a、EH_n 赋值。

Step2：

计算当前时刻前 k 次预测实时误差 E_f、E_a、E_n。比如当前时刻为 8:03，$k=5$，则根据数据中最新的检测值，计算前五次误差。如果数据库获得了 8:00 的检测数据，则取 7:40 到 8:00 共 5 次 3 个参数预测的误差，并计算平均值，分别为 E_f、E_a、E_n 赋值。k 值可以依照自回归模型的阶数选取。

Step3：

根据前文所述公式，计算 $P(D|H_i)$，$P(H_i)$。

Step4：

采样前文所述的 WLC 方法计算子模型的权重和组合预测值：

$$CMB(t)=\sum W_i(t)\cdot DF_i(t)。$$

Step5：

将组合模型的预测值与真实值比较，得到误差，存入数据库的 HISTORY _ AVERAGE _ ERROR _ 5MIN 和 FORECAST _ ERROR _ 5MIN 表格中。

3.3.3　上层框架逻辑设计

预测功能上层框架逻辑设计的总体目标包括以下几点：

（1）尽可能避免频繁地访问数据库，提高数据存取和访问效率；

（2）尽可能避免复杂 SQL 语句的大量动态构建操作，简化程序逻辑；

（3）将数据库访问功能与预测功能分离，减少模块间耦合；

（4）对于数据存储形态的变换尽可能在内存中进行，以便提高效率。

针对上述各目标，确定如图 3.17 所示的总体框架结构。其中核心逻辑对象为数据池和预测组织者。数据池的任务是封装对 Oracle 数据库访问操作、持有当前实时预测所需要的所有数据、向预测组织者提供数据服务。预测组织者的任务是驱动整个路网范围内的所有断面、所有预测参数的预测计算和模型更新，它通过数据池获取所需要的交通数据和模型数据。

Oracle 数据库、数据池和预测组织者三者之间的交互作用如图 3.18 所示。

数据池在软件逻辑上表现为一个全局对象，该对象持有实时预测所需要的所有输入数据，并能够响应预测计算和模型更新所提出的多种多样的数据请求。

数据池需要持有的数据包括以下两项：

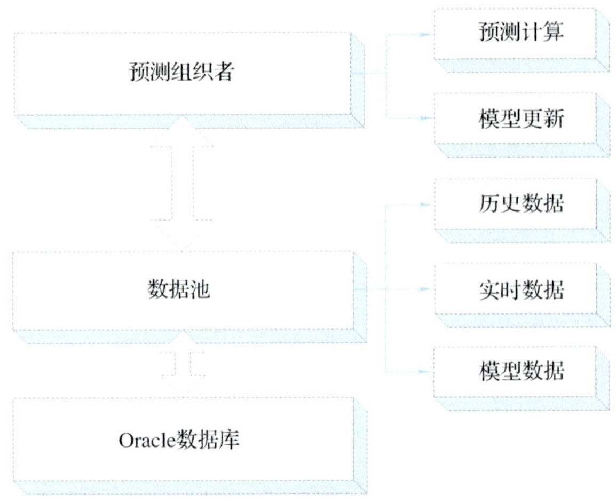

图 3.17　组合预测模型实现的总体框架结构

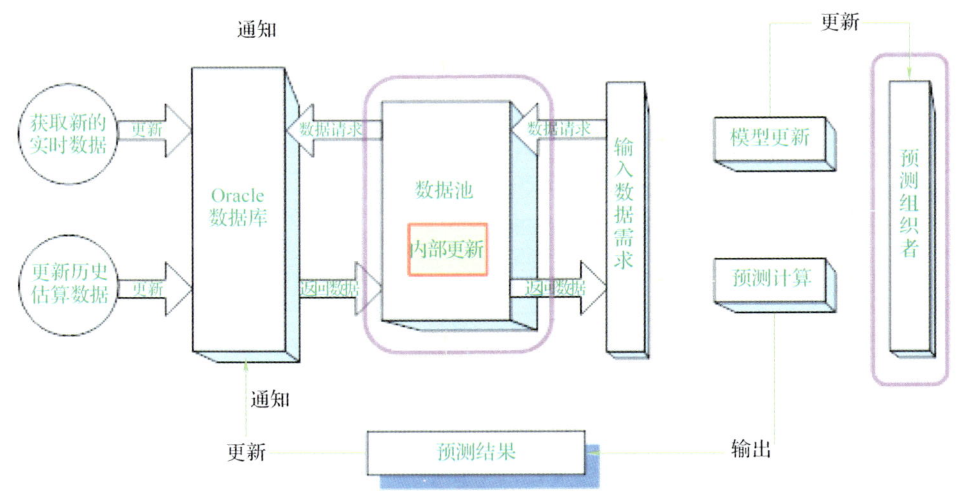

图 3.18　数据库—数据池—预测组织者的交互图

- 当前时刻之前一段时间的所有断面的实时数据；
- 最新的所有断面的用于预测的历史平均数据。

数据池向预测组织者提供的最小粒度的数据服务为：指定断面、参数、时刻，返回相应的交通参数数据。以此为基础，提供多种多样的数据服务，以满足预测组织者的要求。服务内容包括：样本集合、数据序列等，具体提供的形式可以为数组、链表等等。

参 考 文 献

[1] Smith BL and Demetsky MJ. Short-term Traffic Flow Prediction Models: A Comparison of Neural Network and Nonparametric Regression Approaches [C] . International Conference on System, Man and Cybernetics. Humans, Information and Technoloyy. 1994, 2: 1706～1717

[2] Smith BL and Demetsky MJ. Multiple-interval Freeway Traffic Flow Forecasting [J] . Transportation Research Record. 1996, 1554: 136～141

[3] Smith BL, Oswald RK. Effects of Rarameter Selection on Forecast Accuracy and Execution Time in Nonparametric Regression [C] . IEEE Intelligent Transportation Systems Conference Proceedings. 2000

[4] Smith BL, Oswald RK. Comparison of Parametric and Nonparametric Models for Traffic Flow Forecasting [J] . Transportation Researh C. 2002, 10 (4): 303～321

[5] Davis Gary A and Nihan Nancy L. Nonparameteric Regression and Short-term Freeway Traffic Forecasting [J] . Journal of Transportation Engineering. 1991, 117 (2): 178～188

[6] Clark s. Traffic Prediction using Multivariate Nonparametric Regression [J] . Journal of Transportation Engineering. 2003, 129 (2): 161～168

[7] 宫晓燕，汤淑明．基于非参数回归的短时交通流预测与实践检测综合算法 [J]．中国公路学报．2003，16 (1)：82～86

[8] 何晓群编著 回归分析与经济数据建模 [M]．北京中国人民大学出版社，1997.5：321～354

[9] Anthony Stathopoulos, Matthew G. Karlaftis. A multivariate state space approach for urban traffic flow modeling and prediction [J] . Transportation Research Part C 11 (2003) 121～135

[10] Chang-Jen Lan, Ph. D. , P. E. Adaptive Turning Flow Estimation Based on Incomplete Detector Information For Advanced Traffic Management [C] . 2001 IEEE Intelligent Transportation Systems Conference Proceedings -Oakland (CA) USA = August 25～29, 2001

[11] Chang-Jen Lan, Ph. D. , P. E. A Recursive Traffic Flow Predictor Based on Dynamic Generalized Linear Model Framework [C] . 2001 IEEE Intelligent Transportation Systems Conference Proceedings-Oakland (CA), USA-August 25～29, 2001

[12] C. S. Burrus, T. W. Parks. DFT/FFT and Convolution Algorithms [J] . JOHN WILEY $ SONS, 1985: 21～81

[13] 陈宝如．市区路段动态旅行时间预测之研究：[硕士论文]．中国台湾：台湾大学土木研究所交通组，2007

[14] Eleni I. Vlahogianni, Matthew G. Karlaftis, John C. Golias. Optimized and meta-optimized neural networks for short-term traffic flow prediction: A genetic approach [J]. Transportation Research Part C 13 (2005) 211～234

[15] Fredric M. Ham Ivica Kostanic. 神经计算原理 [M]. 北京：机械工业出版社，2007：2，80～81，102～105

[16] 韩超、宋苏、王成红. 基于 ARIMA 模型的短时交通流实时自适应预测 [J]. 系统仿真学报，2004，16 (7)

[17] H. J. 威佛. 离散和连续傅里叶分析理论 [M]. 北京：北京邮电学院出版社，1991. 254～287

[18] 冷建华. 傅里叶变换 [M]. 清华大学出版社，2004. 134～195

[19] Lewis, C. D., Industrial and Business Forecasting Methods [M], University of Aston, UK, The Camelot Press Ltd, Southampton, 1982

[20] 刘晓阳，离散傅立叶变换的公式分析与求解 [J]. 济南教育学院学报，2004 (6)

[21] 刘静、李亮、关伟、蔡晓蕾. 基于神经网络的北京环路交通流短期预测研究 [J]. 交通运输系统工程与信息，2005，12 (5)：110～115

[22] Tang-HsienChang, Yu-TingHsu, Dynamic Data Acquisition and Parameters EstimationforTraffic Prediction [J], International Journal of ITS Research

[23] 翁剑成、荣建、任福田、魏中华. 基于非参数回归的快速路行程速度短期预测算法 [J]. 公路交通科技，2007，24 (3)

[24] 杨先平. 城市道路行程时间预测方法研究 [D]. 吉林大学，34～35

[25] Yow-Jen Joul and Yan-Chu Huang. A Discrete Parameter-Driven Time Series Model for Traffic Flow in ITS [C]. ICCS 2007, Part IV, LNCS 4490, 2007. 291～294

[26] 张堂贤、黄宏仁、陈宝如. 傅立叶级数于短期交通参数预测之研究 [C]. 2007 海峡两岸智能运输系统学术研讨会，天津，2007，9

[27] 张堂贤、黄宏仁. 车辆侦测器资料漏失之在线插补技术研究，(台湾) 运输学刊，2007

[28] 钟佑明、汤宝平、秦树人. 离散傅立叶变换 (DFT) 计算中一些问题的论证 [J]. 重庆大学学报 (自然科学版)，2001，24 (3)

第4章　交通地理信息系统

4.1　交通地理信息系统概述

4.1.1　概　　述

作为空间地理和交通数据存储及应用的支持系统，道路交通流预测系统中的交通地理信息平台（Geographic Information System on Transportation，GIS－T）是整个预测系统的核心之一。

交通地理信息平台的主要功能是为交通运输系统各相关部门提供交通地理信息支持，充分发挥交通地理信息系统的技术特点，通过支撑交通流预测系统的综合数据库，将区域或城市的道路交通信息置于同一平台和操作环境下集中管理和调度，完成实时数据采集、传输、处理和动态显示，服务于信息组织管理、信息抽取、交通地理信息应用运算和信息分发。同时面向所有的用户，提供基于 GIS－T 的可视化地理信息表达功能。

目前，随着城市交通系统的迅速发展，对于交通数据管理来讲，交通数据的种类繁多（包括属性数据、空间数据、影像数据等），数据量大，操作复杂，人工管理难度大。交通地理信息系统的出现为交通地理数据、空间数据的自动化管理提供了一个可行的途径。然而，由于交通信息具有精度要求高、规则复杂、动态化、离散化等特点，传统的地理信息系统并不能完全满足在交通方向应用的需求。因此，在进行可视化信息显示的预测系统开发时，必须研究开发所需的交通地理信息平台。

4.1.2　GIS 平台建设目标

预测系统中 GIS 平台的建设目标是：研究开发为道路交通流预测系统服务的交通地理信息平台（GIS－T），建成一个基于网络环境的、实时的、可视化的交通地理信息平台。

该平台以专业化的、综合性的、可视化的基础地理信息为基础，综合集成现有系统，将城市交通管理系统相关的多类数据采集起来进行集中管理、分析，为各相关单位提供可视化的初级辅助决策信息，以便交通管理人员及交通参与者做出快速响应，也可通过该平台将交通信息面向公众发布，提供全方位的交通信息服务，从而进一步提高城市交通管理的现代化、科学化水平。

4.1.3 GIS平台的建设原则

根据道路交通流预测系统总体建设目标，其GIS平台的建设，必须遵循经济实用、安全可靠的原则进行研究开发，具体如下：

（1）跨平台通用性

GIS数据来源广泛，包括各种行业和各种平台；预测系统对外发布信息的媒介亦多种多样，如无线通讯、网络等。如果没有良好的跨平台通用性，系统将无法完成某些特定的功能。因此在道路交通流预测系统中开发GIS平台需要充分考虑跨平台的通用性。

（2）分布式

道路交通流预测系统需要收集、处理、发布和存储海量的交通信息数据，这些海量的数据如果由一台中央处理器进行处理，其效率低下是显而易见的。分布式系统恰恰解决了这个难题，在GIS平台的搭建过程中要注意这个问题。

（3）标准化

从不同单位获得的交通信息数据格式多样，为了加强系统间信息的融合，加快预测系统运行效率，必须建立GIS平台信息标准，在共同标准的指导下，保证系统信息数据交换以及系统扩展的需要。同时为了系统未来的扩展和升级，需要严格遵循国内外的ITS标准或指导性意见。

（4）实用性

近年来，地理信息系统已经在交通运输系统的众多领域得到广泛应用，但是对于本GIS平台的建设，必须遵循实用的原则，即并不是盲目地为了开发系统而进行开发，而是充分考虑到城市交通流预测系统的实际需求，真正从交通管理和交通服务的角度来开发智能交通地理信息系统，使其真正起到方便各部门使用的作用。

（5）先进性

系统建设应充分考虑采用先进而成熟的技术。对比国内外部分较为成熟的GIS开发平台，考虑预测系统的GIS开发平台的需求，选择功能较为全面、较为成熟的GIS平台，从基础建设的层面保证系统的功能需求能够得到实现。

（6）扩展性

系统的开发是针对长远规划的发展进行设计的，要充分考虑到系统今后的实际功能需求，考虑到可能进一步扩展的需求。

（7）经济性

经济性是系统建设中不可忽视的原则，要选择性价比最合适的技术与相关软件、硬件环境，使得系统的设计方案满足经济性的原则。

（8）开放性

本系统采用开放性设计，GIS 平台对外提供标准的接口，以满足更多部门和用户共享信息和各应用系统协同工作的要求。

（9）系统设计的界面友好特性

系统设计界面友好是针对整个道路交通流预测系统开发所需要遵循的原则，而对于 GIS－T 亦是如此，GIS－T 本身就是要增加系统的信息可视化显示功能，因此，具有良好的界面是系统所必须遵循的原则。

4.2　GIS－T 系统设计

4.2.1　GIS－T 平台硬件、软件结构设计

1. GIS－T 平台硬件配置设计

GIS－T 平台的硬件配置是以网络硬件和各服务器平台为基础，形成以 Intranet/Internet 技术为核心的网络应用环境。具体配置如图 4.1 所示。

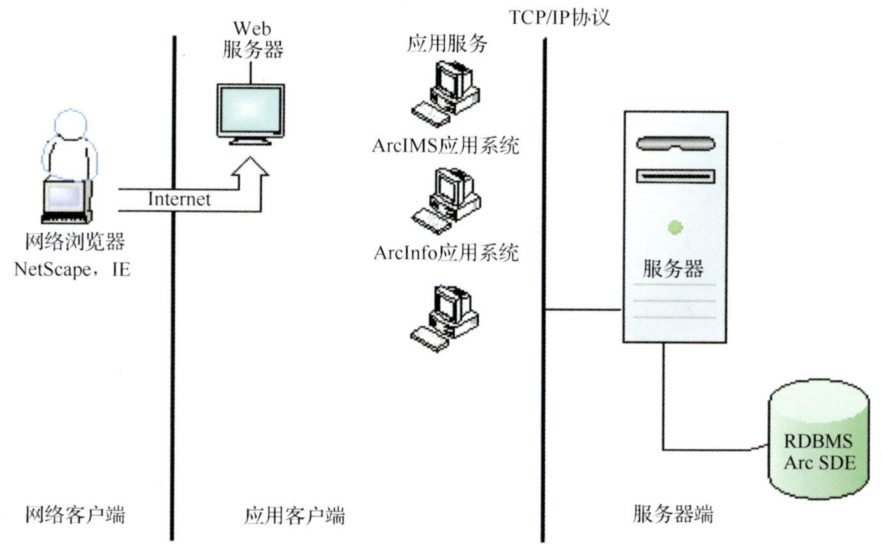

图 4.1　GIS 平台硬件配置设计

2. 软件结构设计

GIS－T 平台的软件体系结构设计如图 4.2 所示。根据浏览器/服务器结构的特点，结合城市道路交通流预测系统的 GIS 平台的实际应用要求，将两者结合起来，在整个系统体系结构中采用浏览器/服务器结构的体系架构。信息发布、动态和静态交通信息的可视化、动态实时交通信息预测、静态交通信息的录入与维护、交通信息统计和分析、系统管理等应用显示采用完整的浏览器/服务器体系结构，支持开放系统互连标准和协议，主要用于各种非专业用户进行交通信息的查询与浏览。北京市道路交通流预测预报系统设计方案采用基于 ESRI 产品构架的 GIS－T 平台，具体硬件配置在此不进行详细描述。

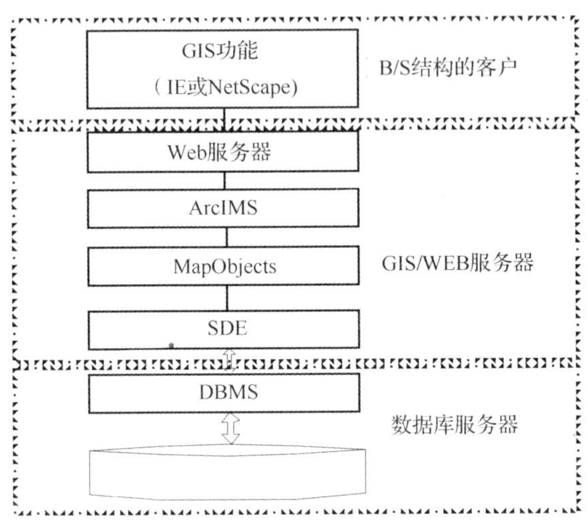

图 4.2　基于 ESRI 产品架构的交通流特性预测系统 GIS 平台设计方案

4.2.2　GIS－T 平台系统功能描述

GIS－T 平台的主要功能是从各信息采集子系统中找寻共享数据，并对多来源渠道、相互不一致的数据进行智能融合处理；完成对于实时数据和历史数据的组织，以保证数据间关系的正确性、可理解性和避免数据冗余；根据服务请求和查询权限对客户系统提供基于地图的信息服务。

GIS－T 平台具体的功能可划分为基本功能与高级功能两个方面：

（1）基本功能

• 地图浏览功能；

• 地图操纵功能：放大、缩小，平移显示，标识，查看全图，放大镜，鹰眼，居中显示；

• 图层分层显示和控制功能：控制显示相关静态信息、动态信息；显示栅格图像；实现对任意图层的控制显示（可显示、可选择、可编辑等），并可按视野范围显示不同的图层等；

• 地理信息查询：位置信息查询；交通设施查询；道路信息查询等；
• 地图信息维护功能；
• 图形打印输出功能。

(2) 高级功能

• 路径计算功能；
• 各路段交通状况表示；
• 空间统计分析功能；
• 动态分段功能；
• 空间分析功能；
• 快速定位功能；
• 对现场设备的实时监控功能；
• 非常态事件预案模拟显示功能；
• 空间模拟分析功能；
• 预案显示功能；
• 微观仿真显示功能。

根据上述阐述，GIS—T平台是一个对道路交通流预测系统相关信息进行采集、分析、融合、存储、传输以及提供可视化交通信息服务和交通指挥辅助决策的统一平台。进一步根据道路交通流预测系统相关部门的功能需求及系统业务层次结构，将系统划分为3个功能层次。第一层为数据采集、管理与维护层，其主要功能是基础信息的录入与维护、动态信息的采集与转换接口、数据分析与融合；第二层是辅助决策层，它在第一层基础数据上实现仿真与评估等能力，并提供初步的辅助决策能力；第三层为基于GIS—T的可视化用户接口层，所有第一、二层的交通管理信息都是通过这一层，以统一的GIS—T平台为用户提供可视化的交通信息的标注、监控、发布、查询、统计、联动、仿真等。每个功能层次包含若干子系统，子系统又由若干模块构成。

4.3　WebGIS应用

在北京市道路交通流特性预测系统的实现中，主要采用了目前日益流行的B/S网络结构体系，相应地采用了WebGIS的技术进行了GIS—T平台的构建。

4.3.1　WebGIS的概念及特点

万维网地理信息系统WebGIS是地理信息系统技术和互联网技术相结合产

生的一种革命性的新技术，是 Internet 或 Intranet 环境下的一种传输、存储、分析、显示与应用地理空间信息的计算机系统。WebGIS 是以网络为中心的 GIS，使基于地图（图形、图像）的应用系统得以通过互联网在各行各业中得到广泛应用。WebGIS 是当前 GIS 发展的主要方向，它使用 Internet 环境，为各种 GIS 应用提供 GIS 功能和空间数据获取能力，有着传统 GIS 无法比拟的优点。Internet 用户可以浏览 WebGIS 站点中的空间数据、制作专题图，以及进行各种空间检索和空间分析，从而使 GIS 进入千家万户。

WebGIS 的数据整合可以打破空间数据固有的界限，将空间数据与其他各种类型的数据融合在一起，为应用提供统一的数据存取模式，从而为空间数据共享、综合和知识发现提供更大的方便，使得系统的信息共享能力更强。

借助于网络技术，独立主机结构的 GIS 发展为分布式体系结构的 WebGIS。它通过高速互联网把分布在不同地理位置的计算机、存储设备、路由设备、输入输出设备等连接起来形成能够处理 GIS 数据、实现 GIS 功能的分布式结构，并将各种负载均衡地分散到众多设备上，使系统整体性能更佳。应用 J2EE、DCOM、CORBA 以及 .Net 等几种技术方法都可以构造分布式体系结构的 WebGIS。WebGIS 具有如下特点：

第一，更广泛的访问范围。全球范围内任意一个客户可同时访问多个位于世界各地不同的 WebGIS 服务器上的最新数据，Internet 所特有的这些优势大大方便了 WebGIS 的数据管理，使分布式的多数据源的数据管理和合成更易于实现。

第二，平台独立性。无论客户机与服务器是何种机器，操作系统如何，或者服务器端使用何种 WebGIS 软件，由于使用了通用的 Web 浏览器，用户都可透明访问 WebGIS 数据库，在本机或某个服务器上进行分布式部件的动态组合和空间数据的协同处理与分析，实现远程异构数据的共享。

第三，真正大众化的 GIS。以往的 GIS 由于成本高、技术难度大，往往成了少数专业人士拥有的专业工具，很难推广。而且对于每个用户来说，在每个客户端都要配备昂贵的专业 GIS 软件，但用户经常使用的却只是一些最基本的功能，这在实际上造成了极大的浪费。WebGIS 则给更多的用户提供了使用 GIS 的机会。WebGIS 在客户端通常只须使用通用浏览器进行浏览和查询（有时还要加入一些免费使用的插件、ActiveX 控件等），从而大大降低了系统成本。

第四，平衡高效的计算负载。以往的 GIS 大多使用文件服务器结构的处理方式，其处理能力完全依赖于客户端，效率较低。而 WebGIS 能充分利用网络资源，将基础性、全局性的处理交由服务器执行，而把数据量较小的简单操作交给客户端去完成。这种计算模式能灵活高效地寻求计算负荷和网络流量负载在服务器端和客户端的合理分配，是一种较理想的优化模式。

第五，良好的可扩展性。WebGIS很容易与Web中的其他信息服务进行无缝集成，可以建立灵活多样的GIS应用。例如随着通信终端向多媒体和移动化方向发展，数字移动电话、PDA（个人数字助理）将成为WebGIS的客户端，WAP（Wireless Application Protocol，即无线通信协议）服务器和WebGIS服务器将连为一体。

4.3.2 WebGIS主要发展趋势

目前，随着网络技术、通信技术、多媒体技术的不断发展，WebGIS亦呈现出如下一些新的发展趋势[9]。

（1）服务理念从数据服务到信息处理服务：随着网络技术、分布式计算以及计算图形学的飞速发展，为地理信息系统开创了一个新的时代，促使WebGIS由“地理数据服务”提高到“地理信息处理服务”的新阶段。地理信息服务的概念是地理信息系统发展的必然趋势。

（2）基于分布式计算的WebGIS：分布式计算目前只实现了客户/服务器计算，它是实现完全的分布式计算的一个中间步骤。完全的分布式计算是一个非集中的，对等的（peer-to-peer）协同计算，是未来的理想计算模式。目前分布式计算平台采用的体系结构或标准有对象管理组织（OMG）的共同对象请求代理体系结构（CORBA）；微软的分布式部件对象模型（DCOM）和分布式网络体系结构（DNA）；SUN的Java；以及Microsoft.NET和SUN ONE平台，后两者将是分布式网络计算主流平台。

（3）虚拟地理环境：虚拟现实技术正在成为网络应用的技术热点。随着Internet的飞速发展及三维技术的日益成熟，人们已经不满足Web页上二维空间的交互特性，而希望将WWW变成一个立体空间。地理虚拟建模语言（GeoVRML）以虚拟建模语言（VRML）为基础来描述地理空间数据，其目的是让用户通过一个在Web浏览器上安装的标准VRML插件来浏览地理参考数据、地图和三维地形模型。它的出现将为在网络环境下实现虚拟地理环境提供一个良好的数据规范平台，将大大促进网络虚拟地理环境的应用。

（4）移动通信技术扩展GIS应用：WAP/WML技术作为无线互联网领域的一个热点，已经显示了其巨大的应用前景和市场价值，WAP/WML技术与GIS技术的结合产生了移动GIS（MobileGIS）应用和无线定位服务（Locatio Based Services，LBS）。通过WAP/WML技术，移动用户近乎可以在任何地方、时间获得网络提供的各种服务，无线定位服务将提供一个机会使GIS突破其传统行业的角色而进入到主流的IT技术领域里。

（5）网格 GIS：互联网技术正经历着 Internet→Web→网格的发展历程。网格技术已逐渐成为新一代计算机网络技术发展的主流。在基于网格技术的网络环境下，互联网应用更强调网上各种资源的共享与互操作性，这种发展趋势对当前各种形式的 GIS（包括 WebGIS）必将产生越来越深刻的影响。

WebGIS 的上述发展趋势亦将影响着 WebGIS 在交通管理领域中的应用，为未来的智能交通管理系统提供更佳的技术支持。

4.3.3 WebGIS 的实现方法

1. WebGIS 的实现方案

从技术上看，GIS 系统要成为网络化的信息系统，必须符合 3 个条件：

首先，支持 Internet/Intranet 技术标准，或与 Internet/Intranet 技术标准相兼容。这对于 WebGIS 来说就是实现客户端与服务器端数据传输通信。

其次，分布式应用体系结构。分布式应用体系结构能实现在客户机与服务器端都具备提供功能强大的、可执行进程的体系结构，达到真正有效地平衡客户机与服务器之间的处理负荷，实现计算分布和数据分布的目标，使系统具有可互操作性。

再次，系统的开放性。系统的开放性要求具有硬、软件资源共享、数据多重应用、跨平台运行，且系统易于集成等方面的特性。

WebGIS 逻辑上由 4 部分组成：（1）Web 浏览器，用户可以通过其获取分布于 Internet 上的各种地理信息；（2）WebGIS 的信息代理，设定地理信息代理机制和地理信息代理协议，并提供数据访问接口，是实现地理信息 Internet 发布的关键；（3）WebGIS 服务器，根据用户请求操作 GIS 数据库，为用户提供地理信息服务，实现客户机与服务器的动态交互；（4）编辑器，提供可视化、对话式、多窗口的集成开发环境，建立对象、模型及进行空间数据的编辑与显示。如图 4.3 所示。

2. WebGIS 实现技术

目前 WebGIS 研究正方兴未艾，国内外的各大公司都竞相研制 WebGIS 产品。已开发出的产品，国外主要有 ESRI 公司研制的 ArcIMS 及 ArcGIS Sever技术等，MapInfo 公司的 MapXtreme，Intergraph 公司的 GeoMedia WebMap，Autodesk 公司的 MapGuide，以及韩国仁荷大学开发研制的 Geo Web 构件；国内主要有武汉吉奥信息工程技术有限公司的 GeoSurf，北京超图地理信息技术有限公司的 SuperMap IS 等。

在北京市道路交通流特性预测预报系统中以 ArcIMS 为基础实现 WEB GIS 应用功能。

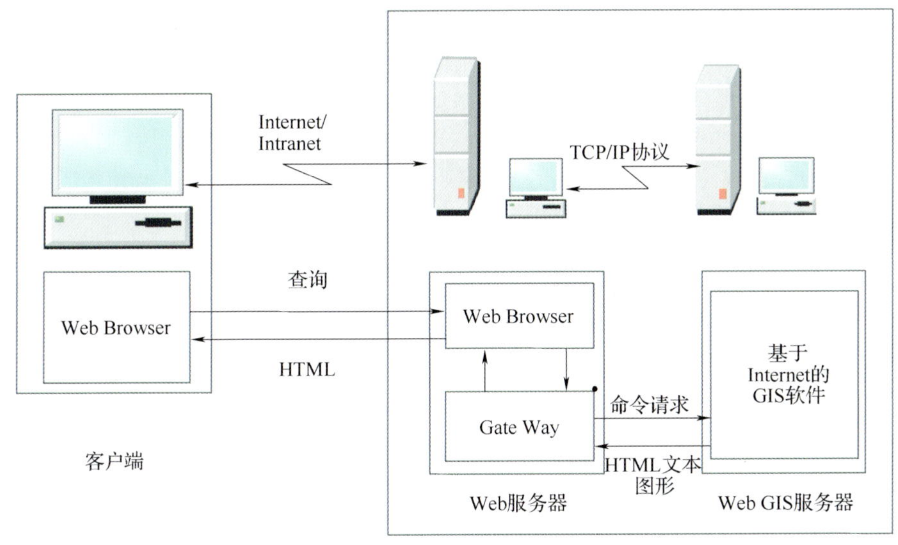

图 4.3　WebGIS 实现方案

4.4　ArcGIS 功能

本 GIS－T 平台是预测系统的信息显示平台，也是各个相关子系统的应用连接平台之一，本方案设计的 GIS－T 平台是在 ERSI 公司的 ArcGIS 的基础上进行二次开发完成的，用于满足日益增长的城市交通管理的需求。通过 GIS－T 平台，实现了不同子系统之间的信息共享，形成集各种静态信息、动态信息、指挥调度、信息服务等于一体的交通管理综合信息平台，为北京市道路交通流特性预测预报系统提供支撑。

在此简单介绍一下 ArcGIS、ArcIMS 及 ArcGIS Server 的相关内容[1~6]。

4.4.1　ArcGIS 组成

ArcGIS 是一个统一的地理信息系统平台，由 3 个重要部分组成：

- ArcGIS 桌面软件：一个一体化的高级的 GIS 应用；
- ArcSDE 通路：一个用数据管理系统（RDBMS）管理空间数据库的接口；
- ArcIMS 软件：基于 Internet 的分布式数据和服务的 GIS。

ArcGIS 为单用户或多用户的 GIS 应用提供了框架。ArcGIS 还可以通过其他的软件如 Windows CE 上的 ArcPad 进行扩展。

ArcGIS 桌面应用软件包括 ArcInfo、ArcEditor 和 ArcView 的许可项目（licensing option）。它们分享通用的结构、通用的代码基础、通用的扩展模块和统一的开发环境。从 ArcView 到 ArcEditor 到 ArcInfo，功能由简到繁。这些应用软件都由使用 COM 编程技术开发的 ArcObjects 所支持。Microsoft Windows 操作系统支持 ArcGIS 桌面软件。ArcGIS 桌面技术呈现了一个面向对象的用户友好的界面和多种的 GIS 功能集合。

所有的 ArcGIS 桌面软件都由一组相同的应用环境构成：ArcMap，ArcCatalog 和 ArcToolbox。通过这 3 个应用的协调工作，可以完成任何从简单到复杂的 GIS 工作，包括制图、数据管理、地理分析和空间处理。还包括与 Internet 地图和服务的整合，地理编码，高级数据编辑，高质量的制图，动态投影，元数据管理，基于向导的截面和对近 40 种数据格式的直接支持。

ArcGIS 9 的发布还包括了两个新的 ArcObjects 开发环境（ArcEngine 和 ArcGIS Server）。ArcEngine 支持轻量级的定制桌面应用程序，而 ArcGIS Server 支持定制的网络地理处理服务的开发。

ArcSDE 解决方案将空间和属性数据集成到一个单一的 GIS 数据库，其查询过程由 ArcSDE DBMS 服务器所支持。一个事务请求在 GIS 应用程序客户端进行准备，并发送到 ArcSDE 服务器进行处理。然后 ArcSDE 处理完这个事务请求并反馈到客户端做后续处理。在这种配置中，对于映射数据服务器硬盘到 GIS 客户端没有特别的要求。在 ArcSDE 数据服务器上的应用程序处理所有的来自 GIS 客户应用程序的空间和属性数据请求。

ArcInfo，ArcView GIS，MapObjects，ArcEngine，ArcIMS 和 ArcGIS Server 应用程序都包括 ArcSDE client API，它支持直接访问中央 ArcSDE 服务器数据。ArcSDE 和 ArcInfo 都支持 ArcInfo coverage 向 ArcSDE layer 的直接转换。一个额外的 ArcSDE CAD client API 则支持 MicroStation 和 ArcSDE 中的 AutoCAD 的存储。

Arc 网络地图服务（ArcIMS）引进了一种通过网络进行地图产品服务的新途径。ArcIMS 有一个基于 Java 的应用程序管理环境，包括制图服务和地图设计工具，可以支持多种的网络地图服务。

ArcIMS 包括一个 Java Web servlet，它支持网络地图发布服务。这一标准产品包括一个 ArcIMS 管理器和地图开发软件包，可以支持绝大多数地图产品的设计和创作，无需专门进行编程开发。ArcIMS 还包括一个 Java 客户端，它支持标准的网络产品，数据流动和数据下载。这个 Java 客户端也支持本地矢量数据和从网上得到的地图图像集成。此外，ArcIMS 网络服务也可以被看作是 Arc-

GIS 桌面客户的一个数据源。

地图服务器平台支持主要的 ArcIMS 网络服务。制图服务可以由 ArcIMS 管理器的设计和创作工具通过在管理地图服务和性能的应用程序服务器上生成模板而开发。额外的编程工具（Cold Fusion [CF] 和 Active Server Pages [ASP]）可以用于网络服务器，以增强 HTML 客户的功能。

ArcGIS Server（AGS）提供了一个基于完全 ArcObjects GIS 技术的标准组件式服务器部署。AGS 技术是随着 ArcGIS9 的发布而实施的，支持基于 Web 和 network 应用环境的完全网络服务。

ArcGIS Server 组件包括 Server Object Container（SOC），Server Object Manager（SOM）和 Application Developer Framework（ADF）。这些软件组件与第三方的 Web Application Server 技术一起协同工作来支持网络客户。ArcGIS Server 还包括一个 ArcSDE Direct Connect（DC）和 Application Server Connect（ASC），它们与 ArcSDE 数据库环境集成。

图 4.4 为 ArcGIS 系统示意图。

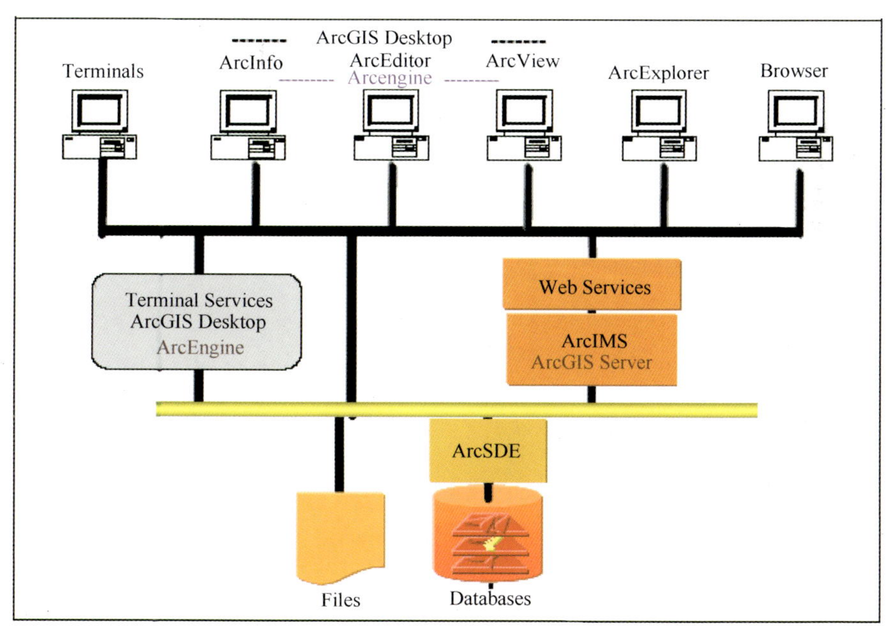

图 4.4　ArcGIS 系统示意图

4.4.2　ArcGIS 的特点

1. 海量数据的存储

企业级信息系统以及社会级信息系统的核心是数据仓库，用来存储和管理所有的空间和属性数据，这势必要求所选用的 GIS 软件具备海量数据的存储和管理能力，ArcSDE 对海量数据的存储和管理以及多用户的并发访问等在国内外众多用户现场都得到了很好的验证和考验。例如北京市公安局公安交通管理局存储了全北京市 1∶2 000 和 1∶500 两种比例尺的全要素的地形图数据量达到 2GB。

2. 长事务处理和版本管理

通常 RDBMS 采用锁定—修改—释放的策略以实现其对多用户并发操作。但这种策略不很适合用于处理地理数据的 DBMS，在交通运输系统中有些业务可以几分钟完成，但有些业务由于其特殊性也可能要花几个月的时间，这种情形即所谓的长事务处理。ArcSDE 对长事务处理提供了底层的支持，每个用户都是在直接对数据库进行操作编辑修改，但是 ArcSDE 为其建立了版本，只有在完成了长事务工作后系统才将其版本进行存储并在此时进行版本冲突管理。

ArcSDE 提供版本控制的能力即 VERSION CONTROL，该功能使得多个用户可以同时编辑一个图形数据库甚至是同一空间要素。ArcSDE 可以将不同用户对一个要素的编辑形成不同版本并通知用户不同的编辑结果以决定最后以哪个结果为准，这样可以很好地保证数据的一致性，同时实现多用户高效的并发访问机制。

3. 系统的可伸缩性

在网络技术和环境日趋成熟和完善的时代，任何一个信息系统都不应是孤立存在的，它不应该成为信息海洋中的一座孤岛。在设计和规划系统之初就应该从宏观、从全局、从长远的观点来统筹考虑。但因为经费的投入问题，现阶段的应用需求以及其他各种硬软环境的制约又往往无法一步到位，因此统筹规划、分步实施就成为系统建设中的较好选择，而要做到这一点，系统所依赖的平台的可伸缩性、可扩展性则是关键。

ArcGIS 系列产品采用了工业标准的、开放的、统一的对象组件库 ArcObjects 作为其公共的技术基础，使得从其低端平台产品如 ArcView 到高端产品如 ArcInfo 的过渡和升级可保证数据和应用功能程序无须改动和转换而平滑地进行，从为小用户设计的小型应用到多用户的大型系统，ESRI 的软件解决方案随着需求而增长，从而充分保护用户和开发商的前期投资和工作，保证系统的分步实施不会因为平台的提升和系统规模及功能需求的扩展而陷入进退两难的境地。

4. 面向对象的数据模型

ESRI 引入了一种全新的面向对象的空间数据模型 GeoDatabase，可以利用这个模型来定义和操作不同用户或应用的具体的模型，如交通模型、通信模型、流体模型、电力模型和其他数据模型。通过定义和实现这些地理数据模型，为创建和操作不同用户的数据提供了一个功能完备的平台。

ESRI 产品允许用户使用可视化计算机辅助软件工程 CASE 工具和标准的可视化建模语言 UML 来方便地创建和定制数据模型。面向对象的数据模型与用户通常看待所研究事物的观点及分类很接近，因此直观且使用简单，软件处理的将是面向用户的概念。

5. 系统的开放性

为了充分利用已有的企业或部门资源，要求 GIS 软件必须具备良好的开放性，在包括支持多种硬件平台、操作系统、数据库以外，还要求能够将已有的各种格式的数据转换为目前可用的数据类型及支持多种数据格式的转换。ESRI 的产品已经实现全面开放硬件平台，可以支持 SUN、IBM、HP Unix、Digital Unix、SGI、Windows NT、Alpha NT 等多种平台。数据库可以支持 Oracle、Sybase、SQL Server、DB2、Informix 等，开发工具除了软件所带的宏语言以外，由于采用微软的组件对象模型（COM）技术，还可以是 Delphi、VB、VC、C 等大量其他的开发语言。

6. 系统的集成性

GIS 系统在实际的应用中往往要跟其他诸如 MIS 系统结合方可满足需求，因此常常需要进行无缝集成。对无缝的追求其实是因为以往许多软件系统（包括 GIS 平台）在与外部系统连接时是有缝的，甚至是两层皮无法很好地集成和融合。因此要求 GIS 软件能够提供相应手段以实现高度集成。ArcGIS 采用了工业标准的 COM 体系结构使得基于 ArcGIS 平台的系统和其他的系统或第三方的工具模型等成果之间具有了一种工业标准的约定或接口，只要大家遵守这些工业标准的约定就可以轻松实现真正意义上的无缝连接或集成。

7. 系统的安全性

系统的安全性应具有 3 个方面的意义：一是系统自身的坚固性，即系统应具备对不同类型和规模的数据和使用对象都不能崩溃的特质，以及灵活而强有力的恢复机制；二是系统应具备完善的权限控制机制以保障系统不被有意或无意地破坏；三是系统应具备在并发响应和交互操作的环境下保障数据的安全和一致性。ArcGIS 系列中用于空间数据管理引擎的 ArcSDE 提供了独特的空间数据版本管理功能，在保证工作效率的前提下很好地解决了空间数据的并发操作和数据一致性问题。

总之，ArcGIS 是一个统一的、可伸缩的系统，它可以满足 GIS 用户的广泛的需求。ArcGIS 为 ArcView，ArcEditor，ArcInfo 和 ArcGIS 扩展模块提供了一个通用的结构，通用的代码基础，通用的扩展模型和统一的编程环境。根据GIS需求的不同，用户可以灵活地运用多个ArcView，ArcEditor，ArcInfo和ArcSDE/ArcIMS应用服务器构建配置方案。

4.5 ArcIMS

4.5.1 ArcIMS简介[1~6]

ArcIMS是一个基于Internet的GIS，它可以集中建立大范围的GIS地图数据和应用，并将这些结果提供给组织内部的或Internet上的广大用户。ArcIMS包括了客户端和服务器端两方面的技术，它扩展了普通站点使其能够提供GIS数据和应用服务。ArcIMS在一种简单的框架中提供了强大的GIS功能，它支持通过要素流的方式传送影像或矢量数据，从而改变了用户在互联网上交互制图和访问地理数据的方式。

ArcIMS具有如下特点：

- 可以将网上下载的空间数据与本地数据结合进行分析；
- 以栅格方式和矢量格式发布数据，使浏览器和服务器端交互成为可能；
- 具有完善的安全机制，保证对社会用户、内部的各个级别的用户访问权限的有效控制；
- 实时发布同时来源于文件和DBMS中的空间数据，实现与C/S应用中的专业客户端共享数据；
- 简单易用的安装、应用和管理向导与模板；
- 强大的客户端，支持流方式传输矢量数据。

在ArcIMS基础上，通过在客户端定制HTML或JavaScript，在服务器端通过改变地图配置文件，把定制的和高级的服务以及工具集成起来，在WEB上实现如下功能：

- 查看电子地图和相关交通信息；
- 根据权限对电子地图和相关交通管理信息进行维护；
- 查看实时交通数据；
- 查看GPS车辆信息；
- 查看视频；
- 交通信息的空间统计分析；
- 辅助指挥；

• 与交通信息系统的集成应用。

ArcIMS 结构是高度可调整的，许多用户能够并发进入站点，许多请求能够被同时处理应用。ArcIMS 能够根据需要扩展服务器以满足日益增长的请求。图 4.5 是 ArcIMS 的体系结构。

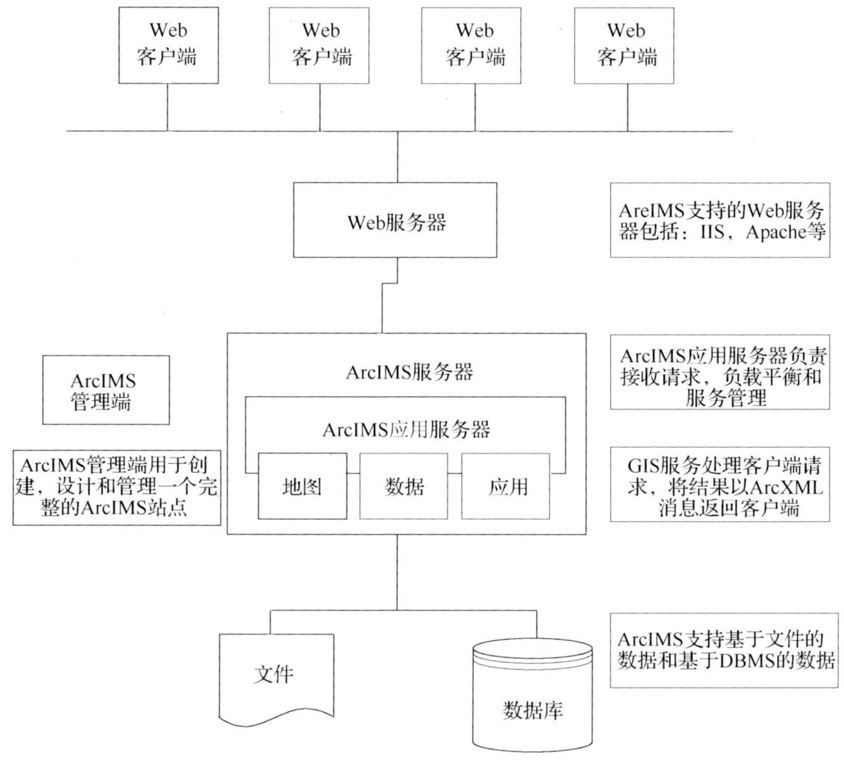

图 4.5　ArcIMS 体系结构

4.5.2　ArcIMS 服务器端[1~6]

ArcIMS 网络服务提供了一个基于事务的计算环境。服务代理（ArcIMS 空间服务器）被安装在地图服务器平台上来支持客户端对地图服务（如创建一个地图产品）的请求。这些地图服务通过发布（连接到 Web 服务器）来支持客户端网络服务请求。每个地图服务都可以被看作是一个发布的地图模板，它是由 ArcIMS 空间服务器批处理程序为了满足客户端的服务请求而产生的。每个客户端交易产生一个新的地图产品。许多服务器组件一起协同工作来支持地图服务。其中主要的 Web 服务组件包括 Web 服务器、应用程序服务器、地图服务器和数据服务器。

1. Web 服务器

Web 服务器连接着 ArcIMS 地图服务的浏览器客户端。通常平台都装有专门的 ArcIMS Java servlet 连接器和地图服务处理队列。Web 服务器管理着外部网络客户端通信和支持 ArcIMS 服务的 ArcXML 通信之间的接口及其转换。Web 服务器组件包括了支持转换 HTTP　XML 通信量到 ArcXML 服务请求的 Java 连接器。

2. 应用程序服务器

ArcIMS 应用程序服务器组件为虚拟服务器建立了一个物理位置。一个虚拟服务器是为站点环境（包括图像虚拟服务、特征虚拟服务等）支持下的每个 ArcIMS 服务引擎所建立的。这个虚拟服务器在所有支持指定服务的 ArcIMS 服务引擎线程中注册，并且为内向（inbound）的服务请求提供一个等待队列，并分配这些请求到可用的服务线程进行处理。每个内向的地图服务被分配到适宜的虚拟服务器并在队列里等待后续处理，直到一个服务这个请求的代理线程可用为止。

3. 地图服务器

地图服务器支持 Web 站点上绝大部分的 ArcIMS 处理负载。地图服务器包括处理地图请求（创建地图产品）的可执行程序。对于大型站点，通常都由一个专门的服务器或者服务器群来支持空间服务器可执行程序。数据可以安装在地图服务器上，或者从一个单独的 GIS 数据服务器中存取。一个单独的服务器通常用于拥有多个地图服务器平台的大型站点。

4. 数据服务器

ArcIMS 服务引擎可以访问本地的 shapefile、图像和 ArcSDE 数据源。这个服务引擎支持对本地 shapefile 和图像数据源的查询处理。ArcSDE DBMS 支持对 ArcSDE 数据源的查询处理。一个 ArcSDE 的 coverage 接口也被提供用来支持访问 ArcInfo coverage 文件。

ArcIMS 是一项基于事务的服务配置，它支持被请求的服务到达站点后的处理。对于每个请求，可以使用预置的后台脚本和相关数据源的固定连接来处理。在服务期间，这些脚本和它的批处理程序一样的消耗 CPU 资源。当没有要处理的请求的时候，这些脚本处于闲置状态。在高峰处理负载时期，请求则在一个处理队列中滞留，等待被分配到一个已经完成前一个请求的脚本进行处理。

4.5.3　客户端[1~6]

ArcIMS 支持 HTML Viewer 和 Java Viewer。在 ArcIMS 软件包中包含 3 种

Viewers：HTML Viewer，可定制的Java Viewer和标准的Java Viewer。在ArcIMS构架中，新的客户端变得更加强大，它可以直接在客户机上处理数据完成许多功能，而无需与服务器进行通信。ArcIMS Viewers提供诸如显示、空间和属性数据查询以及空间分析的工具，包括选择要素、缓冲区分析、地图注(MapNotes)、地图编辑（Edit Notes）等。ArcIMS Viewers还包括图例、索引图、保存和调用工程文件以及地图输出功能。

HTML Viewer由HTML、DHTML和javascript实现。在HTMLViewer里同时只能支持一个影像服务地图。当客户端使用图形工具后，HTML Viewer生成一个请求并通过Servlet Connector将请求发送到ArcIMS的空间服务器端。当响应返回时，客户端解析响应结果并完成显示操作。HTML Viewer要求4.0或更高版本的浏览器。与HTML Viewer相比，Java Viewer属于胖客户端，可以同时支持Image和Feature MapService。它支持矢量数据流和更丰富的客户端的功能，并且多个地图服务的数据可以与本地数据一起显示在一个Java Viewer里。ArcIMS支持两种Java Viewer：可定制的Java Viewer和标准的Java Viewer，它们具有相似的功能。可定制的Java Viewer通过javascript与applets通信。通过Viewer的对象模型应用编程接口（ObjectModel API）可以定制Viewer的功能。标准的Java Viewer不使用javascript。所有的工具和功能都是预先设定的，不能通过对象模型接口（Object Model API）进行定制。标准的Java-Viewer同时支持Netscape和Internet Explorer4.0及更高版本。多个MapServices的数据可以与本地数据一起显示在一个Java Viewer里。Java Viewer通过Java2Applet来显示地图和处理请求。Java Viewer支持矢量数据流（feature streaming）和更丰富的客户端功能。经压缩的数据临时下载到客户机的缓冲区中。除非需要下载新的数据，其他所有的请求都由客户机来完成。当Viewer关闭时，临时缓冲区被清空。

4.5.4 ArcIMS的组成[1~6]

1. Author

ArcIMS网站的建立可以用三个主要程序来实现，其中第一个要用到的程序就是Author。它允许网站开发人员确定使用哪些数据以及如何显示这些数据，Author允许定义在WWW网站上发布地图的内容。

在一个目录窗口中，用户可以找到需要在网上发布的数据图层，这些数据为ArcView的Shapefiles、影像数据或SDE的Layers。一旦数据确定下来了，网站程序员就可以定义图层顺序及其显示方式。例如，用户可以改变一个“lake”图层，使它为蓝色多边形填充，深蓝色的外框线，并且带有橘黄色、14

点、Arial 字体的标注。

使用 Author 可以根据用户的要求任意改变多边形、点、线和文字标签的显示，用户也可以设定其显示的比例尺范围，使得某些要素只在一定比例尺范围内才显示。此外，用户还可以设定表格数据查询的参数，或地理编码时基于街道地址的精确坐标点。

2. Administrator

ArcIMS 的第二个应用程序为 Administrator，它是控制网站如何运行的重要组成部分。Administrator 最主要的作用是创建和启动地图服务。地图服务的建立是根据 Author 生成的 AXL 文件。地图服务本质上就是用户想公布的数据的视图。

Administrator 还有其他的一些一般功能。用户可以用它来维护用户想在 Web 服务器上发布何种类型的网站，也可以增加或配置 ArcIMS 空间服务器，有效的平衡请求和应答以提高其效率，查看网站的统计信息等等。

3. Designer

第三个 ArcIMS 应用程序允许开发人员根据在 Administrator 中创建的地图服务设计网站。

确定了网站将要使用的地图服务及其专题显示，还必须为其设计网站。用户可以利用 Designer 事先做好的模板来建立网站。HTML 浏览器模板允许地图影像在客户端和服务器之间传输，而 Java 浏览器则还可以传输矢量要素。

一旦选定了使用哪种浏览器模板，Designer 向导就允许用户进一步设计期望的网站。例如，用户可以通过选择希望使用的工具来定制客户端工具条，也可以改变比例尺栏、导航窗口、各元素的颜色以及显示范围等。

4. Manager

ArcIMS 的 Manager 是另一种简便的创建和维护网站的工具。它使用一种基于向导的方法全程引导网站程序员创建网站。实际上，Manager 包含了 ArcIMS 的 3 个主要组成——Author，Disigner 和 Administrator。

使用 Manager 相对于分别用上述 3 个组件来说有一定优势。首先是在一个程序中完成所有的工作，并有相应的指导与解释，可以让用户迅速高效地创建网站，其次，Manager 可以通过远程登录来管理，而另 3 个应用程序则不行。只要网络是相通的，就可以从一台机器登录到另外一台装有 ArcIMS Manager 的机器上来创建或修改网页。因此，理论上讲，某网站程序员完全可以从纽约的某台计算机上设计一个网页而存储到洛杉矶的某台计算机上。

4.5.5　ArcIMS 的系统配置

1. 标准的三级配置

包括一个单独的网络服务器和一个单独的地图服务器和数据服务器层。地图服务器层可以是一个单独的平台，也可以被扩展为支持几个平台，根据对网站性能需求而定。ArcIMS 负载平衡是由应用程序服务器提供的。所有的地图服务器都使用共同的数据资源。

2. 高适用性的配置

这种配置包括两个网络服务器、两个地图服务器和两个数据服务器。这种配置包括：(1) 在正常运行时期，传送到每个网络服务器的网络载荷保持平衡；当有的服务器发生故障时，只向正常工作的服务器发送信息。(2) 在两个地图服务器平台之间，分布在空间服务器的 ArcIMS 载荷量保持平衡，避免在其他服务器上的额外处理资源可用时将请求备份在一个服务器上。对于这种配置每个地图服务器平台需要有两台空间服务器。(3) 两个数据服务器必须被串联并且连接到一个公共的数据资源存储阵列。在正常运行时主服务器支持查询服务，当它发生故障时，第二服务器接管查询服务。

4.6　ArcGIS Server

4.6.1　ArcGIS Server[4]

ArcGIS Server 可建立 server hosted 的 GIS 应用程序，经由 Web 或 LAN 传输分享。开发人员通过使用 ArcGIS Server 可建立以 ArcGIS Engine 为基础的 web 应用，再将他们以 web 应用的方式传输给其使用者。

ArcGIS Server 是功能强大的基于服务器的 GIS 产品，用于构建集中管理的、支持多用户的、具备高级 GIS 功能的企业级 GIS 应用与服务，如：空间数据管理、二维三维地图可视化、数据编辑、空间分析等即拿即用的应用和类型丰富的服务。

ArcGIS Server 是用户创建工作组、部门和企业级 GIS 应用的平台，通过 ArcGIS Server 创建集中管理的、支持多用户的、提供丰富的 GIS 功能、并且满足工业标准的 GIS 应用。

ArcGIS Server 提供广泛的基于 Web 的 GIS 服务，以支持在分布式环境下实现地理数据管理、制图、地理处理、空间分析、编辑和其他的 GIS 功能。

为了满足工作组级、部门级、以及企业级的需求，ArcGIS Server 依据其功能和服务器规模差异，提供了一个可伸缩的产品线。

ArcGIS Server 从服务器规模上分为两个级别：工作组级和企业级；又从功能上分为 3 个级别的版本：基础版、标准版、高级版。因此 ArcGIS Server 包括了 6 个不同级别的产品。为更好的满足地理数据管理需要和服务器用户需求，在基础版、标准版、高级版的 ArcGIS Server 中都包含了 ArcSDE 技术。

4.6.2 ArcGIS Server 的主要功能[4]

ArcGIS Server 的主要功能包括：

- 提供通用的框架在企业内部建立和分发 GIS 应用；
- 提供操作简单、易于配置的 Web 应用；
- 提供广发的基于 Web 的空间数据获取功能；
- 提供通用的 GIS 数据管理框架；
- 支持在线的空间数据编辑和专业分析；
- 支持二维三维地图可视化；
- 除标准浏览器外，还支持 ArcGIS Desktop 和 ArcGIS Explorer 等桌面客户端；
- 可以集成多种 GIS 服务；
- 支持标准的 WMS、WFS；
- 提供配置、发布和优化 GIS 服务器的管理工具；
- 提供 .NET 和 Java 软件开发工具包；
- 为移动客户提供应用开发框架。

ArcGIS Server 的主要功能如下：

空间数据管理——ArcGIS Server 具有两种同样是基于 ArcGIS geodatabase 模型的空间数据管理级别。借助空间数据服务（Geodata services），管理员可以为发布的地理数据实现抽取、检入/检出（checkout/check-in）以及复制等功能。ArcGIS Server 的 3 个版本，基础版、标准版和高级版都具有空间数据管理的能力。

空间可视化（制图）——ArcGIS Server 提供了 Web 制图服务以支持二维和三维的动态形式或者静态缓存形式的地图发布。GIS 的分析人员仅仅点几下鼠标就可以配置一个基于 Web 制图服务的浏览器应用。另外，ArcGIS 的桌面和 ArcGIS Explorer 可以作为 ArcGIS Server 的客户端来浏览二维或三维球体。ArcGIS Server 的标准版和高级版具有地图可视化服务的能力。

空间分析——ArcGIS Server 提供了基于服务器的分析和地理处理，包括矢量和栅格分析、3D 和网络分析；还支持 ArcGIS 地理处理创建的模型、脚本和工具；只有 ArcGIS 高级版具备控件分析扩展的能力。

4.6.3　ArcGIS Server 的结构[4]

ArcGIS Server 包含以下组成部分，如图 4.6 所示。

GIS Server——宿主 GIS 资源，包括地图、Globes、地理处理工具、地理编码等，并且将其发布为服务以提供给客户端应用。当客户端应用请求某种特定服务时，GIS Server 产生响应并且将其返回到客户端应用。GIS Server 可以进行配置以处理多并发请求以及负载均衡，包括在多个机器上配置 GIS Server。

Web Server——部署 Web 应用和服务，这些应用和服务使用 GIS Server 上提供的资源。

客户端——可以是 Web 客户端、移动客户端和桌面应用，通过 HTTP 链接到 Internet 服务器或者是通过 LAN 或者 WAN 访问本地服务。ArcGIS Server 包括 3 种指定的应用框架：(1) Web 地图应用；(2) 免费的 ArcGIS Explorer；(3) ArcGIS Mobile。

数据服务器——包含以服务的方式发布到 GIS Server 的 GIS 资源。这些资源可以是地图文档、地址编码、Globe 文档、Geodatabase 和地理处理工具。通常，采用 DBMS 在数据服务器上部署 ArcSDE Geodatabase，以实现地理数据的安全、完整性和高效性。

Manager 和 ArcCatalog 管理工具——ArcGIS Server 管理员可以使用 Manager 或者 ArcCatalog 以发布和管理 GIS 资源和服务。Manager 是 Web 应用，支持 GIS 服务和管理 Web 应用创建，以及在服务器上发布 ArcGIS Explorer 地图。ArcCatalog 可以为普通用户和服务器管理员添加 GIS Server 连接。它同样也为 GIS 专家提供了将 GIS 资源发布为 GIS 服务的界面。

ArcGIS Desktop Content Authors——为了制作发布到服务器上的地图、地理处理工具、Globe 等 GIS 资源，需要使用 ArcMap、ArcCatalog 和 ArcGlobe 等桌面应用。

ArcGIS Server 可以代替 ArcIMS，但是必须有高效的服务器，同时实现很好的负载平衡。ArcIMS 适合高性能的地图数据发布，它提供的功能比较简单(只具备 Viewer 的操作)，但是速度明显优于 ArcGIS Server。而 ArcGIS Server 可以实现所有 Engine 可以实现的功能，包括一些高级的 GIS 功能，比如空间分析等。

4.6.5　ArcGIS Server 包含的主要技术

1. ArcSDE 技术包含在 ArcGIS Server 体系中

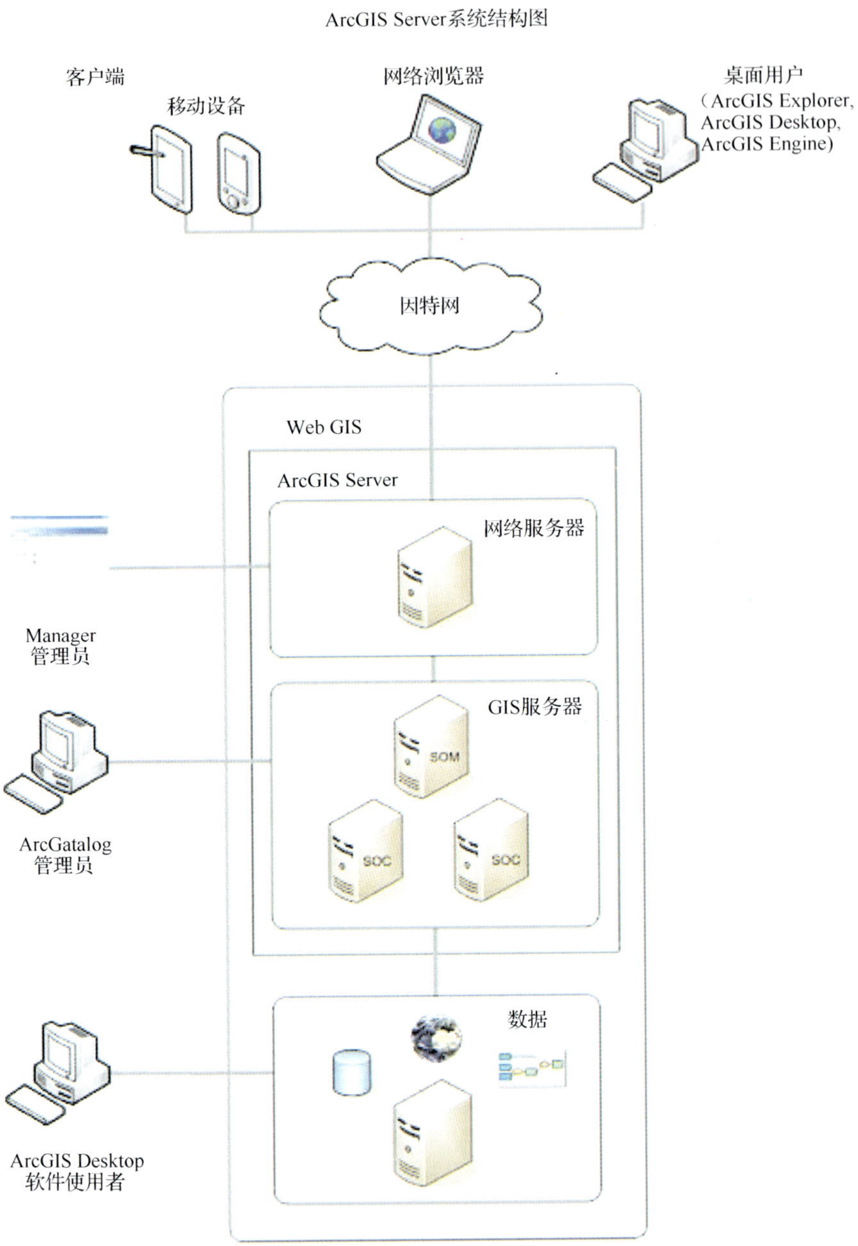

ArcGIS Server系统结构图

客户端
移动设备
网络浏览器
桌面用户
(ArcGIS Explorer,
ArcGIS Desktop,
ArcGIS Engine)
因特网
Web GIS
ArcGIS Server
网络服务器
Manager
管理员
GIS服务器
SOM
SOC
SOC
ArcGatalog
管理员
数据
ArcGIS Desktop
软件使用者

图 4.6　ArcGIS Sever 的结构

企业级 GIS 是一个一体化、多部门的系统，既要满足组织内部单一的要求，又要满足综合的需要，为 GIS 和非 GIS 人员访问地理信息和服务提供条件。数据服务器包含了要发布为服务的 GIS 资源。对于大多数 GIS 服务器，这些资源通过 ArcSDE 管理在基于关系型数据库的 geodatabase 中。

任何一个 ArcGIS Server 的应用系统中，为了满足这种企业级需求，基于 ArcSDE 技术的长事务处理的多用户 geodatabase 都是至关重要的。因此 ESRI 将 ArcSDE 技术纳入 ArcGIS Server 体系。

2. WEB 地图服务

ArcGIS Server 包含一个即拿即用的 Web 地图应用，可以直接运行在 Web 浏览器中。该客户端为使用 ArcGIS Server 和其他服务提供了丰富的用户体验。

这个 Web 地图应用同时也作为 ArcIMS9.3 的一部分。

Web 地图应用支持叠加多种类型的地图服务，如来自于 ArcIMS、ArcGIS Server、OGC 的 WMS 以及 ESRI 发布的 ArcWeb Services。

Web 地图应用提供的工具有：

• 交互的内容表；

• 平滑的地图浏览、平移和缩放工具；

• 地图提示和要素查询功能；

• 空间查询和选择工具；

• 基于 Web 的 ArcSDE geodatabase 编辑功能（包括添加要素、切分、捕捉、要素修整和属性编辑）；

• ArcGIS Server 管理器提供方便的配置能力，不需要编程；

• 为 .NET 和 Java 开发者提供强大的开发环境支持，提供一组可定制的编程控件和组件；

• 基于标准和开放性。

Web 地图应用框架基于 AJAX 技术，大大增强了用户体验。它支持用户在交互使用 Web 应用的同时，应用程序与其他资源（比如 Web 服务器）进行通信。

3. ArcGIS MOBILE

ArcGIS Server 为移动用户提供了名为 ArcGIS Mobile 的 Web 应用开发框架（ADF），用于创建和部署面向移动的解决方案，其特点是应用在“非实时链接”环境且面对大量用户。

这些应用为运行 Microsoft Windows Mobile 的野外设备提供移动地图、GPS、无线同步以及 GIS 数据复制和编辑功能。

ArcGIS Mobile 支持在线和离线工作流环境中编辑版本化的 ArcSDE geodatabase。用户可以不用返回办公室，就可以通过 ArcGIS Server 定期进行更新同步。

4.6.6 ArcGIS Server 的开发

当使用 ArcGIS Server 时，希望构建一个定制的应用或在原有的 ArcGIS Server 提供的功能上进行扩展。为了满足这个需求，ArcGIS Server 包含一组强大的、完整的开发工具和功能。

除了提供即拿即用的 Web 应用和服务，ArcGIS Server 还是开发 Web 和企业级应用和服务的平台。

ArcGIS Server 支持下列软件开发环境：

- Microsoft. NET 框架；
- Java 平台。

ArcGIS Server 在两个平台上都提供一组完整的开发工具用于开发 Web 地图应用和移动应用的开发包，Java 环境包含用于企业级 JavaBeans（EJBs）的开发包。

此外，Java 工具支持跨平台开发，可运行在 Windows、Sun Solaris 和 Linux 操作系统。

参 考 文 献

[1] 《ArcGIS9.3 产品介绍》，ESRI 中国（北京）有限公司，2008.6

[2] 《ArcIMS 初级教程》，ESRI 中国（北京）培训中心，2005.4

[3] 《ArcGISServer 开发中文培训资料》，ESRI 中国（北京）培训中心，2004.10

[4] http：//bbs.esrichina-bj.cn/ESRI/forum-25-1.html，ESRI 中国社区-ArcGIS Server 技术版，2008

[5] http：//bbs.esrichina-bj.cn/ESRI/forum-37-1.html，ESRI 中国社区-ArcIMS 技术版，2008

[6] http：//edn.esri.com/，ESRI 产品开发支持网站，2008

[7] 史文中．空间数据与空间分析不确定性原理［M］．北京：科学出版社，2005

[8] 胡圣武，朱燕霞．网络 GIS 的发展及其应用［J］．测绘工程，2007，16（4）：5～10

[9] 陈国良，顾和和．浅论 WebGIS 研究现状与发展趋势［J］．矿山测量，2006，4：27～29

第5章 数据融合技术

多传感器信息融合，即数据融合于20世纪70年代兴起并迅速地发展起来，它综合利用信息与信号处理、统计估计、人工智能、模式识别、认知科学及信息论等领域的理论与技术，对来自多传感器的多源数据与信息进行采集、处理和合成组合，获得对研究对象的更完全更准确更好理解的有用信息[1]。随着科学技术的发展，数据融合技术近年来已经开始应用于交通领域，并且有效地解决了交通信息的多元化以及信息冗余等问题，通过对信息进行融合处理，可以获得比单信息源更具有价值的集成化信息，为智能交通系统所用。

智能交通系统的建设和应用所需要的信息是多方面、多层次的，而其中一些信息并不能直接获得，需要通过对一些基础交通信息进行处理来获得。基础交通信息通常是指各类管理部门所布设的各类检测设备所采集的多源交通信息，是智能交通系统的基本数据来源，反映了交通系统的基本属性。具体而言，基础交通信息是通过各种渠道采集到的未经过加工的交通参数、路网参数等数据。

对于一个城市而言，一个道路交通指挥中心的实时交通数据往往来自分布在各线路上的各种交通流参数检测器，包括：线圈检测器、超声波检测器、红外检测器、微波检测器、视频检测器、GPS浮动车等，各种检测器能够检测到的交通流参数种类和形式均不相同，各有其优缺点，而且由于各种误差的存在，首先必须对各个数据源的数据进行检验，另外，为了整体把握一个路段的交通流参数，有必要对多个反映该路段交通状况的数据源进行联合分析处理，以避免单个信息源失效而导致的判断失误。即需要进行检测器基本动态交通流参数的融合，把来自多个或多种信息采集设备的基本交通流参数进行识别判断和综合处理，得出比从任何单个数据源更加全面、准确、可靠的基础交通流参数，为需要这些交通流参数的子系统服务。融合结果用于交通流状态和事件的识别，分析交通运行状态、事件影响、严重程度、涉及范围、预测未来发展趋势等。最后完成由信息到决策的转换，为ATMS提供交通管理决策类信息、公众发布类信息、特殊服务类信息等。

5.1 数据融合的定义

数据融合最早用于军事领域，在军事教科书中把数据融合定义为一个处理探测、互联、相关、估计以及组合多源信息和数据的多层次多方面过程，以便获得准确的状态和身份估计，以及完整而及时的战场态势和威胁估计。这一定义强调信息融合的三个核心方面：第一，信息融合是在几个层次上完成对多源信息处理的过程，其中每一个层次都表示不同级别的信息抽象；第二，信息融合包括探测、互联、相关、估计以及信息组合；第三，信息融合的结果包括较低层次上的状态和身份估计，以及较高层次上的整个战术态势估计。

根据国外研究成果，信息融合比较确切的定义可概括为：利用计算机技术对按时序获得的若干传感器的观测信息在一定准则下加以自动分析、综合以完成所需的决策和估计任务而进行的信息处理过程。按照这一定义，多传感器系统是信息融合的硬件基础，多源信息是信息融合的加工对象，协调优化和综合处理是信息融合的核心。

综合考虑上述两个定义，融合都是将来自多传感器或多源的信息和数据进行综合处理，从而得出更为准确可信的结论。根据数据和信息的含义，用信息融合比较合适，因为信息融合更具概括性。由于习惯上的原因，很多文献中用数据融合。当然，这里的数据已被扩展了，在有些情况下，如在智能融合时它可以是信息，甚至是知识。

5.2 数据融合的层次和种类

数据融合系统可分为两类，第一类是局部或自备式，它收集来自单个平台上多个传感器的数据。第二类称为全局或区域融合，它组合和相关来自空间和时间上各不相同的多平台或多个传感器的数据。

5.2.1 数据融合的层次

按照数据抽象的3个层次，融合可分为三级，即像素级融合、特征级融合和决策级融合[13]。

1. 像素级融合

像素级融合（又可称为数据级融合）是直接在采集到的原始数据层上进行的融合，在各种传感器的原始测报未经预处理之前就进行数据的综合和分析。这是最低层次的融合，如交叉口视频监视器中通过对包含若干像素的模糊图像进行图像处理和模式识别来确认目标属性的过程就属于像素级融合。这种融合的主要优点是能保持尽可能多的现场数据，提供其他融合层次所不能提供的细微信息。但局限性也是很明显的：

它所要处理的传感器数据量太大，故处理代价高，处理时间长，实时性差；

这种融合是在信息的最底层进行的，传感器原始信息的不确定性、不完全性和不稳定性要求在融合时有较高的纠错处理能力；

要求各传感器信息之间具有精确到一个像素的校准精度，故要求各传感器信息来自同质传感器；

数据通信量较大，抗干扰能力较差。

像素级融合通常用于：多源图像复合、图像分析和理解；同类（同质）雷达波形的直接合成；多传感器数据融合的卡尔曼滤波等。

2. 特征级融合

特征级融合属于中间层次，它先对来自传感器的原始信息进行特征提取（特征可以是目标的边缘、方向、速度等），然后对特征信息进行综合分析和处理。一般来说，提取的特征信息应是像素信息的充分表示量或充分统计量，然后按特征信息对多传感器数据进行分类、汇集和综合。特征级融合的优点在于实现了可观的信息压缩，有利于实时处理，并且由于所提取的特征直接与决策分析有关，因而融合结果能最大限度地给出决策分析所需要的特征信息。特征级融合可划分为两大类：目标状态数据融合和目标特性融合。

特征级目标状态数据融合主要用于多传感器目标跟踪领域。融合系统首先对传感器数据进行预处理以完成数据校准，然后主要实现参数相关和状态向量估计。

特征级目标特性融合就是特征层联合识别，具体的融合方法仍是模式识别的相应技术，只是在融合前必须先对特征进行相关处理，把特征向量分类成有意义的组合。

3. 决策级融合

决策级融合是一种高层次融合，其结果为指挥控制决策提供依据，因此，决策级融合必须从具体决策问题的需求出发，充分利用特征级融合所提取的测量对象的各类特征信息，采用适当的融合技术来实现。决策级融合是三级融合的最终结果，是直接针对具体决策目标的，融合结果直接影响决策水平。

决策级融合的主要优点有：

- 具有很高的灵活性；
- 系统对信息传输带宽要求较低；
- 能有效地反映环境或目标各个侧面的不同类型信息；

• 当一个或几个传感器出现错误时，通过适当的融合，系统还能获得正确的结果，所以具有容错性；

• 通信量小，抗干扰能力强；

• 对传感器的依赖性小，传感器可以是同质的，也可以是异质的；

• 融合中心处理代价低。

但是，决策级融合首先要对原传感器信息进行预处理以获得各自的判定结果，所以预处理代价高。

在交通系统中三个层面的融合大概内容如图 5.1 所示[12]。

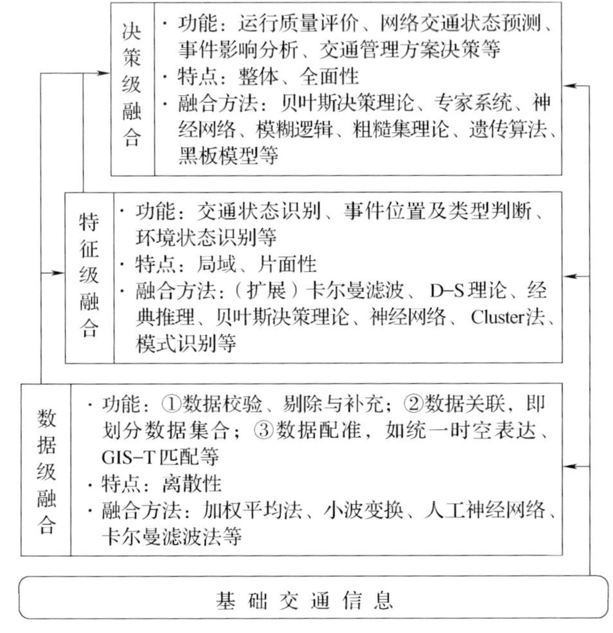

图 5.1　交通系统中的数据融合层次

5.2.2　数据融合的种类

1. 按照融合的结构模型分类

多传感器融合的结构模型，根据不同的分类标准有很多种分类方法，其中，根据融合中心所处理的信息层次和信息来源可分为集中式、分布式、混合式和多级式。集中式融合结构从所有传感器平台获得数据，并在融合中心处理这些数据。分布式融合结构中，每个分散的传感器都具有决策能力，它将局部决策代替原始数据传递到融合中心，根据各个局部决策的数据，并考虑各个传感器的置信度，然后在一定的准则下进行分析综合，作出最后决策。混合式处理是上述两种形式的组合。表5.1列出了集中式、分布式融合处理的优缺点。总的来说，集中式融合处理的精确度高，算法容易修改，缺点是对处理器要求高，可靠性低，需处理的数据量大，难于实现；分布式融合处理对通信带宽要求低，计算速度快，可靠性好，但跟踪精度不如集中式高；而混合式融合处理正是根据实际需要，在速度、带宽、跟踪精度和可靠性等相互影响的各种制约因素之间取得平衡。分布式数据融合是多传感器系统数据处理的重要方式，可以把大的系统分割成小系统，有利于计算机实现并行处理，计算机负荷以及数据传输量大大降低，使大系统的实现成为可能，同时也增强了系统的可靠性。分布式数据融合研究的是如何把全局估计分解为若干个局部估计，以及由局部估计怎样组合成最佳的全局估计问题。

表5.1　集中式、分布式融合处理的优缺点

结　构	优　　　点	缺　　　点
集中式	① 中央处理器可获得所有数据； ② 融合处理精度高； ③ 可处理较少量的标准化元素； ④ 平台传感器位置选择所受限制较少； ⑤ 处理器环境较易于控制； ⑥ 所有处理元素置于一通用可接收位置，增强处理器的可维护性	① 要求专用的数据总线； ② 接收的数据量大； ③ 硬件更新或增补较困难； ④ 所有处理资源置于一地，易遭损毁； ⑤ 问题分解困难（排故困难）； ⑥ 软件升级和维护较困难，一个传感器的改变将会影响代码的许多部分
分布式	① 处理元素被分配到每个传感器，处理性能增强； ② 已有的平台数据总线（低速）可频繁使用； ③ 问题分解较容易； ④ 新传感器的增补或老传感器的修正对系统的软硬件影响较小	① 送入中心处理器的数据有限，将消弱传感器数据融合的有效性； ② 在恶劣环境下，某些传感器探测性能降低，将会影响到处理器元素的选择，并增加开销； ③ 传感器位置选择有更多限制； ④ 大量的处理元素降低维修性，逻辑支持负担加重，开销增大

2. 交通信息的融合种类

根据融合的内容来看，主要有如下3类：

(1) 异类传感器的交通参数融合

目前，交通传感器的种类越来越多，各种交通传感器，包括感应线圈、超声波检测器、视频检测器、红外线检测器等等，但是各种检测器对不同交通流参数的检测性能各不相同。通常传感器都存在交叉灵敏度，表现在传感器的输出值不只决定于一个参量，当其他参量变化时输出值也要发生变化。交通流检测器也不例外，如：感应线圈检测在车辆存在时由于磁场变化，其检测结果也发生改变，那么感应线圈就存在有对磁场强度的交叉灵敏度；视频检测器存在对环境湿度的交叉敏感度。由于各种交通流检测器存在交叉灵敏度，使其性能不稳定，测量精度低。多传感器信息融合技术就是通过对多个参数的监测并采用一定的信息处理方法达到提高每一个参数测量精度的目的。在只要求测量一个目标参量的场合，为达到提高被测目标参量测量精度的目的，其他参量都是干扰量，其影响应被消除；既然监测了多个参量，每一个参量测量精度都获得提高。

（2）不完备交通参数信息的融合

在基本交通流参数中，不完备信息主要有两种情况：一是由于交通流检测设备故障或者其他原因，交通流参数时间序列中数据缺失，这种情况由于可能出现连续缺失情况，而且在多数交通应用中这种单一参数（如流量）的数据实时性要求很高，此时可采用相应的数据融合技术来解决该问题；二是由于与（一）类似的原因，位置相邻或者相关位置的传感器数据缺失，这个时候通过相邻位置传感器的信息进行融合可以实现不完备信息的补全，这种方法经过改造也可以用于无检测器位置的交通流参数获取。

（3）不同交通流检测器参数的融合

例如同一路段上的检测器可能出现 3 种：

① 线圈：用于检测该路段的流量、占有率、速度；

② 浮动车：用于检测速度；

③ 车牌识别：可检测两点间旅行时间。

在此情况下需应用特征级融合或决策级融合技术进行相关信息的融合。

5.3 数据融合的技术和方法

5.3.1 数据融合技术

数据融合作为一种数据综合处理技术，实际上是许多传统学科和新技术的集成和应用，若从广义的数据融合的定义出发，其中包括通信、模式识别、决策论、不确定性理论、信号处理、估计理论、最优化技术、计算机科学、人工智能和神经网络等。为了进行数据融合所需的信息表示方法和处理方法均来自于这些领域。融合的基本功能是相关、估计和识别，典型应用是目标跟踪与识别。

1. 相关处理技术

相关处理要求对多传感器或多源测量信息的相关性进行定量分析，按照一定的判别原则，将信息分为不同的集合，每个集合中的信息都与同一源（目标或事件）关联。解决相关处理的技术和算法，主要有最近邻法则、最大似然法、最优差别、统计关联和联合系统关联等。

2. 估计理论

20世纪70年代，统计估计器发展为一种实用的递推估计器一卡尔曼滤波器。后来引进了非线性，并正在开发连续测量的估计算法，以改进多传感器多目标系统的估计方法。估计理论的应用范围包括几何定位、跟踪和测向。目前估计的计算机软件能够依据几千次观测估计出由几百个变量构成的一个状态向量。

3. 识别技术

识别技术有许多种，有贝叶斯法、模板法、表决法等，以及有证据推理（Dempster-Shafer）法、神经网络、专家系统等方法。

具体可分为物理模型识别技术和参数分类识别技术以及认识模型识别技术。

物理模型识别技术。该技术企图准确地建立可观测数据或可计算数据的模型，并通过将模型化数据与实际数据进行匹配来估计目标的特征。但是，要建立特征数据的模型是非常困难的，它只能利用一些经典技术在概念上估计目标特征，因而只用于某些基础研究。

参数分类识别技术。该技术不是利用物理模型，而是把参数化数据直接映射到特征说明，再通过特征属性对目标分类。参数分类识别技术可进一步分为统计法和信息论技术。

认识模型识别技术。基于认识的方法都是模仿人类的推理过程进行识别，即基于人类处理信息的方法得出分类结果。这类技术包括专家系统、逻辑模板、模糊集合论和品质因素（FOM）法等。前两种技术在交通运输领域中主要用于对复杂实体（如车辆或车队系统的构成）的存在性以及可能行驶意图作高级推理。

5.3.2　数据融合方法

很多学者从不同角度出发提出了多种数据融合技术方案。从方法上来分析，有可以单独使用的如Bayes推理法、表决法、D-S推理法、神经网络融合法等，以及两种或两种以上方法相结合的如遗传算法、模糊逻辑及小波变换等[1-6]。

（1）卡尔曼滤波法

卡尔曼滤波用于实时融合动态的低层次冗余多源数据，该方法用测量模型的统计特性递推决定统计意义下的最优融合数据估计。如果该系统具有线性的动力学模型，且系统噪声和传感器噪声是高斯分布白噪声模型，那么卡尔曼滤波为融合数据提供惟一的统计意义下的最优估计，卡尔曼滤波的递推特性使得系统数据处理不需要大量的数据存贮和计算。由于卡尔曼滤波采用了较灵活及适应性较广的状态空间模型的系统分析法以及递推算法，从而使之便于在计算机上实现，大大减少了计算机存储量和计算时间，因而得到了广泛的应用。基于卡尔曼滤波上述特点，可以利用其建立模型进行多传感器交通信息的融合。包括基于空间相关性的交通流量滤波融合模型、联合滤波交通流量融合模型、集中滤波交通流量融合模型、GPS 数据处理等。

（2）Bayes 推理法

多源信息的集成并不仅仅依赖于数学上的分析，因为在实际应用中由于信息不完全会造成系统具有不确定性。至少有两方面的原因会导致信息不完全：一是噪声破坏了信号中原有的部分信息，并且无法在后处理中从噪声中将原始信息提取还原；二是因为即使不考虑噪声的干扰，信息本身也不可能包含监测对象完整、全部的信息，这和传感器的精度等因素有关。因此，一方面无法通过获得完全、精确的信息，进而用纯数学方法分析解决问题；另一方面，信号的后处理无法增加已获取信号的信息含量，所以，需要通过采用归纳推理的方法来解决。从应用结果来看，采用 Bayes 推理法可以有效地对多源信息进行融合。Bayes 推理法有严格完善的理论基础，比较成熟，作为一种传统的方法，应用十分广泛，现有的融合系统中，有相当一部分采用了这种方法。

但是 Bayes 推理法需要先验概率，而在很多实际情况中这种先验信息很难获得或不够精确，因此 Bayes 推理法具有很大的局限性。

（3）表决法

由于表决融合所采用的是硬决策方法，数据由各传感器独自处理，其输出到融合中心的是根据其所定阈值而得到的决策结果，低于阈值的信息都被忽略掉了。这种方法的优点是经济性好，速度快，容易用硬件实现，可进行在线的融合处理决策，这在实时监测时是非常有效的。缺点是信息损失量较大，而且其二值逻辑输出使得许多的理论和方法不能被借鉴来发展和完善融合技术。

（4）D-S 证据推理

D-S 推理算法具有很强的处理不确定信息的能力。它不需要先验信息，对不确定信息的描述采用“区间估计”而不是“点估计”的方法，解决了关于“未知”即不确定性的表示方法，在区分不知道与不确定方面以及精确反映证据收集方面显示出很大的灵活性。当不同传感器所提供的测量数据对结论的支持发生冲突时，D-S 算法可以通过“悬挂”在所有目标集上共有的概率使得发生的冲突获得解决。它用集合表示事件，用 Dempster-Shafer（D-S）组合规则代替 Bayes 推理法来实现信任函数的更新。

（5）神经网络法

神经网络技术是模拟人类大脑而产生的一种信息处理技术，近年来得到了飞速的发展和广泛的应用，如信号处理和自动控制等。神经网络使用大量的简单处理单元（即神经元）处理信息，神经元按层次结构的形式组织，每层上的神经元以加权的方式与其他层上的神经元联接，采用并行结构和并行处理机制，因而网络具有很强的容错性以及自学习、自组织及自适应能力，能够模拟复杂的非线性映射。神经网络的这些特性和强大的非线性处理能力，恰好满足了多传感器信息融合技术处理的要求，可以利用神经网络的信号处理能力和自动推理功能实现多传感器信息融合技术。

（6）遗传算法和模糊聚合相结合

这种方法的优点在于：首先遗传算法是一种并行化算法，能够较好地解决多参数的优化问题，并且针对算法的特点采用某些较新的算子，如实数编码方式及对应的交叉算子，和不一致变异技术应用都保证遗传算法具有较好的性能；其次，遗传算法所采用的某些算子能更好的模拟模糊关系，可以使融合达到较高的精度。这两种方法的结合还可以在信息源的可靠性、信息的冗余度/互补性以及进行融合的分级结构不确定的情况下，以近似最优的方式对传感器数据进行融合。

（7）模糊系统与神经网络相结合

神经网络虽然对环境的变化具有较强的自适应能力和自学习能力，但从系统建模的角度而言，它采用的是典型的黑箱学习模式。因此，当学习完成后，神经网络所获得的输入/输出关系无法用容易被人接受的方式表示出来；且神经网络诊断方法存在故障判断中非此即彼的绝对性，有时使诊断结果与实际情况不符。而模糊系统是建立在被人容易接受的“如果…则”表达方式之上，但如何自动生成和调整隶属度函数和模糊规则，则是麻烦的问题，它依赖于专家，很费时间[7]。如果将模糊逻辑与神经网络融合，取长补短，利用神经网络来实现系统的模糊逻辑推理，使传统的神经网络没有明确物理含义的权值被赋予了模糊逻辑中推理参数的物理含义，建立一种基于模糊系统与神经网络融合的方法，可提高整个系统的学习能力和表达能力，克服各自的不足，充分发挥两者优势。

综合现有的研究，各种不同的数据融合方法层出不穷，但是所有的数据融合方法都存在着如下的问题：①虽然近几年数据融合发展很快，但是尚未形成基本的理论框架和广义融合模型与融合算法，绝大部分数据融合研究都是针对特定的应用领域的问题展开，即根据问题的种类各自建立直观的融合准则，在此基础上形成所谓的最佳融合准则；②关联的二义性问题。在进行数据融合前，需要对不同来源数据进行关联，保证所融合的信息来源于相同的观测目标和事件，以保证融合信息的一致性。对不同的目标和事件信息进行融合，将难以使系统得出正确的结论。

5.4 数据融合技术在交通领域中的应用

5.4.1 数据融合在交通领域中的应用

由于单个交通流检测器获取数据的局限性，无法全面掌握整个路网的交通流信息，因此促进了数据融合技术在交通运输领域的研究。交通数据融合是整个交通数据传输过程中的一个核心组件。所谓交通数据融合就是通过对不同传感器数据的综合处理，以得到比任何从单个数据源更全面、更准确的交通流状况的信息。一个监控中心的实时交通流数据往往来自分布在各条道路上的检测器数据。由于各种误差的存在，首先必须对各个数据源的数据进行必要的校验，另外，为了整体把握一条路段的交通流参数，有必要对多个数据源联合分析处理，以避免单个信息源失效而导致的判断失误。在对单个数据源获取的信息的基础上附加诸如里程（桩号）、线路代码等元数据，使得原始数据的意义逐步明确。

在交通信息采集系统中应用数据融合技术，可以使采集系统具备以下优点：

（1）提高交通信息采集系统的鲁棒性：由于采用了数据融合技术，减小了因为环境的突然变化对整个信息采集系统性能的影响，系统对环境变化有很强的适应性。

（2）扩展交通信息采集系统的空间覆盖能力：由于传感器在空间的交叠，扩展了系统空间覆盖范围。利用定点检测器可以实现对主要路段和节点的信息采集，而利用移动采集方式可以实现对整个道路网络的信息采集。

（3）扩展交通信息采集系统的时间覆盖能力：交通信息采集工具的性能不一样，当某些采集工具不能工作时，其他采集工具仍能继续保持对交通信息的检测。

（4）增强交通信息采集系统的可信任度：用多个采集工具对同一个交通信息进行判断和确认，可以实现优势互补，增加了交通信息结果的可信度。

另外由于交通数据的多源性、异构性、多层次性、不完整、不一致、具有时间与空间特征等特征，必须采用数据融合技术提高交通信息的可靠性，利用多源信息互补提供交通信息的可靠性，将不精确、不完整、不一致、不可靠、甚至相互矛盾的交通信息转化成对目标或现象一致性的解释和描述。

数据融合技术在交通运输领域中的主要应用可分为以下几个领域：

（1）车辆定位中的应用。通过单源数据源获取车辆所在位置信息；

（2）车辆身份识别中的应用。主要包括交通方式划分中运营和越境车辆的安全运营状况确认；

(3) 车辆跟踪中的应用。通过对多源数据源获取的交通信息的融合处理对车辆行驶轨迹加以识别；

(4) 车辆导航中的应用。根据对车辆行驶轨迹的确认，并以现有道路网、车速、现状路网交通流参数、未来路网交通流状态参数估计等作为必要的边界条件来实现实时的车辆导航；

(5) 交通管制中的应用。通过交通流检测器获取相关的交通流信息，并由交通管制器承担数据处理任务。

在目前的具体应用方面，多类数据融合技术已经应用到如下具体工作方面[9]：

(1) 行程时间估计

例如利用 GPS 数据和线圈检测器数据来估计行程时间的数据融合方法研究，通过新方法的开发来估计拥堵路网中线路的行程时间。

(2) 车辆定位中的应用

将常规的 GPS 定位方法与基于移动通信网络的定位技术（MPS）相结合，利用相应的数据融合方法进行对车辆定位的估计。

(3) 交通流参数短时预测

在多类检测数据的情况下基于卡尔曼滤波法等方法进行交通流参数的短时预测，目前该方面的研究内容比较多。

5.4.2　数据融合技术在本系统中的应用

1. 概　　述

在北京市道路交通流特性预测预报系统中，基于已有的多个信息源，数据融合可根据不同领域的背景知识以及测试的实际需求在数据级、特征级、决策级 3 个层次上进行采集及处理并建立相应的数据库，如图 5.2 所示，在此主要介绍一下在数据级上的应用。

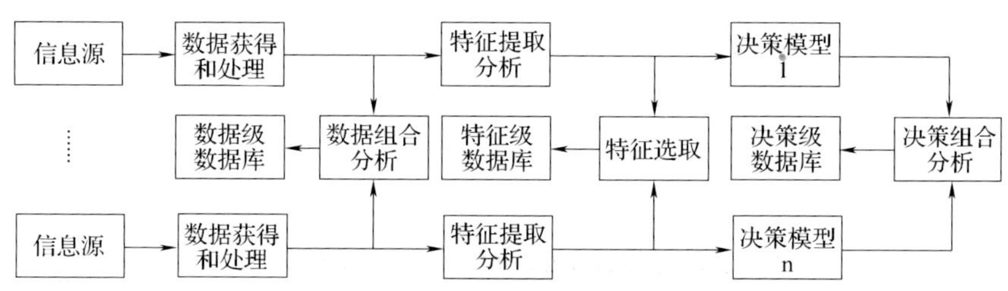

图 5.2　数据融合过程示意图

北京市道路交通流特性预测预报系统的交通流数据主要是通过安装在道路上的微波、超声及线圈等固定式检测器来获得的。其中微波和超声检测器回传的是每2 min的车道流量、平均速度、平均占有率等数据，而线圈检测的主要是流量、速度等数据。

在北京市综合交通信息检测系统中，传感器失灵或传输线路故障对采集到的数据的质量产生了明显的影响，而数据的质量将直接影响到交通模型的使用效果和本系统的效果，因此，对动态交通数据中存在的故障进行识别与修复是保证交通流预测模型有效发挥性能和本系统正常工作的必不可少的环节之一。

2. 交通数据故障的识别方法研究

对动态交通数据的采集和传输过程进行分析可知，交通数据故障多数是由于传感器失灵或传输线路出现故障而引起的。可将其分为两类：丢失的数据和错误的数据。

(1) 丢失数据的识别

固定传感器都是按照一定的时间间隔采集数据的，但是在实际情况中，传感器扫描频率不固定、传输线路出现故障、车辆过度密集造成传感器无法正确检测车辆等多种原因都会使采集到的交通流数据无法严格地按照指定的时间间隔上传，经常会出现某个时段或连续几个时段内数据信息丢失的现象，或是在某个时段内出现多组数据的情况，这样的数据都属于数据丢失故障。目前，在北京市的实际交通流检测系统的采集数据中，众多的检测器都存在丢失数据的情况，因此，为了使本系统具有良好的应用效果，需要对众多的检测器进行丢失数据的融合处理。

(2) 错误数据的识别

当交通流传感器或传输线路出现故障时，采集到的数据通常是错误的，不能反应真实的交通状况。针对目前北京市交通流采集系统所传输回来的数据来看，可以采用两种方法对此类数据进行判断：对一种数据的独立判断和对几种数据的联合判断[10]。

① 独立判断

在这种情况下，错误数据的数值通常表现为0，或是超过可能出现的该参数的最大值 X_{max}，所以可认为当数值不在（0，X_{max}）范围内的数据都是错误的数据，需要对其进行修复处理。交通流参数不同，其 X_{max} 的取值不同。在这里以速度为例进行说明。

道路上所允许的最大速度即道路的限制速度，所以有 $V_{max}=f_v \cdot v_1$，式中 v_1 是道路的限制速度（km/h），不同道路等级的限制速度不同；f_v 为修正系数，车辆速度的检测都是在一个极短的时间内完成的，由于测量中可能出现的随机误差，为避免对正确的数据进行不必要的处理，使用修正系数 f_v 来对速度最大值进行修正。

在北京市道路交通流检测数据中，有一类数据是速度值为 240 km/h，根据实际情况知道，在目前的交通管理状况下，北京市的道路网络中不会出现240 km/h的速度值，因此可以认为这是一些错误的数据。

② 联合判断

独立判断可以对数值不在（0，X_{max}）范围内的数据进行判断，而联合判断能够对数值在（0，X_{max}）的数据进行判断。对数据分析发现，当交通流参数的数值在（0，X_{max}）期间时可能有两种可能：第一种数据是正确的，即这个时段内确实是这样的交通流状态。第二种数据是错误的，即传感器没有正确检测到这个时段内的数据。下面讨论如何对第二种情况进行判断。

在判断出某一参数值时，需要对同一组其他两个参数值进行判断。例如：如果流量 q、速度 v 两个参数不同时为 0，这组数据一定是错误的，需要对其进行修复处理。当 q、v 同时为 0 时，需要对当时的时间特征以及前几个时段的数据特征进行分析判断，用前几个时段数据的均值 y 和方差 σ 进行判断，若数据值在（$y-\sigma$，$y+\sigma$）内，可以认为是正确的，否则是错误的。

对于因检测设备和网络传输系统故障而引起的错误数据，有两种处理方法。一种方法是将其剔除掉，不对其作进一步处理，也不用于以后的数据应用过程中。这种方法适用于可以得到大量的实测数据且有少量数据丢失时的情况，但当缺失的数据较多时，现有的数据无法真实准确地表现实际的交通流状况，会给交通数据的应用带来不良后果。另一种方法是对数据进行修复，将数据处理成没有偶然因素影响时本应表现出的数值或其近似值。此为目前常常采用的处理方式。

3. 数据故障修复方法研究

根据动态交通流数据的具体情况和交通流预测模型的需求，可以采用以下几种方法对故障数据进行补充或修复：

（1）采用前一个或几个同样周日的数据的平均数据 $y^{(k-1)}(t)$ 进行修复，该方法适用于数据的离线或在线处理，当前几组数据中有故障出现时，可采用此方法进行处理。

（2）采用历史趋势数据与实测数据的加权估计值 $\hat{y}_f(t)$ 进行修复。$\hat{y}_f(t)$ 的计算公式为

$$\hat{y}_f(t)=\alpha\cdot y(t-1)+(1-\alpha)\cdot y^{(k-1)}(t)$$

式中 α 是加权系数，它反应的是 $t-1$ 时段实测数据和历史趋势数据在数据修复中所起的作用，α 越大实测数据对修复后的数据影响越大，反之亦然。

此方法采用实测数据和历史趋势数据的加权结果，既考虑到实际情况中前一时段交通状态对后一时段状态的影响，同时，历史趋势数据的使用又能够减小实际道路情况中随机波动的影响，修复处理的效果既稳定又可靠。

(3) 采用相邻时段数据的平均值$\bar{y}(t)$进行修复。$\bar{y}(t)$的计算公式为

$$\bar{y}(t)=(y(t-1)+y(t+1))/2 \text{ 或}$$

$$\bar{y}(t)=(y(t-n)+y(t-n-1)+\cdots+y(t-1))/n$$

式中 n 是计算平均值所取的数据个数，n 一般可以取 3 或 4。

第一个公式中使用的是 $t-1$ 时段和 $t+1$ 时段的数据，但当进行在线处理时无法得到 $t+1$ 时段的数据，所以此式只适用于模型的离线处理。第二个公式既可以用于离线处理，也可以用于在线处理。使用时可以和 (1) 中的方法联合使用，当 $t<n$ 时，使用 (1) 中的方法对数据进行处理，当 $t>n$ 使用第二个公式进行处理。此方法不需要从历史数据库中提取前一天的历史趋势数据，所以比上两种方法计算快速、简便，修复处理结果也比较令人满意[10]。

5.5 数据挖掘技术

随着数据库技术的迅速发展以及数据库管理系统的广泛应用，人们积累的数据越来越多。激增的数据背后隐藏着许多重要的信息，人们希望能够对其进行更高层次的分析，以便更好地利用这些数据。目前的数据库系统可以高效地实现数据的录入、查询、统计等功能，但无法发现数据中存在的关系和规则，无法根据现有的数据预测未来的发展趋势，缺乏挖掘数据背后隐藏的知识的手段，导致了“数据爆炸但知识贫乏”的现象。实际上，数据库中的知识发现是一门交叉性学科，涉及机器学习、模式识别、统计学、智能数据库、知识获取、数据可视化、高性能计算、专家系统等多个领域。从数据库中发现出来的知识可以用在信息管理、过程控制、科学研究、决策支持等许多方面。

关于数据挖掘 (Data Minng) 的一种比较公认的定义是：从大型数据库的数据中提取人们感兴趣的知识，这些知识是隐含的、事先未知的潜在有用信息，提取的知识表示为概念 (Concepts)、规则 (Rules)、规律 (Regularities)、模式 (Patterns) 等形式。这种定义把数据挖掘的对象定义为数据库；而更广义的说法是：数据挖掘意味着在一些事实或观察数据的集合中寻找模式的决策支持过程。此处数据挖掘的对象不再仅仅是数据库，也可以是文件系统，或其他任何组织在一起的数据集合，例如 WWW 信息资源以及数据仓库。

5.5.1　数据挖掘系统的框架

图5.3数据挖掘系统中主要的输入是源于数据仓库的数据、分析员的分析以及存储在数据挖掘系统知识库中的知识和经验。从数据仓库中选择的数据在知识发现引擎里处理，引擎中提供了大量的抽取算法，以便生成辅助的模式和关系。下面分别介绍各模块的功能。

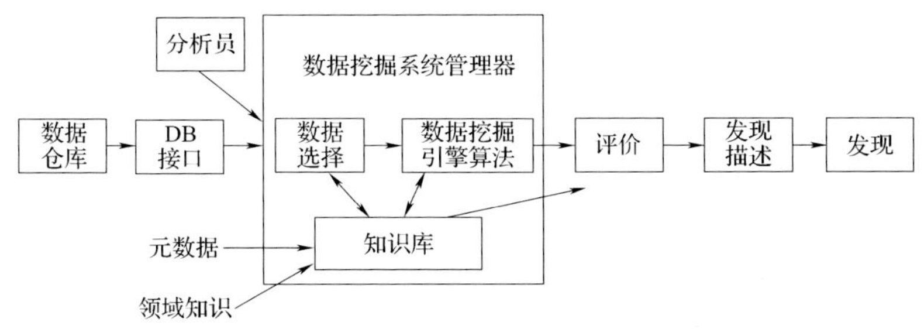

图5.3　数据挖掘系统框架

数据挖掘系统管理器：知识发现系统管理器控制并管理知识发现过程。分析员的输入和知识库中的信息，用于驱动以下三个过程：数据选择过程、抽取算法的选择和使用过程、发现的评价过程。系统管理器帮助生成发现结果的描述，并将恰当发现结果存于知识库以备下一次发现。

知识库和分析员的输入：知识库源于多方面的必须的信息。分析员可以将元数据输入数据仓库中来描述数据仓库的数据结构。此外，分析员还要在知识库中输入其他相关的数据知识，如：数据的关键字段、需求规则、数据层次等，以便按一种有效的方式指导信息发现，减少可能丢失的有用的模式和关系；分析员还要作出权衡，存储新的发现结果，提高知识发现的能力。

数据仓库的数据库接口（DB接口）：数据挖掘系统利用数据库的查询机制从数据仓库中抽取数据，使用SQL查询语言。知识库中的数据仓库元数据指导数据库接口正确组织数据结构，并正确组织数据结构在数据仓库中存储的方式。

数据选择：确定从数据仓库中需要抽取的数据及数据结构。知识库指导数据选择构件选择要抽取的数据及抽取的方式。如果只需要示例数据，数据选择构件必须有能力选择恰当的随机示例。此外，它还要选择算法所需的数据类型，并将数据类型输入算法。

知识发现引擎：知识发现引擎将知识库中的抽取算法提供给数据选择构件抽取的数据，其目的是要抽取数据元素间的模式和关系。数据挖掘中主要使用的算法有：数据挖掘的信息论方法、数据挖掘的集合论方法、数据挖掘的仿生物方法、公式发现、统计分析方法等。

发现评价：分析员要寻找关键性的数据模式，以用户能了解的方式呈现给用户。用于分析关键性模式的技术包括统计的重点、覆盖级别的置信度因子以及可视化分析等。

发现描述：此构件提供了两种必须的功能。一种是以发现评价辅助分析员，在知识库中保存关键性的发现结果以备将来引用和使用；一种是保持发现与用户的通信。

5.5.2 常用的数据挖掘技术及模式

1. 数据挖掘技术

按照分类，最常用的数据挖掘技术包括[15]：

（1）人工神经网络：它从结构上模仿生物神经网络，是一种通过训练来学习的非线性预测模型，可以完成分类、聚类、特征挖掘等多种数据挖掘任务；

（2）决策树：用树形结构来表示决策集合，这些决策集合通过对数据集的分类产生规则，典型的决策树方法有分类回归树（CART），典型的应用是分类规则的挖掘；

（3）遗传算法：是一种新的优化技术，基于生物进化的概念设计了一系列的过程来达到优化的目的，这些过程有基因组合、交叉、变异和自然选择，为了应用遗传算法，需要把数据挖掘任务表达为一种搜索问题而发挥遗传算法的优化搜索能力；

（4）最近邻技术：这种技术通过 K 个最与之相近的历史记录的组合来辨别新的记录。有时也称这种技术为 K 最近邻方法，这种技术可以用作聚类、偏差分析等挖掘任务；

（5）规则归纳：通过统计方法归纳、提取有价值的 lf-Then 规则，规则归纳的技术在数据挖掘中被广泛使用，例如关联规则的挖掘；

（6）可视化：采用直观的图形方式将信息模式、数据的关联或趋势呈现给决策者，决策者可以通过可视化技术交互式地分析数据关系。

数据挖掘的其他一些技术还包括有：市场包分析、关联分析、自动聚类侦测技术、模糊逻辑和粗集分析等。

近几年来，数据挖掘技术又有了新的发展，如对 Bayes 方法和 Boosting 方法的研究、数据挖掘中传统统计学回归法的应用、数据挖掘技术与数据库技术的紧密结合等。应用于商业的数据挖掘工具也在不断产生、完善，如 IBM 公司 Almaden 研究中心开发的 QUEST 系统，SGI 公司开发的 MineSet 系统，加拿大 SimonFraser 大学开发的 DBMiner 系统都是可以运用多种技术进行挖掘的通用数据挖掘软件。

2. 数据挖掘模式

根据挖掘任务和所挖掘知识的不同，DM 挖掘模式可分为以下 5 种类型[15]：

（1）特征化和区分：前者是指从目标数据集中归纳出数据的一般特性或汇总特性，而后者则指将目标类对象的一般特性与一个或多个对比类对象的一般特性相比较。

（2）关联分析：从数据集中发现关联规则，这些规则展示的是“属性一值”对频繁地在给定数据集中一起出现的条件，即 $A_1 \cap \cdots \cap A_m \Rightarrow B_1 \cap \cdots \cap A_n$，其中，$A_i$（$i \in$ {1，…，m}）和 B_j（$j \in$ {1，…，n}）均为“属性一值”对。

（3）分类和预测：前者用于从数据集中找出描述并区分数据或概念的模型，以便能够使用模型预测类标记未知的对象。如果被预测的值为连续的数据类型，则称为预测。

（4）聚类分析：根据“使类内实例的相似性最大，而类间实例相似性最小”的原则将一组类标记未知的数据划分为不同的小组。

（5）演变分析：描述行为随时间变化的对象的规律或趋势，并对其进行建模。

5.5.3　数据挖掘的步骤

1. 数据准备

数据挖掘的处理对象是大量的数据，这些数据一般存储在数据库系统中，是长期积累的结果。但往往不适合直接在这些数据上面进行知识挖掘，需要做数据准备工作，一般包括数据的选择（选择相关的数据）、净化（消除噪音、冗余数据）、推测（推算缺失数据）、转换（离散值数据与连续值数据之间的相互转换、数据值的分组分类、数据项之间的计算组合等）、数据缩减（减少数据量）。如果数据挖掘的对象是数据仓库，那么这些工作往往在生成数据仓库时已经准备妥当。数据准备是数据挖掘的第一个步骤，也是比较重要的一个步骤。数据准备是否做好将影响到数据挖掘的效率和准确度以及最终模式的有效性。

在进行数据选择时，根据数据挖掘的需要，分析清楚哪些数据是数据挖掘中比较重要的数据源。例如，在数据挖掘中希望描述对某个道路管理措施敏感车种与不敏感车种的特征（如违章驶入公交专用道的不同车辆），现在已经有各车种对某种道路管理措施的反应、各车种的车型、驾驶员以及时间信息，共有 4 个维。显然在这 4 个信息中关于各车种的车型与时间是必须的，而驾驶员维信息除非想了解驾驶员与较多（或较少）的敏感车种的关联情况，否则与目前所要研究的问题没有明显的联系；而时间维则在确定管理措施推行时段与各种管理措施的推出关系研究中是有作用的。

2. 数据挖掘

数据挖掘是最关键的步骤，也是技术难点所在。研究数据挖掘的人员中大部分都在研究数据挖掘技术，采用较多的技术有决策树、分类、聚类、粗糙集、关联规则、神经网络、遗传算法等。数据挖掘根据目标，选取相应算法的参数，分析数据，得到可能形成知识的模式模型。

3. 评估、解释模式模型

上面得到的模式模型，有可能是没有实际意义或没有实用价值的，也有可能是其不能准确反映数据的真实意义，甚至在某些情况下是与事实相反的，因此需要评估，确定哪些是有效的、有用的模式。评估可以根据用户多年的经验，有些模式也可以直接用数据来检验其准确性。这个步骤还包括把模式以易于理解的方式呈现给用户。

4. 巩固知识

用户理解的、并被认为是符合实际和有价值的模式模型形成了知识。同时还要注意对知识作一致性检查，解决与以前得到的知识互相冲突、矛盾的地方，使知识得到巩固。

5. 运用知识

发现知识是为了运用，如何使知识能被运用也是数据挖掘的步骤之一。运用知识有两种方法：一种是只需看知识本身所描述的关系或结果，就可以对决策提供支持；另一种是要求对新的数据运用知识，由此可能产生新的问题，而需要对知识做进一步的优化。上例数据挖掘出某个道路管理措施敏感车种与不敏感车种特征的结果，交管局根据结果改进管理措施查看改进后的结果，两个结果相比较即可得出挖掘结果的评价。

数据挖掘过程可能需要多次的循环反复，每一个步骤一旦与预期目标不符，都要回到前面的步骤，重新调整，重新执行。

参 考 文 献

[1] 曲晓慧，安钢. 数据融合方法综述及展望 [J]. 舰船电子工程，2003，134 (2)：2～9

[2] 蒋志凯，编著. 数字滤波与卡尔曼滤波 [M]. 北京：中国科学技术出版社，1993

[3] 苑成存. 贝叶斯推理方法探讨 [J]. 知识丛林，2007，12：15～20

[4] 任剑，王坚强. 证据推理的随机多属性决策方法 [J]. 决策参考，2007，3：49～52

[5] 张明社，李小显. 传感器数据融合的神经网络法 [J]. 自动控制，2002，8：25～29

[6] 刘莹，王宝树. 模糊聚合及遗传算法在多传感器数据融合中的应用 [J]. 电子科技，1998，l：28～35

[7] 王素芬. 模糊系统与神经网络结合的现状 [J]. 学术交流，2007，21 (5)：69～70

[8]　李秀平，刘智勇，尹征琦，吴今培．多传感器信息融合的智能交通控制系统研究［J］．信息与控制，2001，30（5）：460～464

[9]　杨兆升，王爽，马道松．基础交通信息融合方法综述［J］．公路交通科技，2006，23（3）：111～116

[10]　江龙晖．基于数据融合的城市快速路交通参数短时预测方法研究：［学位论文］．长春：吉林大学．2004

[11]　张汝华．高速道路交通流信息采集与处理理论及方法研究：［学位论文］．上海：同济大学，2005

[12]　张存保，严新平．固定检测器和移动检测器的交通信息融合方法［J］．交通与计算机，2007，25（3）：14～17

[13]　杨兆升著．基础交通信息融合技术及其应用［M］．北京：中国铁道出版社，2005.8

[14]　洪少春．基于多传感器的数据融合方法和模型研究［J］．萍乡高等专科学校学报，2006，（6）：49～52

[15]　Margaret H. Dunhan 著．数据挖掘教程［M］．郭崇慧，田凤占，靳晓明等译．北京：清华大学出版社，2005

第6章　数据库技术

6.1　数据库的产生和发展

6.1.1　数据管理技术的发展

自从世界上第一台电子计算机问世以来，人们就开始利用计算机进行各种数据处理。所谓数据处理（Data Process）指的是对数据进行收集、组织、加工、储存、抽取和发布的过程。数据处理的目的是要从大量的、零乱的、难以理解的数据中，获得对某个特定的应用领域来说是有价值、有意义的信息，作为管理、决策的依据。

数据处理经历了漫长的历史。早期人们利用各种初级的计算工具，如算盘、手摇计算机等来进行计算，这是手工数据处理的初级阶段。中期，到1880年美国进行人口统计，采用Herman Hollerith发明的卡片制表机编制人口普查表，利用穿孔卡片来存储信息，用机械方法进行数据处理，开始了机械数据处理的阶段。后期，20世纪40年代电子计算机的发明，则使数据处理进入了电子数据处理的新时代。由于电子计算机处理速度快、存储容量大、自动化程度高，使数据处理工作得到了飞速的发展。数据处理的信息量急剧上升，数据的储存形式也多样化，有数字、文字、声音、图形、图像等等，数据的结构也越来越复杂。如何管理这些数据就成为一个极其重要的问题。

数据管理（Data Management）是指对数据的组织、存储、检索、更新和维护等工作，它是数据处理的核心。高效的组织方式、存储结构、检索手段和安全措施是数据管理研究的主要内容。20世纪从60年代开始，由于人们对数据的要求越来越高，对数据管理的技术提出了更高的要求。同时大容量直接存取介质磁盘的出现也为数据管理技术的发展奠定了物质基础。于是人们在文件系统的基础上，开发出了各种各样专用的数据管理软件包，并由此逐渐发展成为一种通用的系统软件——数据库系统。数据库就是20世纪60年代作为数据管理的最新技术登上数据处理舞台的。在讨论数据库的发展历史之前，先简要回顾一下数据管理技术的发展历史。

数据管理技术经历了三个阶段[1]：

1. 人工管理阶段

这是计算机用于数据处理的初期阶段（20世纪50年代及以前）。这个阶段，数据的存储要直接按照数据的物理存储位置进行访问，当数据的物理结构或者存储介质改变的时候，其应用程序必须重新编写，不具备数据的独立性。数据一般也不长期保存，没有专门的软件对数据进行管理，一组数据对应一个应用程序，其相互关系如图6.1所示。应用程序负责数据的管理，数据在不同的应用程序之间无法共享，因而数据存在着严重的冗余现象。

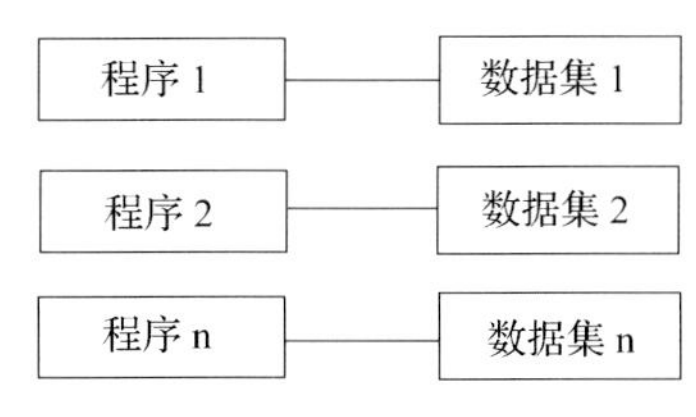

图6.1 人工管理数据与应用程序的对应关系

2. 文件系统阶段

到20世纪50年代后期，随着操作系统的逐步完善，出现了文件系统，有了专门负责数据管理的软件，可以利用简单的描述性语言进行数据处理，用户不需要与存储结构和数据的类型打交道。特别是60年代初期，出现了直接存取介质，使得索引、散列等技术充分发展，文件系统发展得相当成熟。这个阶段的数据与程序的对应关系见图6.2。这个阶段，文件系统作为应用程序与数据文件之间的一个接口，起到了将数据的逻辑结构和物理结构独立开的作用，并且提供了统一的存取方法。但是这个阶段的数据的共享级别还是比较低，未实现记录或数据项级别的共享，数据的冗余还是相当严重，文件中的记录结构单一，文件与文件之间的联系也有限。

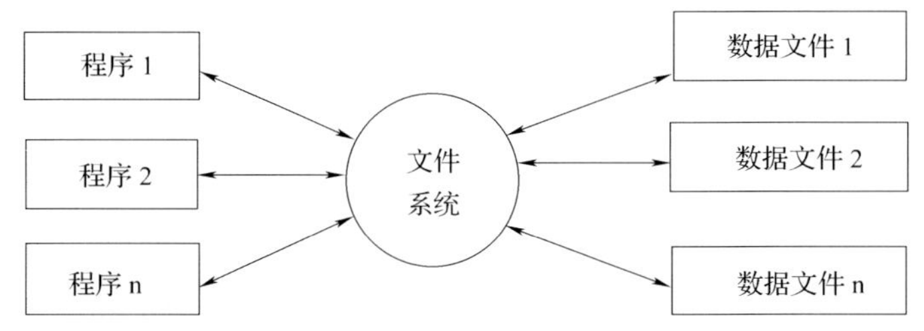

图6.2 文件系统阶段数据与程序的对应关系

3. 数据库管理阶段

数据库管理技术最早出现在60年代，这个时期软件上索引、散列技术已经相当成熟，硬件上出现了大容量的直接存取磁盘。数据库实际上是一个存储在计算机内的所有相关数据构成的集合。其基本思想是对所有用户数据进行统一、集中的管理、操作和维护。数据独立于程序而存在，并提供给各类不同应用共享使用。数据与程序之间的关系如图6.3所示。

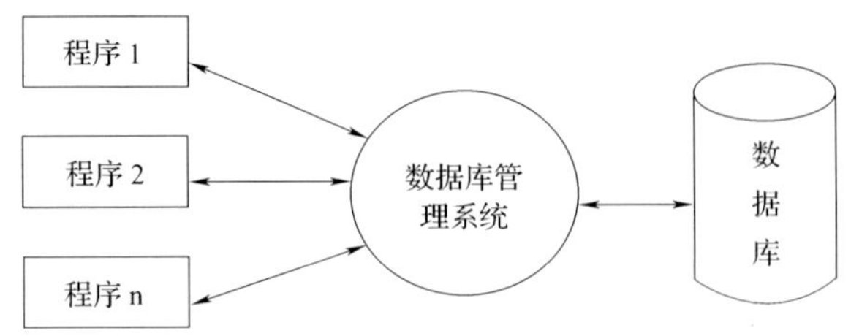

图 6.3　数据库管理阶段数据与程序的关系

数据库技术有别于文件系统的最大特点就是数据的共享。数据不再属于某个特定应用，而是面向整体来组织数据。虽然在操作系统下，数据仍是以多个文件的形式存在，但是这些文件之间内部的组织已经与文件系统中的文件组织不同，文件之间也已不再是毫无关联，常采用某种数据模型将全部数据文件组织为一个结构化的整体，数据库系统提供它们之间的交叉访问手段，这就大大减少了数据的冗余度。

数据库是一项新的数据管理技术，由于它的出现，使得数据处理以程序为中心开始向以数据为中心转变。传统的程序设计语言都是以程序为中心的，数据或文件只是程序加工的对象，但在数据库系统中，它是以数据为中心的，围绕着数据完成查询、更新等操作，使得数据处理的效率大大提高。

6.1.2　数据库技术的发展

20 世纪 60 年代发展起来的数据库技术，最主要有三种模型：网状模型、层次模型和关系模型。这三种模型以如下三个事件为标志，也是数据库发展史上的 3 个里程碑。

1969 年美国数据系统语言协商委员会 CODASYL（Conference On Data System Language）的下属组织数据库工作小组（DBTG）发表了“DBTG 报告”，提出了以网状模型为基础的一个数据库系统方案，并形成了数据库的一个规范。

1968 年美国 IBM 公司推出了 IMS 系统，这是一个以层次模型为基础的数据库管理系统。

从 1970 年起，美国 IBM 公司的 E. F. 科德发表了一系列关系数据库的论文，为新一代关系数据库的诞生奠定了基础。自此，数据库技术的发展逐渐以关系模型为主导地位。

从整个数据库的发展过程看，20 世纪 60 年代是数据库技术孕育和诞生的时代，20 世纪 70 年代是层次、网状数据库的时代，20 世纪 80 年代则以关系数据库为主导地位。可以说自 20 世纪 80 年代之后，新研究的数据库系统几乎都是基于关系方法的。目前，数据库技术正向着演绎数据库、工程数据库、面向对象数据库、多媒体数据库、分布式数据库等方向发展。

6.2　数据库系统的构成和特点

6.2.1　数据库系统的基本概念

通常讨论的数据库（Data Base）指的是计算机中用于数据处理的一种数据管理技术。简单的说，数据库是在计算机中按照一定组织方式存储在一起的、相互有关的、为用户共同关心的全部数据的集合。这些数据具有最少的重复(冗余度小)，能够同时为多个用户服务（数据共享），数据的存储独立于应用程序（数据独立性），对数据库进行更新和检索等操作时，由系统提供统一的控制方法，并能够保证数据的安全性、完整性和并发一致性。

由于数据库中存储的数据量大，又为多个用户共享使用，因此必须有一套专门的软件来管理数据库，同时负责数据库的建立、数据结构的定义、数据库中数据的更新和查询、多个用户并发访问数据库时的事务调度，并进行安全性和完整性检查，以及系统性能的监测、数据库的转储和故障后的恢复等。完成这些任务的软件就称之为数据库管理系统（Data Base Management System DBMS)。简言之，数据库管理系统就是一套用于建立、管理和维护数据库的软件。

数据库系统（Data Base System）就是指引入了数据库管理系统，具有管理数据库能力的计算机系统。因此数据库系统实际上包括了计算机硬件、操作系统、数据库管理系统、数据库和在数据库管理系统基础上开发的各种应用软件。

6.2.2　数据库系统的体系结构

20世纪70年代初，由美国国家标准局（ANSI）组建了数据库管理系统研究小组（ANSI/SPARC，SPARC是指 Standards Planning And Requirement Committee)，开展了数据库系统的标准化工作，并于1975年提出了将数据库划分为三级的标准化建议，三级为：外部级、概念级和内部级。数据库系统结构如图6.4所示。

外部级是数据库系统的用户级。一般来说，大多数用户只对数据库的某部分感兴趣。外部级就是用于定义与用户有关的数据库中部分数据的局部逻辑结构。这个局部的逻辑结构称之为数据库的外部视图（External View)。一个数据库可以对应于多个外部视图，各个外部视图互不相同，但允许相互交叉重叠，

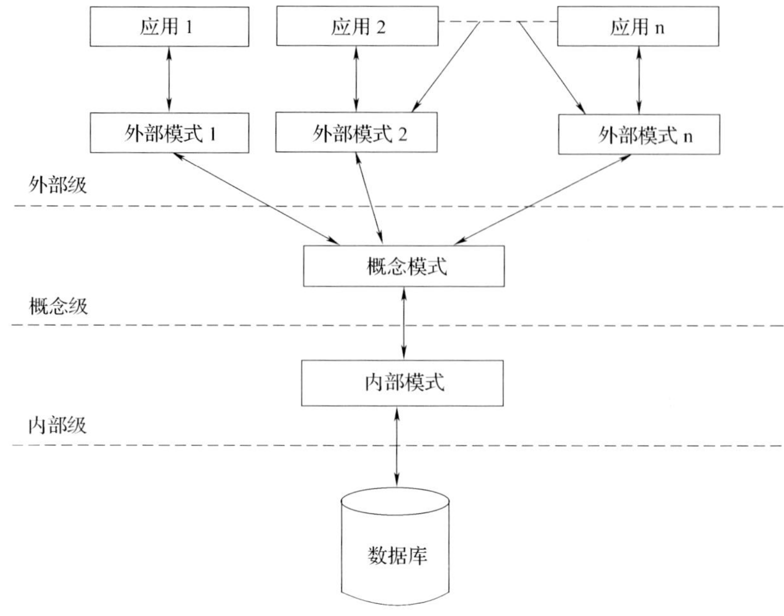

图 6.4 数据库系统结构图

以起到共享数据的目的。

概念级用于描述数据库的全局逻辑结构，这种结构，称之为概念视图(Conceptual View)。它包括所有数据及相互联系的描述，仅仅从数据结构上看，概念视图是所有外部视图的并集。

内部级是为了提高数据库的物理独立性而设立的。在概念级中，不涉及数据的任何存储特征。有关存储结构的定义，仅在内部级中予以描述，并称之为内部视图（Internal View)。内部视图包括存储字段的说明，存储记录的顺序、索引、散列编址、指针等其他有关存储的细节。

6.2.3 数据库系统的特点

数据库技术是由文件系统发展起来的一种新型的数据管理技术，它为用户提供了更广泛的数据共享，为应用程序提供了更高的数据独立性，进一步减少了数据的冗余，提供了方便的用户接口，因而获得了广泛的应用。下面从数据库与文件系统的区别的角度，讨论一下数据库系统的主要特点，以便理解数据库在数据管理技术中所起的重要作用。

(1）复杂的数据结构

文件系统中，文件通常看成是相同格式的等长记录的集合，且记录与记录之间无任何联系。这样的数据结构形式在实际应用中会浪费大量的存储空间，同时也存在其他的问题。在数据库系统中，由于可以存储复杂的数据结构和不同格式、不同长度的记录，且记录之间可以有联系，会节省很大的空间，同时增加了人们组织数据的灵活性，提高了描述现实世界的能力，这是数据库与文件系统之间的最根本的区别之一。

（2）面向数据组织数据

数据库系统具有表达复杂数据结构的能力，使得人们不再面向单个应用组织数据，而是从整体角度出发来组织数据。

（3）数据共享

数据库系统采用面向数据组织数据的方法，例如处理一个企业的信息时，各部门的应用可以仅仅使用数据库中与它相关的那部分数据，而数据库中存储的是这个企业的全部信息，这样就达到数据共享的目的。

• 统一的数据控制

由于数据库中强调共享，即多个用户可以同时访问数据库中的数据，因而数据库管理系统要提供一种统一的数据控制手段，以保证数据的安全性、完整性和并发一致性。

• 减少了数据的冗余度

文件系统中，每个应用对应有自己的文件，造成了存储数据上的大量重复，这不但造成存储空间的浪费，也给数据更新带来许多困难。数据库中由于能够共享使用数据，每个数据只需存储一次，避免了大量的数据冗余存储。

• 避免了某种程度的数据不一致性

避免数据的不一致性，是减少数据冗余的必然结果。文件系统中，相同数据存储于多处，若其中一处被修改，很难将其他几处的数据同时修改，就可能给用户提供错误甚至是相互矛盾的信息，这就是数据的不一致性。如果消除了所有的冗余，那么数据的不一致性就不会存在。

• 数据独立性

数据独立性有两层含义：物理独立性和逻辑独立性。当存储结构改变时，应用程序可以不加修改照样运行，这就是数据的物理独立性。同样当数据库的概念视图发生修改，可以通过修改外部/概念层映射的方法，保证外部视图的不变，应用程序同样可以不用修改，这就是数据的逻辑独立性。数据库技术为数据处理提供了较高的数据独立性，提高了应用程序的生命力，节省了当数据库的存储结构甚至逻辑结构改变了的情况下，维护应用程序所需花费的大量开销。

6.2.4 数据库系统的分类

数据库系统并不是只以一种形式出现。目前已经开发出多种类型的数据库，主要有分布式数据库、多媒体数据库、实时数据库、容错数据库、安全数据库和混合数据库。

(1) 分布式数据库系统

分布式数据库系统并非单纯意味着数据是分布的，分布式数据库的定义意味着它结合了知识、动作以及对组成分布式计算机系统的分布式部件的控制。大多数分布式计算机系统被用来减轻和分配企业的工作负担，或者使数据处理功能更靠近完成该功能的物理网点。下一节中将详细讨论分布式数据库中的有关问题。

(2) 实时数据库管理系统

实时数据库系统不单是一个速度快的系统。实时是指操作系统和与其交互的现实世界之间的时态交互。实时控制系统可能是集中式、分布式或混合式的。实时系统的显著特征是它在操作的各方面都用到时间。第四节中将详细讨论实时数据库的组成以及构造。

(3) 容错数据库管理系统

容错系统是指一个系统遇到硬件和软件部件故障时，还能够保持某种设计好的服务等级。一个容错系统与实时系统有一些相似的特征。容错系统必须预先进行分析，描绘出系统中所有可能的出错点，并设计出系统检测、修正和从错误中恢复的方法。所有这些功能应尽量减少对运行中的应用的影响。

(4) 安全数据库管理系统

安全系统是指在一个系统中，用户和应用何时以及在多大范围内能完成何种操作都是可控制的。为了提供这种服务，数据库系统必须定义访问权限，并检查试图访问数据的用户是否具有这些权限。

安全不只限于这种简单的访问授权，它还包括更详细的安全检查。例如，系统可能希望限制用户只经过查找一些无关联的数据就能进一步推断出其他信息的能力。或者，系统可能需要提供对数据各个部分和数据间联系的详细控制。

(5) 异构数据库管理系统

异构系统是指由多个各不相同的子系统组成的系统。比如每个公司的各个部门都有自己的数据处理需求。每个部门的计算机系统的硬件和软件可能也不同，如果要求这些不同的系统进行交互，就必须用一些通信媒质将它们连接起来，这样的系统就是一个异构系统。异构系统的基本问题涉及到最底层的硬件数据表示。

（6）多媒体数据库管理系统

高性能计算、大容量数据存储能力的发展，以及国家信息基础设施（信息高速公路）的规划，将促进多媒体计算系统的使用和发展。多媒体计算系统使用各种数据源，例如图像、视频、语音、声音和文本，并将这些数据结合到应用和产品中。这些复杂的数据源应便于被计算系统访问，并且数据表示应便于被交叉使用。为了支持交互的用户应用，多媒体计算系统要求信息存取和表示是同步进行和实时存取的。多媒体数据库管理系统将实时数据库的需求和交互式图形系统的需求结合了起来。

6.3 分布式数据库

6.3.1 分布式数据库的特点

分布式数据库系统集成了两个不同领域的技术：数据库和通信。一个分布式数据库是基于一个同构数据库系统模型，并由它构造而来的，数据和管理软件都分布在各个计算点，位于分布式计算系统的最顶层。系统的各个分布点通过某种形式的通信设施连接在一起。通信媒介一般是低速的局域网络，数据库分布对于任何节点的数据库用户来说都是透明的。用户所看到的数据库都是同一个局部可以访问的数据库管理系统。分布式数据库中的数据可以通过多种方法来分布，数据可以分布在所有的节点上，也可以在每个节点上保存一份拷贝。

（1）分布的有利因素

由于数据、控制和资源的分布性，分布式数据库有如下的优点：

• 信息可以存储在最经常用的地方；

• 把负载分布到多个计算节点上，提高了系统信息处理的性能；

• 把信息存储在最需要的地方，通信耗费降低；

• 可靠性更高；

• 扩充性加强了；

• 数据可用性更高，把整个企业信息都综合在一起，提高了信息共享的能力和应用程序支持的能力；

• 本地具有自治能力，而且不牺牲信息的共享。

（2）分布的不利因素

• 数据库的设计更为复杂。

分布式查询带来的好处是因为对于子查询可以进行并行处理，但是执行查询之前，由于增加了可能的处理方法，因而需要作更多的检查。

• 数据库目录管理成为一个全局问题。

• 事务处理和并发控制必须处理数据库的分布性。

与分布并发控制和事务处理相关的是分布死锁检测，节点的死锁检测需要一个全局等待图，构造这样一个图的费用是很大的。

• 分布式系统恢复的难度很大，任何节点的失败都会导致数据库的不正确。

当与远程老数据库（已经在使用的旧数据库）系统进行集成的时候，很多因素都可能导致原来的同构分布式数据库系统变成一个异构数据库系统。

6.3.2 分布式数据库体系结构

分布式数据库管理系统目前主要有3种体系结构模式：本地数据库系统扩充为全局的一个组成部分；统一的分布式数据库；客户/服务器体系结构。

在使用本地数据库系统扩充的体系结构中，分布式数据库是在每个节点上建立本地自治的数据库来实现分布特征的。本地数据库管理器是一个独立的数据库系统，但是能进行本地或者远程的查询或更新。系统结构见图6.5。

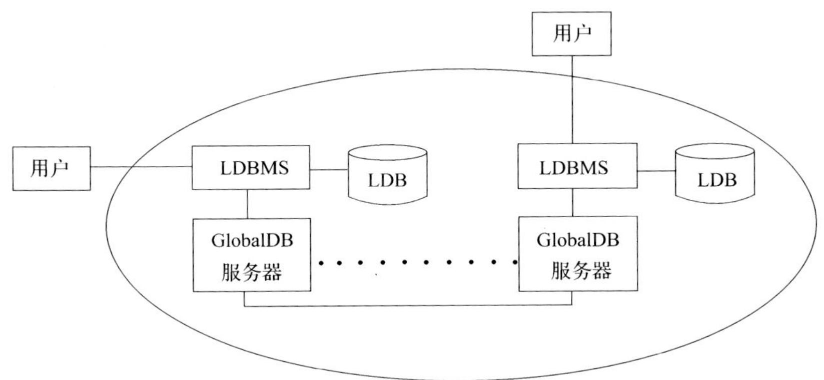

图6.5　本地数据库管理器系统结构图

完全分布式数据库系统，在所有数据库系统节点之间具有更高的凝聚性。这种凝聚性是设计基本方法的结果，它使整个系统的运作成为统一整体。在这种体系结构中，数据库功能被分摊到各个独立节点上，通过对系统软件功能的划分，处理负载也被分摊到各个节点上。系统的体系结构如图6.6。

客户/服务器体系结构不是一个真正的分布式数据库系统，它是一个混合的体系结构，每个节点都有部分数据库管理系统的功能，但是只有一些节点具备所有的元素，包括数据库本身。系统的体系结构如图6.7。

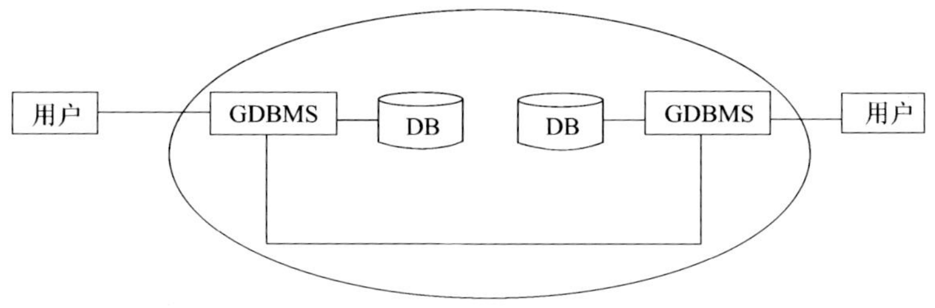

图 6.6　完全分布式数据库系统的体系结构

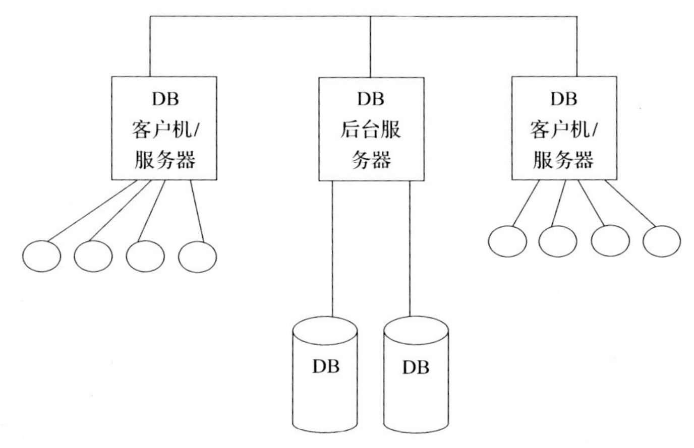

图 6.7　客户/服务器体系结构

6.4　实时数据库

6.4.1　实时数据库的要求

实时数据库除了要满足传统数据库的所有要求，比如对结构、共享、永久性数据的访问管理外，还可能要求时限数据和时限事务管理。此外，为了能够对时间状态进行分析，一些实时数据库功能可能需要显示可预知的时间状态。

除了非实时数据库的要求之外，对实时数据库还有如下的要求[1~2]：

（1）实时模式

一个实时数据库管理系统可以支持硬实时、确定实时、软实时和/或非实时模式的操作。

（2）实时事务

要具有允许用户提出实时事务的能力。

（3）数据时序一致性

要实现绝对和相对的数据时序一致性约束。

（4）实时调度

要为所有数据库系统中的资源分配实时事务和操作调度。

（5）有界限的不精确性

要允许数据的逻辑和暂时的不精确性，同时也要具备限制这些不精确性的能力。

（6）违反时间限制的恢复

要支持从违反事务时间限制和数据时序一致性中恢复过来的功能

（7）可预知性

能够指明每一个 DBMS 函数的所有资源在最可能及最差情况下的利用数量和时间，这些 DBMS 函数可以被用于实时操作中。

6.4.2 实时数据库系统

本节将首先介绍两个实时数据库商业产品：DBx 的 Zip RTDBMS 以及 Martin Marietta 的 EagleSpeed RTDBMS。然后介绍基于 Texas Instrument 这种面向对象开放数据库系统的面向对象的实时数据库。

（1）Zip 实时数据库系统

DBx 公司的 Zip RTDBMS 认为自己是储留内存、高速、实时数据库管理系统。Zip 提供了有界限反应时间、对纲要和数据访问行为的静态定义和估算，以及运行前的优先查询优化。其特点在于数据库创建时预分配系统资源，同时在运行时固定时间特性和索引方案。但是从整体上说，Zip RTDBMS 可能是最好称作一个实时数据存储，而不是一个真正的实时数据库。

（2）EagleSpeed 实时数据库系统

EagleSpeed 实时数据库管理系统是为潜艇指挥系统设计的一个商业数据库系统。它是基于 ANSI CODASYL（网络）数据模型为支持硬实时的应用系统而设计的。EagleSpeed 的目标是：与必须控制的环境处理过程保持同步；提供系统预先调度的能力；提供事务访问的预测能力和准时性；同时提供快速决策能力。

像 Zip 一样，EagleSpeed 是一个快速、可预见的实时数据存储，因为它缺少真正实时数据库所必须的某些特征。

（3）开放的面向对象数据库系统

爱尔兰 Rhode 大学已经设计了一个面向对象的实时数据库系统原型。它对开放的面向对象数据库系统进行了扩展。开放的面向对象的数据库系统首先是由美国远景项目规划局提出的。其初始的目标是建立一个公共的、模块化的、可修改的、面向对象数据库系统，适合于大范围的研究人员和开发人员。开放的面向对象数据库具有事务管理、查询接口、连续性等模块，因而可以单个拆卸，可用其他的模块来代替。

6.5 数据仓库

6.5.1 数据仓库的定义[3]

数据仓库的定义是“一个面向主题的、集成的随时间变化的非易失性数据的集合，用于支持管理层的决策过程”。关于数据仓库的定义还有：“数据仓库是一种体系结构，一种独立存在的不影响其他已经运行的业务系统的语义一致的数据仓储，可以满足不同的数据存取、文档的需要”。数据仓库是“一个不断发展的过程，将多个异质的原始数据融合在一起，用于支持结构化的在线查询、分析报告和决策支持”。由此可见，数据仓库是将原始的操作数据进行各种处理并转换成综合信息，并提供功能强大的分析工具对这些信息进行多方位的分析以帮助用户做出更符合发展规律的决策。因此，在很多场合，决策支持系统（DSS）也成了数据仓库的代名词。数据仓库有这样一些重要的特性：面向主题性、数据集成性、数据的时变性、数据的非易失性、数据的集合性和支持决策作用。

数据仓库的最终用户可以分成信息的使用者和知识的挖掘者两大类型。信息的使用者是以一种可以预测的、重复的方式来使用数据仓库。信息使用者常常是每天都对数据仓库进行有规则的数据访问，在访问过程中往往只访问很少的一部分数据，而且对数据的访问常常能够获得结果。他们往往是一些业务员性质的用户，使用一些预先定义好的查询，在概括性数据上进行运作，执行一些简单的处理。因此，适合他们的数据存储模式是星型结构。知识的挖掘者对数据仓库的使用是不规则的，在使用数据仓库中常需要对数据仓库中的海量数据进行挖掘。知识挖掘者在进行知识挖掘的过程中，常常一无所获；但是一次偶然的得手，会使数据仓库的巨大投资得到丰厚的回报。知识挖掘者往往是一些专业用户，他们负责管理报告的筹建与分析，在数据仓库的使用中，很少进行预先定义的查询，而是提交一些复杂的、动态的查询。要求数据仓库进行一些复杂的数据处理。

数据仓库虽然是从数据库发展来的，但是两者在许多方面都存在着相当大的差异。

• 从数据存储内容看，数据库只存放当前值，而数据仓库则存放历史值；

• 数据库中数据的目标是面向业务操作人员的，为业务处理人员提供信息处理的支持，而数据仓库则是面向中高层管理人员的，为其提供决策支持；

• 数据库内数据是动态变化的，只要有业务发生，数据就会被更新，而数据仓库则是静态的历史数据，只能定期添加、刷新。

• 数据库中的数据结构比较复杂，有各种结构以适合业务处理系统的需要，而数据仓库中数据的结构则较为简单。

• 数据库中数据的访问频率高，但是访问数据的量少，而数据仓库的访问频率低但是访问数据量要远高于数据库的访问量。

• 数据库在访问数据时要求响应速度很快，其响应时间一般要求在数秒以内，而数据仓库的响应时间则可长达数小时。

表 6.1 列出数据仓库与数据库的比较[3]。

表 6.1　数据仓库与数据库对比表

对比内容	数　据　库	数　据　仓　库
数据内容	当前值	历史的、存档的、归档的、计算的数据
数据目标	面向业务操作程序，重复处理	面向主题域，分析应用
数据特性	动态变化，按字段更新	静态、不能直接更新，只能定时添加、刷新
数据结构	高度结构化、复杂，适合操作计算	简单，适合分析
使用频率	高	中到低
数据访问量	每个事务只访问少量记录	有的事务可能需要访问大量记录
对响应时间的要求	以秒为单位计算	以秒、分钟甚至小时为计算单位

6.5.2　数据仓库的基本结构

数据仓库是近年 IT 技术和信息管理迅速发展的结果。如果从数据仓库的概念结构看，应该包含数据源、数据准备区、数据仓库、数据集市/知识挖掘库以及各种管理工具和应用工具（见下图的数据仓库的概念结构）。数据仓库在创建以后，首先要从数据源中抽取所需要的数据到数据准备区，在数据准备区中经过数据的净化处理，再加载到数据仓库数据库中，最后根据用户的需求将数据发布到数据集市/知识挖掘库中。当用户使用数据仓库时，可以通过 OLAP 等数据仓库应用工具向数据集市/知识挖掘库或数据仓库进行决策查询分析或知识挖掘。数据仓库的创建、应用可以利用各种数据仓库管理工具辅助完成。

为了更清楚地了解数据仓库的功能和数据仓库的组织，可用信息框架将整个数据仓库体系结构分解成许多更容易理解的框架结构。这些框架结构仅仅是个帮助理解数据仓库的参考框架。在数据仓库的实际创建中，应该根据所选用的数据仓库创建工具来具体确定数据仓库的结构框架，因此这个结构框架在实际应用中可能有所变化。如图 6.8 所示。

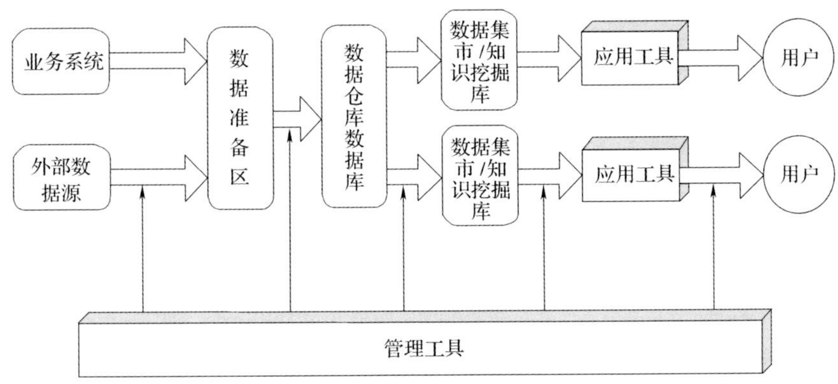

图 6.8　数据仓库的概念结构

为实现数据仓库的功能，数据仓库的总体层次结构应该由数据仓库基本功能层、数据仓库管理层和数据仓库环境支持层（见图 6.9 的数据仓库总体框架结构）组成[3]。

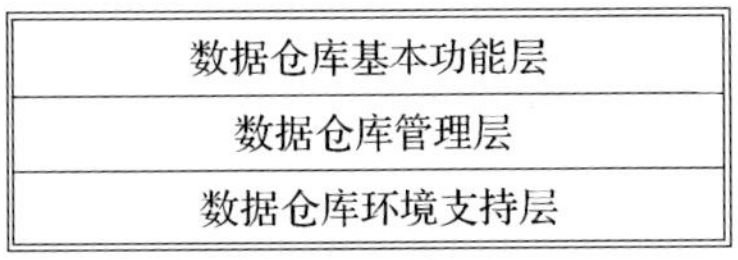

数据仓库基本功能层
数据仓库管理层
数据仓库环境支持层

图 6.9　数据仓库总体框架结构

1. 数据仓库基本功能层

数据仓库的基本功能层应该包含从数据源抽取数据，对所抽取的数据进行筛选、清理，将清理后的数据加载到数据仓库中，根据用户的需求设立数据集市，完成数据仓库的复杂查询、决策分析和知识的挖掘等功能。数据仓库的基本功能部分包含数据源、数据准备区、数据仓库结构、数据集市或知识挖掘库，以及存取与使用功能部分（见图 6.10）。

2. 数据仓库管理层

数据仓库的运行除依靠上面所介绍的数据仓库基本功能以外，还需要有对这些基本功能进行管理与支持的结构框架，这样数据仓库才能正常运行与使用。数据仓库的管理层包含数据管理与元数据管理两部分。数据管理与元数据管理主要负责对数据仓库中的数据抽取、清理、加载、更新与刷新等操作进行管理。只有使这些操作正常完成，才能源源不断地为数据仓库提供新的数据源，才能使数据仓库的使用者正确地利用数据仓库进行决策分析和知识挖掘。

<table>
<tr><th></th><th>一级结构</th><th>二级结构</th><th colspan="6">三 级 结 构</th></tr>
<tr><td rowspan="12">数据仓库基本功能层</td><td>数据源</td><td></td><td>业务数据</td><td>历史数据</td><td>办公数据</td><td>Web 数据</td><td>外部数据</td><td>数据源元数据</td></tr>
<tr><td rowspan="2">数据准备区</td><td rowspan="2"></td><td>标准化</td><td>过滤与匹配</td><td>净化</td><td>表明数据时间戳</td><td colspan="2">确认数据质量</td></tr>
<tr><td colspan="6">元数据抽取与创建</td></tr>
<tr><td rowspan="3">数据仓库结构</td><td>数据重整</td><td>集成与分解</td><td>概括与聚集</td><td>预算与推导</td><td>翻译与格式化</td><td colspan="2">转换与映象</td></tr>
<tr><td>数据仓库创建</td><td>建模</td><td>概括</td><td>聚集</td><td>调整与确认</td><td colspan="2">建立结构化查询</td></tr>
<tr><td>元数据管理</td><td colspan="2">元数据浏览与导航</td><td colspan="2">元数据创建</td><td colspan="2">创建词汇表</td></tr>
<tr><td rowspan="3">数据集市/知识挖掘库</td><td>求精与重整</td><td>过滤与匹配</td><td>集成与分割</td><td>概括与聚集</td><td>预测与推导</td><td colspan="2">标明时间维的数据源</td></tr>
<tr><td>数据集市/知识挖掘库创建</td><td>建立模型</td><td>概括</td><td>聚集</td><td>调整与确认</td><td colspan="2">建立结构化查询</td></tr>
<tr><td>元数据管理</td><td colspan="2">元数据游览与导航</td><td colspan="2">元数据的抽取与创建</td><td colspan="2">创建词汇表</td></tr>
<tr><td rowspan="3">存取与使用</td><td>数据仓库存取与检索</td><td>数据仓库直接存取</td><td>数据集市存取</td><td>数据集市重整</td><td>转换为多维结构</td><td colspan="2">创建局部存储</td></tr>
<tr><td>数据仓库分析与报告</td><td>报表工具</td><td>分析工具</td><td>分析建模工具</td><td>数据挖掘工具</td><td colspan="2">新产品应用程序</td></tr>
<tr><td>元数据管理</td><td colspan="3">元数据管理与报表</td><td colspan="3">元数据抽取与创建</td></tr>
</table>

图 6.10 数据仓库基本功能构成

数据仓库的数据管理层包含数据抽取、新数据需求与查询管理，数据加载、存储、刷新和更新系统，安全性与用户授权管理系统以及数据归档、恢复及净化系统等部分。

数据仓库的有效性完全建立在数据的定义（元数据）之上。元数据已经渗透到数据仓库的各种活动中，数据源的性质由所获取数据的定义来刻画，增加时间戳就需要有与元数据相关的时间信息，元数据还要为数据仓库的数据操作提供索引。

数据仓库的元数据管理层负责管理数据仓库所使用的元数据，其中包括数据仓库、数据集市和词汇表管理，元数据抽取、创建、存储和更新管理，预定义的查询和报表以及索引管理，刷新与复制管理，登录、归档、恢复与净化管理。

数据仓库管理层结构见图 6.11。

<table>
<tr><th></th><th>一级结构</th><th colspan="12">二 级 结 构</th></tr>
<tr><td rowspan="2">数据仓库管理层</td><td>数据管理层</td><td colspan="3">数据抽取、新数据需求与查询管理</td><td colspan="3">数据加载、存储、刷新和更新系统</td><td colspan="3">安全性与用户授权管理系统</td><td colspan="3">数据归档、恢复及净化系统</td></tr>
<tr><td>元数据管理层</td><td colspan="2">数据仓库、数据集市和词汇表管理</td><td colspan="2">元数据抽取、创建、存储和更新管理</td><td colspan="2">预定义的查询、报表和索引管理</td><td colspan="2">刷新与复制管理</td><td colspan="2">登录、归档、恢复与净化管理</td><td colspan="2"></td></tr>
</table>

图 6.11 数据仓库管理层结构

3. 数据仓库环境支持层

数据仓库环境支持层主要包含数据传输和数据仓库基础两大部分。这两大部分对于数据仓库的创建和使用来说是必不可少的，没有这两个数据仓库的支持环境，数据仓库的创建与使用是无法实现的。

数据仓库中不同结构之间的数据传输，需由数据仓库的传输层完成。数据传输层包含数据传输和传送网络、客户端/服务器代理和中间件、复制系统以及数据传输的安全保障系统。

在数据仓库的基础层中包含系统管理、工作流程管理、存储系统和处理系统等部分。

数据仓库环境支持层结构见图 6.12：

	一级结构	二　级　结　构			
数据仓库环境支持层	数据传输层	数据传输和传送网络	客户/服务器代理和中间件	复制系统	安全和保障系统
	基础层	系统管理	工作流程管理	存储系统	处理系统

图 6.12　数据仓库环境支持层结构

这里所列出的数据仓库总体结构框架，并不是每个层次和功能结构块都需要在数据仓库创建中生成。其中的数据源功能块与数据传输、数据仓库基础结构基本上可以采用组织中原有的信息系统，或在原系统的基础上略作修改就可满足需要。数据仓库的创建主要完成数据仓库结构、数据集市/知识挖掘库结构和存取与使用功能块，以及数据管理和元数据管理的设计与实现。

6.5.3　开发数据仓库的流程

传统的数据库设计有着明确的应用需求，严格遵循系统生命周期的阶段划分。每个阶段都规定有明确的任务，上一阶段确定的任务完成后，产生一定格式的文档交给下一阶段。经过多年的探索与实践，数据库的设计开发理论已经相对较为完善了，形成了比较清楚的设计开发步骤，对每一步骤的任务、文档内容与格式进行了细致的规定，也形成了一套管理整个设计开发过程的方法，具有很好的可操作性。

前面已经说明，数据仓库是面向主题的、集成的、不可更新的、随时间的变化而不断变化的，这些特点决定了数据仓库的系统设计不能采用同开发传统的数据库一样的设计方法。数据仓库系统的原始需求不明确，且不断变化与增加，开发者最初并不能确切了解到用户的明确而详细的需求，用户所能提供的无非是需求量大的方向以及部分需求，更不能较准确地预见到以后的需求。因为原型法的思想是从构建系统的简单的基本框架着手，不断丰富与完善整个系统。但是，数据仓库的设计开发又不同于一般意义上的原型法，数据仓库的设计是数据驱动的。这是因为数据仓库是在现存数据库系统基础上进行开发。它着眼于有效地抽取、综合、集成和挖掘已有数据库的数据资源，服务于高层管理者管理决策分析的需要。

但需要说明的是，数据仓库系统开发是一个经过不断循环、反馈而使系统不断增长与完善的过程，这也是原型法区别于系统生命周期法的主要特点。因此，在这里所要讨论的数据仓库系统的开发步骤并不是绝对的顺序，在数据仓库开发的整个过程中，自始至终要求决策人员和开发者的共同参与和密切协作，要求保持灵活的头脑，不做或尽量少做无效工作或重复工作。

尽管如此，数据仓库的设计并不是没有步骤可言的，大体上可以分为以下几个步骤，如图 6.13 所示。

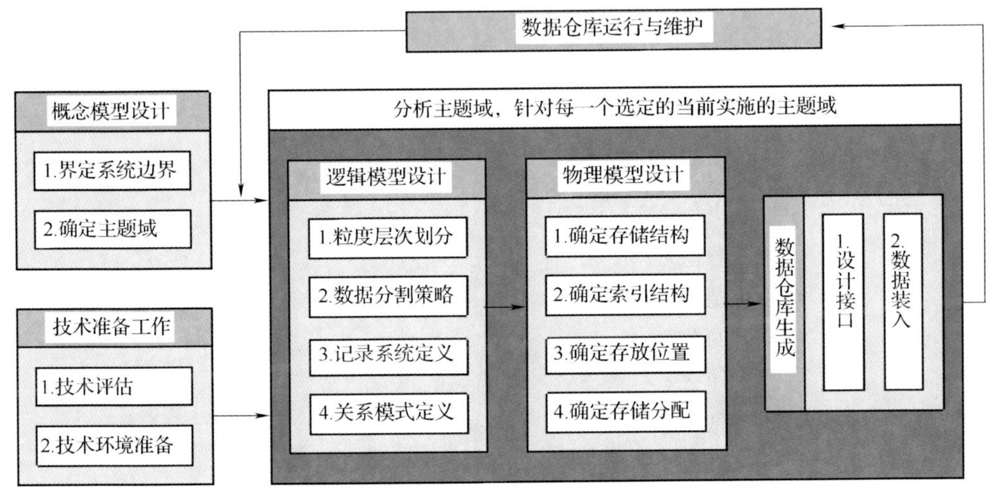

图 6.13　数据仓库设计步骤

- 概念模型设计；
- 技术准备工作；
- 逻辑模型设计；
- 物理模型设计；
- 数据仓库生成；
- 数据仓库运行与维护。

下面以上图所示的六个主要设计步骤为主线，介绍在各个设计步骤中设计的基本内容。

1. 概念模型设计

进行概念模型设计所要完成的工作是：

- 界定系统边界；

• 确定主要的主题域及其内容。

概念模型设计的成果是，在原有的数据库的基础上建立了一个较为稳固的概念模型。

因为数据仓库是对原有数据库系统中的数据进行集成和重组而形成的数据集合，所以数据仓库的概念模型设计，首先要对原有数据库系统加以分析理解，看在原有的数据库系统中“有什么”、“怎样组织的”和“如何分布的”等，然后再来考虑应当如何建立数据仓库系统的概念模型。一方面，通过原有的数据库的设计文档以及在数据字典中的数据库关系模式，可以对企业现有的数据库中的内容有一个完整而清晰的认识；另一方面，数据仓库的概念模型是面向系统全局建立的，它为集成来自各个面向应用的数据库的数据提供了统一的概念视图。

概念模型的设计是在较高的抽象层次上的设计，因此建立概念模型时不需要考虑具体技术条件的限制。

(1) 界定系统的边界

数据仓库是面向决策分析的数据库，无法在数据仓库设计初期就得到详细而明确的需求，但是一些基本的方向性的需求还是摆在了设计人员的面前：

• 要做的决策类型有哪些？
• 决策者感兴趣的是什么问题？
• 这些问题需要什么样的信息？
• 要得到这些信息需要包含原有数据库系统的哪些部分的数据？

这样，开发者就可以划定一个当前的大致的系统边界，集中精力进行最需要的部分的开发。因而，从某种意义上讲，界定系统边界的工作也可以看作是数据仓库系统设计的需求分析，因为它将决策者的数据分析的需求用系统边界的定义形式反映出来。

(2) 确定主要的主题域

在这一步中，要确定系统所包含的主题域，然后对每个主题域的内容进行较明确的描述，描述的内容包括：

• 主题域的公共码键；
• 主题域之间的联系；
• 充分代表主题的属性组。

2. 技术准备工作

这一阶段的工作包括：技术评估、技术环境准备。

这一阶段的成果是：技术评估报告、软硬件配置方案、系统（软、硬件）总体设计方案。

管理数据仓库的技术要求与管理操作型环境中的数据与处理的技术要求区别很大，两者所考虑的方面也不同。之所以在一般情况下总是将分析型数据与操作型数据分离开来，将分析型数据单独集中存放，也就是用数据仓库来存放，技术要求上的差异是一个重要原因。

(1) 技术评估

进行技术评估，就是确定数据仓库的各项性能指标。一般情况下，需要在这一步里确定的性能指标包括：

• 管理大数据量数据的能力；

• 进行灵活数据存取的能力；

• 根据数据模型重组数据的能力；

• 透明的数据发送和接收能力；

• 周期性成批装载数据的能力；

• 可设定完成时间的作业管理能力。

(2) 技术环境准备

一旦数据仓库的体系化结构的模型大体建好后，下一步的工作就是确定应该怎样来装配这个体系化结构模型，主要是确定对软硬件配置的要求。主要考虑相关的问题。

• 预期在数据仓库上分析处理的数据量有多大？

• 如何减少或减轻竞争性存取程序的冲突？

• 数据仓库的数据量有多大？

• 进出数据仓库的数据通信量有多大？等等。

根据这些考虑，就可以确定各项软硬件的配备要求，并且在这一步工作结束时各项技术准备工作应已就绪，可以装载数据了。这些配备有：

• 直接存取设备（DASD）；

• 网络；

• 管理直接存取设备（DASD）的操作系统；

• 进出数据仓库的界面（主要是数据查询和分析工具）；

• 管理数据仓库的软件，目前即选用数据库管理系统及有关的选件，购买的 DBMS 产品不能满足管理数据仓库需要的，还应考虑自己或软件集成商开发有关模块等等。

3. 逻辑模型设计

在这一步里进行的工作主要有：

• 分析主题域，确定当前要装载的主题；

• 确定粒度层次划分；

• 确定数据分割策略；
• 关系模式定义；
• 记录系统定义。

逻辑模型设计的成果是，对每个当前要装载的主题的逻辑实现进行定义，并将相关内容记录在数据仓库的元数据中，包括：

• 适当的粒度划分；
• 合理的数据分割策略；
• 适当的表划分；
• 定义合适的数据来源等。

（1）分析主题域

在概念模型设计中，确定了几个基本的主题域，但是，数据仓库的设计方法是一个逐步求精的过程。在进行设计时，一般是一次一个主题或一次若干个主题地逐步完成。所以，必须对概念模型设计步骤中确定的几个基本主题域进行分析并选择首先要实施的主题域。选择第一个主题域所要考虑的是：它要足够大，以便使得该主题域能建设成为一个可应用的系统；它还要足够小，以便于开发和较快地实施。如果所选择的主题域很大并且很复杂，甚至可以针对它的一个有意义的子集来进行开发。在每一次的反馈过程中，都要进行主题域的分析。

（2）粒度层次划分

数据仓库逻辑设计中要解决的一个重要问题是决定数据仓库的粒度划分层次；粒度层次划分适当与否直接影响到数据仓库中的数据量和所适合的查询类型。确定数据仓库的粒度划分，可以使用在粒度划分一节中介绍的方法，通过估算数据行数和所需的 DASD 数，来确定是采用单一粒度还是多重粒度以及粒度划分的层次。

（3）确定数据分割策略

在这一步里，要选择适当的数据分割的标准，一般要考虑以下几方面因素：数据量（而非记录行数）、数据分析处理的实际情况、简单易行以及粒度划分策略等。数据量的大小是决定是否进行数据分割和如何分割的主要因素；数据分析处理的要求是选择数据分割标准的一个主要依据，因为数据分割是跟数据分析处理的对象紧密联系的。还要考虑到所选择的数据分割标准应是自然的、易于实施的；同时也要考虑数据分割的标准与粒度划分层次是适应的。

（4）关系模式定义

数据仓库的每个主题都是由多个表来实现的，这些表之间依靠主题的公共码键联系在一起，形成一个完整的主题。在概念模型设计时，就确定了数据仓库的基本主题，并对每个主题的公共码键、基本内容等做了描述。在这一步里，将要对选定的当前实施的主题进行模式划分，形成多个表，并确定各个表的关系模式。

(5) 定义记录系统

数据仓库中的数据来源于多个已经存在的操作型系统及外部系统。一方面，各个系统的数据都是面向应用的，不能完整地描述企业中的主题域；另一方面，多个数据源的数据存在着许多不一致。因此要从数据仓库的概念模型出发，结合主题的多个表的关系模式，确定现有系统的哪些数据能较好地适应数据仓库的需要。这就要求选择最完整、最及时、最准确、最接近外部实体源的数据作为记录系统，同时这些数据所在的表的关系模式最接近于构成主题的多个表的关系模式。记录系统的定义要记入数据仓库的元数据。

4. 物理模型设计

这一步所做的工作是确定数据的存储结构，确定索引策略，确定数据存放位置，确定存储分配。

确定数据仓库实现的物理模型，要求设计人员必须做到以下几方面。

• 要全面了解所选用的数据库管理系统，特别是存储结构和存取方法。

• 了解数据环境、数据的使用频度、使用方式、数据规模以及响应时间要求等，这些是对时间和空间效率进行平衡和优化的重要依据。

• 了解外部存储设备的特性，如分块原则、块大小的规定、设备的I/O特性等。

(1) 确定数据的存储结构

一个数据库管理系统往往都提供多种存储结构供设计人员选用、不同的存储结构有不同的实现方式，各有各的适用范围和优缺点，设计人员在选择合适的存储结构时应该权衡3个方面的主要因素：存取时间、存储空间利用率和维护代价。

(2) 确定索引策略

数据仓库的数据量很大，因而是要对数据的存取路径进行仔细的设计和选择。由于数据仓库的数据都是不常更新的，因而可以设计多种多样的索引结构来提高数据存取效率。

在数据仓库中，设计人员可以考虑对各个数据存储建立专用的、复杂的索引，以获得最高的存取效率，因为在数据仓库中的数据是不常更新的、也就是说每个数据存储是稳定的，因而虽然建立专用的、复杂的索引有一定的代价，但一旦建立就几乎不带维护索引的代价。

(3) 确定数据存放位置

前文提过，同一个主题的数据并不要求存放在相同的介质上。在物理设计时，常常要按数据的重要程度、使用频率以及对响应时间的要求进行分类，并将不同类的数据分别存储在不同的存储设备中。重要程度高、经常存取、响应时间要求高的数据就存放在高速存储设备上，如硬盘；存取频率低或对存取响应时间要求低的数据则可以放在低速存储设备上，如磁盘或磁带。

数据存放位置的确定还要考虑其他的一些方法，如：决定是否进行合并表；是否对一些经常性的应用建立数据序列；对常用的、不常修改的表或应用是否冗余存储。如果采用了这些技术，就要记入元数据。

(4) 确定存储分配

许多数据库管理系统提供了一些存储分配的参数供设计者进行物理优化处理，如：块的尺寸、缓冲区的大小和个数等等，它们都要在物理设计时确定。这同创建数据库系统时的考虑是一样的。

5. 数据仓库的生成

在这一步里所要做的工作是接口编程、数据装入。

这一步工作的成果是：数据已经装入到数据仓库中。可以在其上建立数据仓库的应用，即 DSS 应用。

(1) 设计接口

将操作型环境下的数据装载进入数据仓库环境，需要在两个不同环境的记录系统之间建立一个接口。初看，建立和设计这个接口，似乎只要编制一个抽取程序就可以了，事实上，在这一阶段的工作中，的确对数据进行了抽取，但抽取并不是全部的工作，这一接口还应具有以下的功能：

- 从面向应用和操作的环境生成完整的数据；
- 数据的基于时间的转换；
- 数据的凝聚；
- 对现有记录系统的有效扫描，以便以后进行追加。追加有以下几种方法；对操作型数据加时标、创建′delta′文件、使用系统日志或审计日志、修改程序代码、使用前映象或后映象文件。

当然，考虑这些因素的同时还要考虑到物理设计的一些因素和技术条件限制，根据这些内容，严格地制定规格说明，然后根据规格说明进行接口编程。

从操作型环境到数据仓库环境的数据接口编程的过程和一般的编程过程并无区别，它也包括伪码开发、编码、编译、检错、测试等步骤。

在接口编程中，要注意：

- 保持高效性，这也是一般的编程所要求的；

· 要保存完整的文档记录；

· 要灵活，易于改动；

· 要能完整、准确地完成从操作型环境到数据仓库环境的数据抽取、转换与集成。

（2）数据装入

在这一步里所进行的就是运行接口程序。将数据装入到数据仓库中。主要的工作是：

· 确定数据装入的次序；

· 清除无效或错误数据；

· 数据“老化”；

· 数据粒度管理；

· 数据刷新等。

最初只使用一部分数据来生成第一个主题域，使得设计人员能够轻易且迅速地对已做工作进行调整，而且能够尽早地提交到下一步骤，即数据仓库的使用和维护。这样既可以在经济上最快地得到回报，又能够通过最终用户的使用，尽早发现一些问题并提出新的需求，然后反馈给设计人员，设计人员继续对系统改进、扩展。

6. 数据仓库的使用和维护

在这一步中所要做的工作有建立 DSS 应用，即使用数据仓库；理解需求，调整和完善系统，维护数据仓库。

建立系统的体系化环境，不仅包括建立起操作型和分析型的数据环境，还应包括在这一数据环境中建立起系统的各种应用。数据仓库装入数据之后，下一步工作是：一方面，使用数据仓库中的数据服务于决策分析的目的，也就是在数据仓库中建立起 DSS 应用；另一方面，根据用户使用情况和反馈来的新的需求，开发人员进一步完善系统。并管理数据仓库的一些日常活动，如刷新数据仓库的当前详细数据、将过时的数据转化成历史数据、清除不再使用的数据、调整粒度级别等。这一步骤可称为数据仓库的使用与维护。

6.5.4 联机分析处理（OLAP）[4]

在 1993 年由有“关系数据库之父”之称的 E. F. Codd 首次提出了 OLAP（Online Analytical Processing）的概念，它专门设计用于支持复杂的分析操作，侧重对决策人员和高层管理人员的决策支持，可以应分析人员要求快速、灵活地进行大数据量的复杂查询处理，并且以一种直观易懂的形式将查询结果提供给决策人员，以便他们准确掌握企业的经营状况，了解市场需求，制定正确方案，增加效益。

当今的数据处理大致可以分成两大类：联机事务处理 OLTP（on-line transaction processing)、联机分析处理 OLAP（On-Line Analytical Processing)。OLTP 是传统的关系型数据库的主要应用，主要是基本的、日常的事务处理，例如银行交易。OLAP 是数据仓库系统的主要应用，支持复杂的分析操作，侧重决策支持，并且提供直观易懂的查询结果。表 6.2 列出了 OLTP 与 OLAP 之间的比较。

表 6.2　OLTP 与 OLAP 之间的比较

	OLTP	OLAP
用户	操作人员，低层管理人员	决策人员，高级管理人员
功能	日常操作处理	分析决策
DB 设计	面向应用	面向主题
数据	当前的，最新的细节的，二维的分立的	历史的，聚集的，多维的集成的，统一的
存取	读/写数十条记录	读上百万条记录
工作单位	简单的事务	复杂的查询
用户数	上千个	上百个
DB 大小	100MB-GB	100GB-TB

OLAP 是使分析人员、管理人员或执行人员能够从多角度对信息进行快速、一致、交互地存取，从而获得对数据的更深入了解的一类软件技术。OLAP 的目标是满足决策支持或者满足在多维环境下特定的查询和报表需求，它的技术核心是“维”这个概念。

“维”是人们观察客观世界的角度，是一种高层次的类型划分。“维”一般包含着层次关系，这种层次关系有时会相当复杂。通过把一个实体的多项重要的属性定义为多个维（dimension)，使用户能对不同维上的数据进行比较。因此 OLAP 也可以说是多维数据分析工具的集合。

OLAP 的基本多维分析操作有钻取（roll up 和 drill down)、切片（slice）和切块（dice)、以及旋转（pivot)、drill across、drill through 等。

• 钻取是改变维的层次，变换分析的粒度。它包括向上钻取（roll up）和向下钻取（drill down)。roll up 是在某一维上将低层次的细节数据概括到高层次的汇总数据，或者减少维数；而 drill down 则相反，它从汇总数据深入到细节数据进行观察或增加新维。

• 切片和切块是在一部分维上选定值后，关心度量数据在剩余维上的分布。如果剩余的维只有两个，则是切片；如果有三个，则是切块。

• 旋转是变换维的方向，即在表格中重新安排维的放置（例如行列互换)。

OLAP有多种实现方法，根据存储数据的方式不同可以分为ROLAP、MOLAP、HOLAP。

ROLAP表示基于关系数据库的OLAP实现（Relational OLAP）。以关系数据库为核心，以关系型结构进行多维数据的表示和存储。ROLAP将多维数据库的多维结构划分为两类表：一类是事实表，用来存储数据和维关键字；另一类是维表，即对每个维至少使用一个表来存放维的层次、成员类别等维的描述信息。维表和事实表通过主关键字和外关键字联系在一起，形成了“星型模式”。对于层次复杂的维，为避免冗余数据占用过大的存储空间，可以使用多个表来描述，这种星型模式的扩展称为“雪花模式”。

MOLAP表示基于多维数据组织的OLAP实现（Multidimensional OLAP）。以多维数据组织方式为核心，也就是说，MOLAP使用多维数组存储数据。多维数据在存储中将形成“立方块（Cube）”的结构，在MOLAP中对“立方块”的“旋转”、“切块”、“切片”是产生多维数据报表的主要技术。

HOLAP表示基于混合数据组织的OLAP实现（Hybrid OLAP）。如低层是关系型的，高层是多维矩阵型的。这种方式具有更好的灵活性。

还有其他的一些实现OLAP的方法，如提供一个专用的SQL Server，对某些存储模式（如星型、雪片型）提供对SQL查询的特殊支持。

OLAP工具是针对特定问题的联机数据访问与分析。它通过多维的方式对数据进行分析、查询和报表。维是人们观察数据的特定角度。例如，一个企业在考虑产品的销售情况时，通常从时间、地区和产品的不同角度来深入观察产品的销售情况。这里的时间、地区和产品就是维。而这些维的不同组合和所考察的度量指标构成的多维数组则是OLAP分析的基础，可形式化表示为（维1、维2、……、维n、度量指标）。多维分析是指对以多维形式组织起来的数据采取切片（Slice）、切块（Dice）、钻取（Drill-down和Roll-up）、旋转（Pivot）等各种分析动作，以求剖析数据，使用户能从多个角度、多侧面地观察数据库中的数据，从而深入理解包含在数据中的信息。

在数据仓库应用中，OLAP应用一般是数据仓库应用的前端工具，同时OLAP工具还可以同数据挖掘工具、统计分析工具配合使用，增强决策分析功能。

6.6 系统处理效率

6.6.1 系统处理效率问题分析

在短时交通流特性预测系统中，系统的实时性是一个必须满足的条件，因此程序的执行效率是至关重要的。而对于像北京市、上海市等的大规模路网，程序所需要处理的数据量是巨大的，由于一些预测算法对历史数据的输入要求，进一步增大了程序的数据量。在这种情况下，如何能够保证系统的运行效率，满足短时交通流特性预测的实时性要求，是一个需要特别关注的问题。

对于系统运行而言，程序的执行时间往往受两个方面的制约，即数据输入输出（I/O）和数据处理（也就是计算部分），根据两个方面严重性的相对大小，分别会呈现出两种情况：I/O受限和CPU受限。所谓I/O受限指的是程序执行时间主要由等待数据输入输出的时间所决定的情况，与其相对应的CPU受限，指的是程序执行时间主要由处理数据所需时间决定的情况。当读取数据的速度低于处理数据的速度时，就会发生I/O受限的情况。当系统运行效率是I/O受限时，系统运行的大部分时间会消耗在数据的输入输出上，而不是花费在数据处理上。

分析北京市道路交通流特性预测预报系统的特点可以看出，由于系统的分布式架构，系统运行过程中所需的数据都需要通过网络从数据库服务器读取；而由于路网规模的巨大，每次预测所需读取的数据量是巨大的。虽然交通流预测算法的计算过程也是比较复杂的，但相对于大量交通流特性数据的读取时间而言，执行计算所花费的时间在整个程序执行时间中只占较小的比例。因此可以推测出，本系统的运行效率主要是I/O受限的。通过对系统部分功能模块实际运行时间的测试（表6.3）也可以看出，系统的大部分运行时间花费在数据输入输出上面。

表6.3　短时交通流预测预报系统运行时间测试

功能模块	I/O时间（s）	计算时间（s）	总时间（s）
检测数据同步	46	/	46
组合模型预测	59	17	76
拥挤状况评价	5	3	8
合计	110	20	130

6.6.2　优化措施

根据前面对系统瓶颈的分析，在进行系统的优化时，应该把优化的重点放在数据输入输出的优化上而不是数据处理的优化上。在本系统的优化过程中，主要采取了以下几点措施来减少系统花费在数据I/O等待上的时间：（1）通过将部分运算转移到数据库端来减少不必要的I/O；（2）通过对数据的本地缓存减少I/O数据量；（3）通过I/O与计算的并行执行减少I/O等待时间。

1. 通过将部分运算转移到数据库端来减少不必要的I/O

系统的部分功能实际上是对数据的简单统计，运算较为简单。比较典型的就是检测交通特性数据的同步模块。数据同步模块的主要功能是将交通流原始检测数据从外部数据库读取，进行重复数据的剔除、缺失数据的补充、异常数据的修正以及同方向不同车道的数据归并等操作之后，再写入本系统的交通信息数据库。这一模块的运算逻辑较为简单，如果将数据从数据库服务器读取到计算服务器，进行处理后再写入到数据库服务器，会有大量的时间花费在数据在网络的传输上面。如果能够将这部分工作放到数据库服务器上进行，则可以节省这部分时间。利用Oracle数据库自身的功能对数据进行处理就可以达到上述目的。

2. 通过对数据的本地缓存减少I/O数据量

这里所采取的优化策略主要是利用了数据的时间局部性——如果程序在某一时间点的执行中用到某些数据，那么有很大的可能性在将来的某个时间点仍会用到这些数据。本系统的部分功能每次执行过程中都需要读取大量的数据，然而通过对每次历史数据读取进行分析可以发现，相邻几次计算所读取的数据实际上差别不大，有很多数据在一次预测用到，在下几次预测过程中仍会用到。如果能够充分利用数据的时间局部性，将每次读取的数据在计算服务器进行本地缓存，如果未来运算中用到的数据能够在缓存中找到，则直接从缓存读取；如果运算中用到的数据在缓存中找不到，则从数据库服务器读取，并写入缓存供以后运算读取。采取这一模式后，将减少大量的重复数据读取，从而提高系统的执行效率。

以非参数回归预测模块为例，该模块的预测过程中需要在历史数据库中进行状态向量的搜索与匹配。为了满足预测精度的要求，每次预测可能需要在前一个月的历史数据中进行搜索，数据量是非常大的，因此非参数回归预测模型的大部分运行时间都花费在了历史数据的读取上。而实际上相邻几次运算所读取的历史数据大部分是相同的，只有很少一部分不同，这实际上是上述情形的一种极端情况，因此如果对历史数据进行本地缓存，可以极大地提高预测计算的效率。

3. 通过I/O与计算的并行执行减少I/O等待时间

对于每一个功能模块而言，其计算执行肯定是要依赖于所需数据的读取的。然而，不同功能模块的数据I/O与计算之间可能并无依赖关系。如果能够将相互之间无依赖关系的模块进行并行化，使数据读取与计算同时执行，则可以充分利用系统的CPU与I/O设备，避免在进行数据读写时的CPU空闲，减少系统等待数据读写的时间，从而提高系统运行效率。为了能够正确的进行不同功能模块的并行化，需要首先分析模块间的依赖关系，找出相互之间无依赖关系的功能模块。

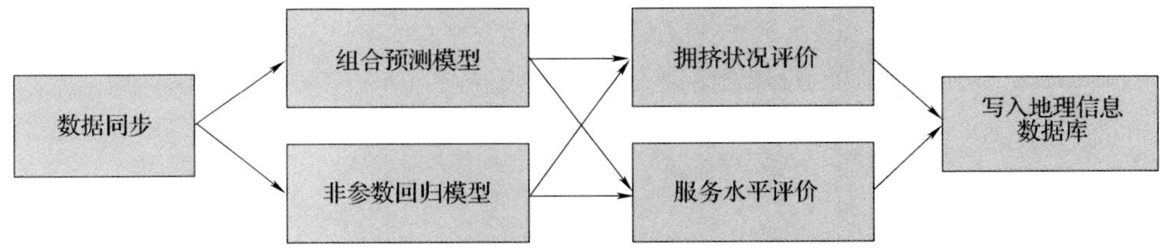

图 6.14　系统各模块间依赖关系（箭头所指表示各模块执行的先后顺序）

从图 6.14 中可以看出，组合预测模型与非参数回归模型之间没有数据依赖关系，因此可以将组合预测模型与非参数回归模型的 I/O 与计算并行执行，利用他们时间的重叠减少程序执行所需时间。同样，拥挤状况评价与服务水平评价之间没有数据依赖关系，因此也可以将这两个模块的 I/O 与计算并行执行。图 6.14 中所示的模块实际上是经过简化的，其中的每一个模块实际上都需要对不同预测周期（5 min、15 min、30 min、1 min）分别进行计算，因此 I/O 与计算之间的时间重叠是很多的，可以对执行效率获得很大的提高。进一步，由于本系统运行的硬件平台是多 CPU 系统，还可以将没有依赖关系的不同模块的计算部分也采用多个线程并行执行，进一步提高程序的并行度，提高系统的执行效率。

参 考 文 献

[1]　刘云生，卢炎生，王道忠．实时数据库系统（RTDBS）及其特征［J］．华中理工大学学报，1994，22（6）：66～70

[2]　拓广忠，慕群．实时数据库原理及其压缩技术分析［J］．华北电力技术，2004，6：17～20

[3]　陈京民．数据仓库与数据挖掘技术［M］．北京：电子工业出版社，2002

[4]　王珊等．数据仓库与联机分析处理［M］．北京：科学出版社，1998

第7章 软件系统体系架构

7.1 基本概念

7.1.1 软件架构概念

软件架构（Software Architecture）是一系列相关的抽象模式，用于指导大型软件系统各个方面的设计。软件架构是一个系统的草图，软件架构描述的对象是直接构成系统的抽象组件。各个组件之间的连接则明确和相对细致地描述组件之间的通讯。在实现阶段，这些抽象组件被细化为实际的组件，比如具体某个类或者对象。在面向对象领域中，组件之间的连接通常用接口来实现[1]。

软件体系结构是构建计算机软件实践的基础。与建筑师设定建筑项目的设计原则和目标作为绘图员画图的基础一样，一个软件架构师或者系统架构师陈述软件构架以作为满足不同客户需求的实际系统设计方案的基础。

软件构架是一个容易理解的概念，多数工程师（尤其是经验不多的工程师）会从直觉上来认识它，但要给出精确的定义很困难。特别是，很难明确地区分设计和构架：构架属于设计的一方面，它集中于某些具体的特征。

在“软件构架简介”中，David GArlan 和 Mary Shaw 认为软件构架是有关如下问题的设计层次：“在计算的算法和数据结构之外，设计并确定系统整体结构成为了新的问题。结构问题包括总体组织结构和全局控制结构；通信、同步和数据访问的协议；设计元素的功能分配；物理分布；设计元素的组成；定标与性能；备选设计的选择。”

但构架不仅是结构；IEEE Working Group on Architecture 把其定义为“系统在其环境中的最高层概念”。构架还包括“符合”系统完整性、经济约束条件、审美需求和样式。它并不仅注重对内部的考虑，而且还在系统的用户环境和开发环境中对系统进行整体考虑，即同时注重对外部的考虑。

在 Rational Unified ProcESs 中，软件系统的构架（在某一给定点）是指系统重要构件的组织或结构，这些重要构件通过接口与不断减小的构件与接口所组成的构件进行交互。

从和目的、主题、材料和结构的联系上来说，软件架构可以和建筑物的架构相比拟。一个软件架构师需要有广泛的软件理论知识和相应的经验来实施和管理软件产品的高级设计。软件架构师定义和设计软件的模块化，模块之间的交互，用户界面风格，对外接口方法，创新的设计特性，以及高层事物的对象操作、逻辑和流程。

一般而言，软件系统的架构有两个要素[1]：

（1）它是一个软件系统从整体到部分的最高层次的划分

一个系统通常是由元件组成的，而这些元件如何形成、相互之间如何发生作用，则是关于这个系统本身结构的重要信息。

详细地说，就是要包括架构元件（Architecture Component）、联结器（Connector）、任务流（Task-flow）。所谓架构元件，也就是组成系统的核心"砖瓦"，而联结器则描述这些元件之间通讯的路径、通讯的机制、通讯的预期结果，任务流则描述系统如何使用这些元件和联结器完成某一项需求。

（2）建造一个系统所作出的最高层次的、以后难以更改的、商业的和技术的决定

在建造一个系统之前会有很多的重要决定需要事先作出，而一旦系统开始进行详细设计甚至建造，这些决定就很难更改甚至无法更改。显然，这样的决定必定是有关系统设计成败的最重要决定，必须经过非常慎重的研究和考察。

早在1960年，诸如E·W·戴克斯特拉就已经涉及软件架构这个概念了。自1990年以来，部分由于在Rational Software Corporation和MicroSoft内部的相关活动，软件架构这个概念开始越来越流行起来。

美国卡内基梅隆大学和加州大学埃尔文分校在这个领域作了很多研究。卡内基·梅隆大学的Mary Shaw和David Garlan于1996年写了一本Software Architecture perspective on an emerging Discipline的书，提出了软件架构中的很多概念，例如软件组件、连接器、风格等等。加州大学埃尔文分校的软件研究院所做的工作则主要集中于架构风格、架构描述语言以及动态架构。

7.1.2　软件架构的目标及种类

1. 软件架构的目标

正如同软件本身有其要达到的目标一样，一般而言，软件架构设计要达到如下的目标[1]：

（1）可靠性（Reliable）。软件系统对于用户的商业经营和管理来说极为重要，因此软件系统必须非常可靠。

（2）安全性（Secure）。软件系统所承担的交易的商业价值极高，系统的安全性非常重要。

(3) 可扩展性 (Scalable)。软件必须能够在用户的使用率、用户的数目增加很快的情况下,保持合理的性能。只有这样,才能适应用户的市场扩展的可能性。

(4) 可定制化 (Customizable)。同样的一套软件,可以根据客户群的不同和市场需求的变化进行调整。

(5) 可扩展性 (Extensible)。在新技术出现的时候,一个软件系统应当允许导入新技术,从而对现有系统进行功能和性能的扩展。

(6) 可维护性 (Maintainable)。软件系统的维护包括两方面,一是排除现有的错误,二是将新的软件需求反映到现有系统中去。一个易于维护的系统可以有效地降低技术支持的花费

(7) 客户体验 (Customer Experience)。软件系统必须易于使用。

(8) 市场时机 (Time to Market)。软件用户要面临同业竞争,软件提供商也要面临同业竞争。以最快的速度争夺市场先机非常重要。

2. 软件架构的种类

根据关注角度的不同,可以将架构分成 3 种[1]:

逻辑架构:软件系统中元件之间的关系,比如用户界面、数据库、外部系统接口、商业逻辑元件等等。

物理架构:软件元件是怎样放到硬件上的。

系统架构:系统的非功能性特征,如可扩展性、可靠性、强壮性、灵活性、性能等。

此外,从每一个角度上看,都可以看到架构的两要素:元件划分和设计决定。

首先,一个软件系统中的元件首先是逻辑元件。这些逻辑元件如何放到硬件上,以及这些元件如何为整个系统的可扩展性、可靠性、强壮性、灵活性、性能等做出贡献,是非常重要的信息。

其次,进行软件设计需要做出的决定中,必然会包括逻辑结构、物理结构,以及它们如何影响到系统的所有非功能性特征。这些决定中会有很多是一旦作出就很难更改的。

7.1.3 软件重用和构件

1. 软件重用

软件重用是指在两次或多次不同的软件开发过程中重复使用相同或相近软件元素的过程。软件元素包括程序代码、测试用例、设计文档、设计过程、需求分析文档甚至领域知识。通常,把这种可重用的元素称作软构件,可重用的

软件元素越大，就说重用的粒度越大。

使用软件重用技术可以减少软件开发活动中大量的重复性工作，这样就能提高软件生产率，降低开发成本，缩短开发周期。同时，由于软构件大都经过严格的质量认证，并在实际运行环境中得到校验，因此，重用软构件有助于改善软件质量。此外，大量使用软构件，软件的灵活性和标准化程度也可望得到提高。

2. 构件

一般认为，构件是指语义完整、语法正确和有可重用价值的单位软件，是软件重用过程中可以明确辩识的系统；结构上，它是语义描述、通讯接口和实现代码的复合体。简单地说，构件是具有一定的功能，能够独立工作或能同其他构件装配起来协调工作的程序体，构件的使用同它的开发、生产无关。从抽象程度来看，面向对象技术已达到了类级重用（代码重用），它以类为封装的单位。这样的重用粒度还太小，不足以解决异构互操作和效率更高的重用。构件将抽象的程度提到一个更高的层次，它是对一组类的组合进行封装，并代表完成一个或多个功能的特定服务，也为用户提供了多个接口。整个构件隐藏了具体的实现，只用接口提供服务。

近年来，构件技术发展迅速，已形成三个主要流派，分别是 IBM 的 CORBA、Sun 的 Java 平台和 Microsoft 的 COM+。

如果把软件系统看成是构件的集合，那么从构件的外部形态来看，构成一个系统的构件可分为 5 类：

（1）独立而成熟的构件。独立而成熟的构件得到了实际运行环境的多次检验，该类构件隐藏了所有接口，用户只需用规定好的命令进行使用。例如，数据库管理系统和操作系统等。

（2）有限制的构件。有限制的构件提供了接口，指出了使用的条件和前提，这种构件在装配时，会产生资源冲突、覆盖等影响，在使用时需要加以测试。例如，各种面向对象程序设计语言中的基础类库等。

（3）适应性构件。适应性构件进行了包装或使用了接口技术，把不兼容性、资源冲突等进行了处理，可以直接使用。这种构件可以不加修改地使用在各种环境中。例如 ActiveX 等。

（4）装配的构件。装配的构件在安装时，已经装配在操作系统、数据库管理系统或信息系统不同层次上，使用胶水代码（Blue Code）就可以进行连接使用。目前一些软件商提供的大多数软件产品都属这一类。

（5）可修改的构件。可修改的构件可以进行版本替换。如果对原构件修改错误、增加新功能，可以利用重新“包装”或写接口来实现构件的替换。这种构件在应用系统开发中使用得比较多。

基于构件的软件开发通常包括构件获取、构件分类和检索、构件评估、适应性修改以及将现有构件在新的语境下组装成新的系统。构件获取可以有多种不同的途径：

（1）从现有构件中获得符合要求的构件，直接使用或作适应性修改，得到可重用的构件；

（2）通过遗产工程，将具有潜在重用价值的构件提取出来，得到可重用的构件；

（3）从市场上购买现成的商业构件，即 COTS 构件；

（4）开发新的符合要求的构件。

一个企业或组织在进行以上决策时，必须考虑到不同方式获取构件的一次性成本和以后的维护成本，做出最优的选择。

7.1.4 常用架构设计模式

很多 OO 设计原则和设计模式同样适用于架构设计，架构中使用这些原则的主要目的是为了使架构具有更好的可维护性和可复用性，并使架构具有稳定性，这些目的也是一个架构的核心价值所在。

模式的定义也不统一，一般是这样的解释，每个模式描述了一个在我们周围不断重复发生的问题以及该问题解决方案的核心。使用模式能够减少设计的难度，更能加快设计人员之间的交流和沟通。

以下是几个常用的顶层架构设计的模式

- 分层模式；
- MVC 模式；
- 客户/服务器模式；
- 流程处理模式。

1. AOP

AOP 是 OOP 的延续，是 Aspect Oriented Programming 的缩写，意思是面向方面编程。AOP 实际是 GOF 设计模式的延续，设计模式孜孜不倦追求的是调用者和被调用者之间的解耦，AOP 可以说也是这种目标的一种实现。AOP 是近年比较热门的技术，带来了一个新的视角和软件架构方法。

通过使用 AOP 技术，可以把分散在多个模块中共同的行为分离出来统一编程，减少重复代码。

AOP 和 OO、SOA 一样，都是架构设计中的重要视角。

AOP 机制一般都需要开发语言和编译器支持，Java 和 .C＃都支持。实现

AOP有不同的方法，常见的方法是利用代理机制，其基本原理是为“其他对象提供一种代理，以控制对这个对象的访问”。

AOP也可以用于封装业务逻辑。比如，进销存软件中，更多模块的功能操作都需要重新计算库存，所以可以把库存计算分离出来，用AOP技术耦合到那些功能模块中。

在业务功能模块中用AOP技术很多情况下都不是很经济，因为业务逻辑复杂多变，可能经过仔细分析抽取出共性代码会因为一个需求变化而变得不再适用，不如用普通方法实现需求变化来得方便和简单。因此，AOP技术在做基础框架平台、组件容器时用得比较多。

2. SOA

关于SOA（Service-oriented architecture），不同的软件提供商有不同的定义方式。每个人都可以从不同的视角来理解SOA，从程序员的角度，SOA是一种全新的开发技术，新的组件模型，比如说Web Service；从架构设计师的角度，SOA就是一种新的设计模式、方法学；从业务分析人员的角度，SOA就是基于标准的业务应用服务。

Service-architecture.com将SOA定义为：“本质上是服务的集合。服务间彼此通信，这种通信可能是简单的数据传送，也可能是两个或更多的服务协调进行某些活动，服务间需要某些方法进行连接。所谓服务就是精确定义、封装完善、独立于其他服务所处环境和状态的函数。”

从概念的角度，SOA是一种构造分布式系统的方法，它将业务应用功能以服务的形式提供给最终用户应用或其他服务。

SOA架构的基本要求包括：

• SOA在相对较粗的粒度上对应用服务或业务模块进行封装与重用；

• 服务间保持松散耦合，基于开放的标准，服务的接口描述与具体实现无关；

• 灵活的架构——服务的实现细节、服务的位置乃至服务请求的底层协议都应该透明。

在架构设计中，SOA是一个非常重要的视角。SOA以一种粗粒度的角度去分解系统的不同功能，去分析不同功能服务之间的关系和接口，不同功能服务之间是松散耦合的。SOA也是解决不同系统功能集成和异构系统之间功能互用的一个比较不错的解决办法。

一般提到SOA时，都会把它和Web Service联系到一起，因为目前Web Service是最能表达SOA架构的技术。

SOA的出现应该说是一个必然的过程，是软件行业发展中必然会出现的一个概念。软件一开始是一些代码行，代码行多了之后就成了代码块或者叫子程序，然后就继续发展出了函数，随着OO的出现，为了便于管理函数出现了类和类库，类库多到难以管理的时候出现了组件的概念，当软件复杂到组件这个概念仍嫌粒度太细的时候，就出现了服务这个概念，系统架构就对应出现了SOA概念。

3. ESB

ESB（Enterprise Service Bug，企业服务总线）是一种在松散耦合的服务和应用之间标准的集成方式。它可以作用于：

• 面向服务的架构—分布式的应用由可重用的服务组成；

• 面向消息的架构—应用之间通过ESB发送和接受消息；

• 事件驱动的架构—应用之间异步地产生和接收消息。

通俗地说，ESB就是在SOA架构中实现服务间智能化集成与管理的中介。它与SOA的关系是：ESB是逻辑上与SOA所遵循的基本原则保持一致的服务集成基础架构，它提供了服务管理的方法和在分布式异构环境中进行服务交互的功能。ESB实现了SOA3个基本要求中的第3个。

ESB是特定环境下（SOA架构中）实施EAI的方式，应为：

• 被集成的对象被明确定义为服务，而不是传统EAI中各种各样的中间件平台；

• ESB明确强调消息（Message）处理在集成过程中的作用；

• 事件驱动成为ESB的重要特征。

ESB应该构筑在完善的SOA架构上，它应该做的事是服务集成。它的常见应用模式是：

• 协议转换模型，用于当服务的请求者与服务提供者基于不同协议时的消息转换情形；

• 消息广播模式，用于事件驱动多个动作或者消息广播的情形；

• 服务匹配模式，用于需要动态选择服务提供者的情形，例如可以根据消息的内容、或负载情况、或服务级别约定（SLA），来为服务请求者选择合适的服务。

7.2 C/S、B/S

7.2.1 C/S

C/S（Client/Server）或客户/服务器模式：Client和Server常常分别处在

相距很远的两台计算机上，Client程序的任务是将用户的要求提交给Server程序，再将Server程序返回的结果以特定的形式显示给用户；Server程序的任务是接收客户程序提出的服务请求，进行相应的处理，再将结果返回给客户程序。

C/S结构是一种软件系统体系结构，通过它可以充分利用两端硬件环境的优势，将任务合理分配到Client端和Server端来实现，降低了系统的通讯开销。目前大多数应用软件系统都是Client/Server形式的两层结构，由于现在的软件应用系统正在向分布式的Web应用发展，Web和Client/Server应用都可以进行同样的业务处理，应用不同的模块共享逻辑组件；因此，内部的和外部的用户都可以访问新的和现有的应用系统，通过现有应用系统中的逻辑可以扩展出新的应用系统。这也就是目前应用系统的发展方向。

传统的C/S体系结构虽然采用的是开放模式，但这只是系统开发一级的开放性，在特定的应用中无论是Client端还是Server端都还需要特定的软件支持。由于没能提供用户真正期望的开放环境，C/S结构的软件需要针对不同的操作系统开发不同版本的软件，加之产品的更新换代十分快，已经很难适应百台电脑以上局域网用户同时使用。而且代价高，效率低[3]。

2. C/S架构软件的优势与劣势

(1) 应用服务器运行数据负荷较轻。最简单的C/S体系结构的数据库应用由两部分组成，即客户应用程序和数据库服务器程序。二者可分别称为前台程序与后台程序。运行数据库服务器程序的机器，也称为应用服务器。一旦服务器程序被启动，就随时等待响应客户程序发来的请求；客户应用程序运行在用户自己的电脑上，对应于数据库服务器，可称为客户电脑，当需要对数据库中的数据进行任何操作时，客户程序就自动地寻找服务器程序，并向其发出请求，服务器程序根据预定的规则作出应答，送回结果，应用服务器运行数据负荷较轻。

(2) 数据的储存管理功能较为透明。在数据库应用中，数据的储存管理功能，是由服务器程序和客户应用程序分别独立进行的，并且通常把那些不同的（不管是已知还是未知的）运行数据，在服务器程序中不集中实现，例如访问者的权限，编号可以重复、必须有客户才能建立定单这样的规则。所有这些，对于工作在前台程序上的最终用户，是“透明”的，他们无需过问（通常也无法干涉）背后的过程，就可以完成自己的一切工作。在C/S体系下，数据库不能真正成为公共、专业化的仓库，它受到独立的专门管理。

(3) C/S架构的劣势是高昂的维护成本且投资大。首先，采用C/S架构，要选择适当的数据库平台来实现数据库数据的真正“统一”，使分布于两地的数据同步完全交由数据库系统去管理，但逻辑上两地的操作者要直接访问同一个数据库才能有效实现，有这样一些问题，如果需要建立“实时”的数据同步，就必须在两地间建立实时的通讯连接，保持两地的数据库服务器在线运行，网络管理工作人员既要对服务器维护管理，又要对客户端维护和管理，这需要高昂的投资和复杂的技术支持，维护成本很高，维护任务量大。

7.2.2 B/S

1. B/S 结构

B/S（Browser/Server）结构即浏览器和服务器结构。它是随着 Internet 技术的兴起，对 C/S 结构的一种变化或者改进的结构。在这种结构下，用户工作界面是通过 WWW 浏览器来实现，极少部分事务逻辑在前端（Browser）实现，但是主要事务逻辑在服务器端（Server）实现，形成所谓三层结构。这样就大大简化了客户端电脑载荷，减轻了系统维护与升级的成本和工作量，降低了用户的总体成本。以目前的技术看，局域网建立 B/S 结构的网络应用，并通过 Internet/Intranet 模式下数据库应用，相对易于把握、成本也是较低的。它是一次性到位的开发，能实现不同的人员，从不同的地点，以不同的接入方式（比如 LAN、WAN、Internet/Intranet 等）访问和操作共同的数据库；它能有效地保护数据平台和管理访问权限，服务器数据库也很安全。特别是在 JAVA 这样的跨平台语言出现之后，B/S 架构管理软件更是方便、快捷、高效[4]。

2. B/S 架构软件的优势与劣势

（1）维护和升级方式简单

目前，软件系统的改进和升级越来越频繁，B/S 架构的产品明显体现着更为方便的特性。对一个稍微大一点单位来说，系统管理人员如果需要在几百甚至上千部电脑之间来回奔跑，效率和工作量是可想而知的，但 B/S 架构的软件只需要管理服务器就行了，所有的客户端只是浏览器，根本不需要做任何的维护。无论用户的规模有多大，有多少分支机构都不会增加任何维护升级的工作量，所有的操作只需要针对服务器进行；如果是异地，只需要把服务器连接专网即可，实现远程维护、升级和共享。

（2）成本降低，选择更多

目前 windows 在桌面电脑上几乎一统天下，浏览器成为了标准配置，但在服务器操作系统上 windows 并不是处于绝对的统治地位。现在的趋势是凡使用 B/S 架构的应用管理软件，只需安装在 Linux 服务器上即可，而且安全性高。所以服务器操作系统的选择是很多的，不管选用那种操作系统都可以让大部分人使用 windows 作为桌面操作系统的电脑不受影响，这就使的最流行免费的 Linux 操作系统快速发展起来，Linux 除了操作系统是免费的以外，连数据库也是免费的，这种选择非常盛行。

(3) 应用服务器运行数据负荷较重

由于B/S架构管理软件只安装在服务器端（Server）上，网络管理人员只需要管理服务器就行了，用户界面主要事务逻辑在服务器（Server）端完全通过WWW浏览器实现，极少部分事务逻辑在前端（Browser）实现，所有的客户端只有浏览器，网络管理人员只需要做硬件维护。但是，应用服务器运行数据负荷较重，一旦发生服务器“崩溃”等问题，后果不堪设想。因此，许多单位都备有数据库存储服务器，以防万一。表7.1为C/S与B/S的区别。

表7.1 C/S与B/S区别

	C/S结构	B/S结构
硬件环境不同	一般建立在专用的网络上，小范围里的网络环境，局域网之间再通过专门服务器提供连接和数据交换服务	建立在广域网之上的，不必是专门的网络硬件环境，例如电话上网，租用设备，信息自己管理，有比C/S更强的适应范围，一般只要有操作系统和浏览器就行
对安全要求不同	一般面向相对固定的用户群，对信息安全的控制能力很强；一般高度机密的信息系统采用C/S结构适宜；可以通过B/S发布部分可公开信息	建立在广域网之上，对安全的控制能力相对弱，面向是不可知的用户群
对程序架构不同	程序可以更加注重流程，可以对权限多层次校验，对系统运行速度可以较少考虑	对安全以及访问速度的多重的考虑，建立在需要更加优化的基础之上；比C/S有更高的要求
软件重用不同	构件的重用性不如在B/S要求下的构件的重用性好	要求构件相对独立的功能；能够相对较好的重用
系统维护不同	程序由于整体性，必须整体考察，以处理出现的问题以及系统升级，升级难；可能是再做一个全新的系统，系统维护开销大	构件组成，方便构件个别的更换，实现系统的无缝升级。系统维护开销减到最小。用户从网上自己下载安装就可以实现升级
处理问题不同	程序可以处理的用户面固定，并且在相同区域，安全要求高需求，与操作系统相关	建立在广域网上，面向不同的用户群，分散地域，这是C/S无法作到的。与操作系统平台关系最小
用户接口不同	多是建立在Window平台上，表现方法有限，对程序员普遍要求较高	建立在浏览器上，有更加丰富和生动的表现方式与用户交流。并且大部分难度减低，减低开发成本
信息流不同	程序一般是典型的中央集权的机械式处理，交互性相对低	信息流向可变化，B-B、B-C、B-G等信息、流向的变化，更象交易中心

7.3 本系统中的架构介绍

本系统的具体系统架构设计见第9章相关内容。

本系统运行和开发环境采用Microsoft的Internet解决方案，即服务器主机操作系统平台为 Windows sever2003、IIS6.0Web 服务器、Oracle 数据库，程序开发语言为 C#、ASP.NET 和 javascript 等。

7.3.1 Ado.net

ADO.NET 的名称起源于 ADO（ActiveX Data Objects），这是一个广泛的类组，用于在以往的 Microsoft 技术中访问数据。之所以使用 ADO.NET 名称，是因为 Microsoft 希望表明，这是在 .NET 编程环境中优先使用的数据访问接口。

ADO.NET 提供了平台互用性和可伸缩的数据访问。ADO.NET 增强了对非连接编程模式的支持，并支持 RICH XML。由于传送的数据都是 XML 格式的，因此任何能够读取 XML 格式的应用程序都可以进行数据处理。事实上，接受数据的组件不一定要是 ADO.NET 组件，它可以是基于一个 Microsoft Visual Studio 的解决方案，也可以是任何运行在其他平台上的任何应用程序。

ADO.NET 是一组用于和数据源进行交互的面向对象类库。通常情况下，数据源是数据库，但它同样也能够是文本文件、Excel 表格或者 XML 文件。

ADO.NET 允许和不同类型的数据源以及数据库进行交互。然而并没有与此相关的一系列类来完成这样的工作。因为不同的数据源采用不同的协议，所以对于不同的数据源必须采用相应的协议。一些老式的数据源使用 ODBC 协议，许多新的数据源使用 OleDb 协议，并且现在还不断出现更多的数据源，这些数据源都可以通过 .NET 的 ADO.NET 类库来进行连接。

ADO.NET 提供与数据源进行交互的相关的公共方法，但是对于不同的数据源采用一组不同的类库。这些类库称为 Data Providers，并且通常是以与之交互的协议和数据源的类型来命名的。

7.3.2 Remoting

随着 .NET 的推出，微软引入了一套新的通讯技术：Web Services 和 .NET remoting。.NET remoting 和 ASP.NET Web Services 可以为建立分布式的应用提供强有力的支持。因此，为了在我们的研究中选择合适的技术，充分理解这两种技术的工作原理是非常必要的。

Web Service 技术使用了 HTTP、XML 和 SOAP 技术进行通讯，因此，Web Service 是跨平台的和真正的跨越防火墙的 B2B 应用集成技术。由于 Web Services 需要依赖商业标准在 Internet 上提供服务，因此，这种技术是语言、平台和设备独立的。Remoting 技术可以允许程序和软件通过应用程序域、进程和不同机器之间进行交互。这将使本系统的应用程序可以使用在网络环境中的远程资源。

Web Services 和 remoting 技术都支持开发分布式的应用程序和应用程序集成，下面主要介绍 remoting 的相关内容。

.NET Remoting 使用了一种非常有弹性的扩展性的框架。Remoting 使用了 .NET 的一个应用程序域（AppDomain）的概念来确定它的活动性。AppDomain 是一个抽象的结构，用来保证数据和代码的隔离，但并不依赖于操作系统的特殊概念，如进程或线程。一个进程可以包含多个 AppDomains，但是一个 AppDomain 只能存在于一个进程。如果在程序中通过 AppDomain 调用，那么 .NET Remoting 将获得这个位置。如果一个对象位于同一个 AppDomain 中，那么这个对象被认为是本地的对象。

在 .NET remoting 中，所有继承于 System. MarshalByRefObject 的类的对象都被视为远程对象。MarshalByRefObject 类提供了通过应用程序域访问远程对象的基本功能。在 .NET remoting 中，客户端不会直接调用方法，而是使用一个协议对象作为中转来调用远程对象中的方法。每一个在远程对象中定义的 public 方法都可以被客户端调用。图 7.1 为 .Net Remoting 的构架图。

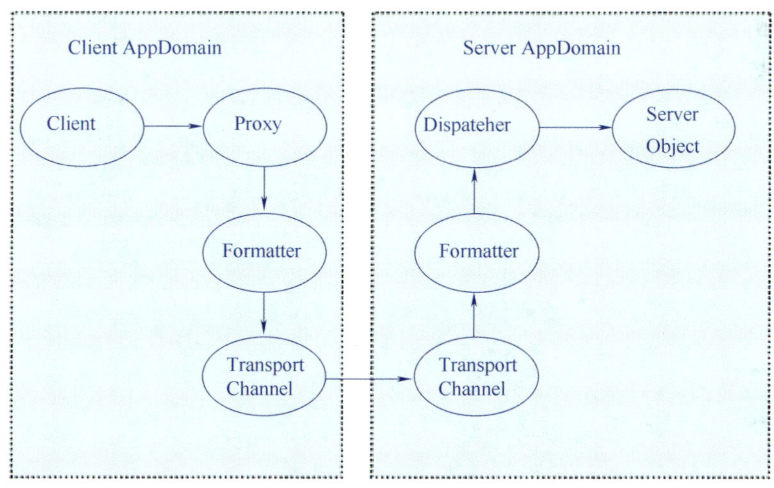

图 7.1　.Net Remoting 构架图

当客户端调用远程方法时，代理首先会接收这个调用。并使用一个适当的格式来对这些调用信息进行编码，然后通过 Channel 将调用送到服务器。在服务端 AppDomain 的一个 Channel 接收了这个请求，并将这个请求交给了适当的 Remoting 对象处理，并调用相应的方法。一旦执行完方法，方法的返回值就会被送回到客户端。

Remoting 框架由两种格式组成：二进制和 SOAP 格式。二进制格式是非常快的，并以适当的二进制格式来对方法进行编码调用。SOAP 格式要比二进制格式慢，但是它允许开发人员使用 SOAP 格式来对远程信息进行编码。

参考文献

[1] http：//wiki. ccw. com. cn/

[2] http：//dev. yesky. com/372/2012372. shtml

[3] http：//baike. baidu. com/view/268856. htm

[4] http：//zhidao. baidu. com/question/12962713. html

[5] （美）斯塞帕（Sceppa，D.）著 . ADO. NET 2. 0 技术内幕［M］. 贾洪峰，译 . 北京：清华大学出版社，2007. 6

[6] （美）马利克著 . ADO. NET2. 0 高级程序设计［M］. 汤涛，郃晓翠，译 . 北京：人民邮电出版社，2007. 6

[7] （美）约翰逊著 . ADO. NET 2. 0 高级编程——微软技术丛书［M］. 段超，译 . 北京：清华大学出版社，2006. 5

[8] Scott McLean James Naftel 著 . Microsoft . NET Remoting 权威指南［M］. 张昆琪，译 . 北京：机械工业出版社 2003. 5

[9] （美）Eric Newcomer，Greg Lomow 著 . Understanding SOA with Web Services 中文版［M］. 徐涵，译 . 北京：电子工业出版社，2006

第8章　系统的需求分析

需求分析是对用户需求的真正明确，是对要解决的问题的彻底理解。在解决问题之前要理解问题，只有真正的理解问题才能更好地解决问题。需求分析就是给系统分析、设计人员一个和用户交流来理解问题的机会——了解用户究竟需要什么。

本章主要介绍一下北京市道路交通流特性预测预报系统的功能需求和性能需求两个方面的需求分析内容。

8.1　功能需求描述

北京市道路交通流特性预测预报系统的功能需求主要包括如下几方面。

8.1.1　数据管理功能

（1）检测数据的接入功能

• 能够实现从检测器直接接入实时检测数据；

• 能够从其他数据库中通过数据复制等方式获得相应的检测数据；

• 能够接受用户对历史数据的导入功能；

• 能够接受用户输入数据。

（2）检测数据的融合处理功能

• 能够对异常数据进行相应的平滑处理；

• 能够对缺失数据进行补充；

• 能够对错误数据进行剔除和替代。

8.1.2　交通流预测计算

（1）数据样本提取功能

该功能为预测模型的应用和标定服务，在原始数据进库和历史数据存储等过程中完成。具体包括以下内容：

• 给定断面编号、交通流特性类别和始末时刻，从相应的数据库表格内提取所需数据。

•给定断面编号、交通流特性类别和始末时刻，从相应的数据库表格内提取 1 min 统计时段的数据序列，并同时进行汇总，最终提供 5 min 统计时段的数据序列。

•给定交通流特性类别，给定（断面编号、记录时刻）组合序列，从相应的数据库表格内提取对应的数据序列。

•给定交通流特性类别，给定（断面编号、记录时刻）组合序列，从相应的数据库表格内提取 1 min 统计时段的数据序列，并同时进行汇总，最终提供 5 min统计时段的数据序列。

（2）历史数据处理功能

给定日期，从数据库表格中提取该日期的所有数据，通过傅立叶变换，来更新相应数据库表格内的数据。逻辑执行步骤为：

•遍历所有单向断面的每一个交通流特性（流量、速度、占有率等），针对每一个元素，执行以下操作：

◆从数据库相应的表格中提取某一整天的数据。

◆对这一天的数据序列进行傅立叶变换，得到傅立叶系数；

◆判断这一天是星期几，用得到的傅立叶系数更新对应的用于预测的数据；

◆对用于预测的傅立叶系数序列执行傅立叶逆变换，得到交通流特征序列；

◆用交通流特征序列，更新相应的数据库表格内的数据。

其中，傅立叶变换和逆变换通过调用预测模型的标定、应用和在线更新功能模块的功能实现。

（3）数据导出与删除功能

•给定日期或始末时间、断面编号，从指定的某个表格（包括 1 min 统计表格、5 min 统计表格、15 min 预测表格、30 min 预测表格）内的该断面的交通流特性数据提取出来，并存储在文件内。

•给定日期或始末时间，从指定的某个表格内将所有断面的交通流特性数据提取出来，并存储在文件内。

•给定日期或始末时间，删除指定表格内的所有数据记录。

（4）傅立叶变换与逆变换

•给定一定长度的数据序列，对其进行离散傅立叶变换，得到傅立叶系数序列。

•给定傅立叶系数序列，对其进行离散傅立叶逆变换，得到还原的数据序列。

（5）多元线性方程的最小二乘法拟合功能

给定多元线性方程的具体形式，和一定数量的训练样本，根据最小二乘法给出最合理的参数取值。

(6) 实现组合预测模型的多步应用过程

预测模型的输入数据都是以 5 min 为统计时段的，因此，预测步长为 15 min 和 30 min 的预测任务，需要通过预测模型的多步迭代应用来实现。预测模块需要实现该功能。

(7) 多元线性预测模型的在线迭代更新功能

系统应能够实现多元线性预测模型的在线迭代更新功能。

(8) 非参数回归预测计算

系统应能够采用非参数回归模型进行短时交通流预测。

(9) 交通流特性可视化功能

根据给定的可视化样式和给定的交通流特性数据，在 GIS 地图上进行合理的可视化显示。

(10) 点选信息查询功能

结合现有的 GIS 界面功能，实现面向检测器图标或者面向路段的点选信息查询功能。具体而言，用户在 GIS 地图上点击检测器图标，或者点击路段，系统以适当的形式提供该路段的信息，包括：静态属性信息以及最新的真实和预测的交通流特性信息。

8.1.3　交通拥挤评价与对策

工作人员能够对交通拥挤状态进行分析，进行拥挤等级评价，核心内容包括交通拥挤评价指标的选择、拥挤状态的评价、交通拥挤信息的发布以及预案的生成与编辑等。

1. 交通拥挤评价指标选择

系统提供：选择单一评价指标算法模块与选择多评价指标算法模块，并对应提供针对上述不同类型的评价指标的交通拥挤的识别与评价模型。

单一评价指标是指选择下面指标的任意一个作为交通拥挤的评价指标：

• 路段交通量（直接检测获取）；

• 路段饱和度（通过流量与通行能力之比获得，即 V/C）；

• 路段平均运行速度（例如，二环路、三环路、四环路、地铁路、两广路、平安大街、长安街均可获得平均运行速度和流量）；

• 多评价指标是指将流量、占有率、速度 3 个指标作为算法的评价指标。

从数据库读入或者来自于人工输入（对于通过人工方式采集的数据可采用人工输入数据的方式读取数据）：

例如：人工方式可包括：

（1）驾驶员移动电话呼叫；

（2）事件管理人员观看闭路电视（Closed Circuit TV，CCTV）监视图像；

（3）驾驶员求助电话或路边紧急电话；

（4）交通警察；

（5）交通部门或其他单位工作人员通过对讲机的报告；

（6）车队（公交车、货车等）报告等等。

上述信息可以作为路段属性数据存储。

2. 多指标评价算法

该算法的基本逻辑是通过对流量、速度、占有率三参数进行判断，最终得到拥挤的成因类别以及拥挤程度。

3. 单一指标评价算法

该算法的基本逻辑是通过对流量、速度、饱和度中的任一参数进行判断，最终得到拥挤的成因类别以及拥挤程度。这种算法利用时刻 t 之前 10 个采样周期的交通流参数数据（分别是流量、占有率、速度）的算术平均值作为交通参数在时刻 t 的预测值，再用标准正态偏差来度量交通流参数数据相对于其以前平均值的改变程度，当它超过预先设定的阈值时，则认为发生了交通拥挤，并根据预先设定的拥挤级别划分阈值，则可进一步得到拥挤的级别。

4. 交通拥挤评价信息输出

根据上述计算得到最终评价结果，评价结果的显示可以在基于 GIS－T 的基础上加以显示，同时也支持文字显示，便于用户理解。

5. 交通拥挤验证

根据实际交通拥挤情况（实际情况的获取通过人工获取，对系统交通拥挤评价的结果（包括交通拥挤的成因类型和交通拥挤的级别）进行验证，实现交通拥挤信息表的刷新。

8.1.4 检测器状态的监控功能

系统应能对以下情况进行监控。

最近（当前）时刻该检测器是否有数据上传，表示了检测器的当前状态。该状态可能取值集合为｛“正常”、“部分缺失”、“全部缺失”｝。所谓“部分缺失”，是指构成该断面的车道中，有一部分数据发生缺失的现象。

无数据上传持续时间，以分钟为单位表示。当断面持续处于非“正常”状态时，该时间量将持续的累积。一旦在某一时刻，断面恢复到“正常”状态，该时间累积量将被清零。

最近（当前）时刻的上传的数据是否合理，表示了检测器的数据质量。

数据不合理持续时间，以分钟为单位表示。一旦在某一时刻，检测器上传的数据恢复合理性，该时间累积量将被清零。

8.1.5　历史数据分析功能

历史数据从时间和空间两个角度统计。时间角度就是在同一断面的时间序列统计；二是同一时间跨度、不同断面的误差统计。

时间角度包括：星期、时间区段、用户自定义三个方面。

空间角度分为：区域、道路分级两个角度。

（1）时间角度统计分析

这里时间角度是针对某一断面而言。可以显示某断面周一到周日的历史平均数据，或者显示某一起终止时间内的断面所有信息。用户可以选择输出表格文件或时间序列的折线图。一个交通流参数的数据在一个表格或折线图中显示。一个折线图可以显示某一参数周一到周日的历史平均值。但选择多个参数时，要分开显示。

（2）区域空间分析

区域空间分析是用户通过 GIS 地图选择路段集做分析。往往空间分析要与某种时间分析方法相结合。

用户需要选择两方面信息，一是在 GIS 地图上选择需要查看的路段，二是选择需要查看的时间。系统可以提供一日分析、星期分析、时间区段分析 3 种。

地图选择方式有点选、矩形框选和多边形框选。

（3）道路等级分析

道路等级分析是按照道路等级（环路快速路、放射线快速路、二环内主干道等）选择路段集，做一日分析、星期分析、时间区段分析 3 种分析。

8.1.6　用户管理

该功能应至少包括用户的添加、删除与修改。

（1）添加

此功能是为了使系统管理员能够对各类用户进行添加，由用户输入界面所需的各类信息，将输入信息存储到相应数据库中，建立相应的用户。

（2）修改

此功能是为了使系统管理员能够对各类用户进行修改。可以用“用户 ID”、“登录名”、“警号”来进行查询（姓名可能有重复的）。输入某一信息后，单击“查询”后显示对应用户的全部信息，修改其中某些信息后可进行保存。

（3）权限管理

系统针对不同级别的用户会提供不同的功能，本系统中主要分为两级用户：

• 普通用户：进行系统的浏览，一般功能的使用。

• 系统管理员：系统管理、用户管理、模型更新、GIS 数据维护等功能。

8.2 其他需求描述

8.2.1 可用性要求

北京市道路交通流特性预测预报系统在设计时就要考虑到用户对计算机知识的掌握程度，选用 B/S 方式开发也就使一般用户也能使用浏览器进行信息的查询和统计，并且能够完成一定的工作流程。预测预报系统的后台计算和电子地图部分功能，由于要使用较为复杂的算法，所以需要进行良好的简洁的设计。因此总体而言预测预报系统的可用性应该需要满足下列要求：

• 所有用户在进行信息的查询和统计以及生成相关信息报表功能时，不用进行相关操作的培训，但是还需要对相关信息的专业知识有所了解；

• 系统工作人员能够在开发人员提供的必要信息基础下，进行系统维护；

• 满足 IBM 的一般用户访问（CUA）标准中提出标准按键和鼠标方式的概念，即运行任何程序时，按键和鼠标的使用都有固定的意义；

• 满足 Microsoft 的 GUI 标准中各种保存、打印等各种操作的实际意义和运行方式；

• 用户可以根据使用其他系统的经验对预测预报系统可用性进行评估，由于个人操作习惯的不同，有至少 50% 的用户应该对系统的可用性表示合格，10% 的用户应该对系统的可用性表示良好或者优秀。

8.2.2 可靠性要求

北京市公安局公安交通管理局将利用预测预测系统进行日常交通预报和为交通组织服务提供支撑，其性能需要有很高的可靠性，而且在一般条件下应无故障运行；网络失效条件下无数据处理故障。所以总体而言预测预报系统的可靠性应该需要满足下列要求：

• 可用时间百分比应该在 99% 以上，无重大障碍的实际使用时间应该大于 4×7×24 h；

• 在系统运行的初期平均故障间隔时间（MTBF）应该大于 7×24 h，在系统运行的稳定运行期应该大于 1 个月；

• 平均修复时间（MTTR）也就是系统在发生故障后可以暂停运行的时

间，在系统运行的初期应该小于 2 h，在系统运行的稳定运行期应该小于 30 min；

• 每千行代码的最高 BUG 数目以及无法访问的代码行数目应该小于 5，这些 BUG 不能影响正常功能的执行；

• 每个功能点的 BUG 数目应该小于 2，这些 BUG 不能影响正常功能的执行，不能对系统数据造成损害；

• 系统的错误应该分为 4 级：bug、小错误、大错误和严重错误。严重错误是指数据完全丢失或完全不能使用系统的某部分功能；大错误是指部分丢失或不能使用系统的某部分功能；小错误是指丢失少量的数据，但是不影响使用系统的某部分功能；Bug 不会造成任何系统数据的损失。预测预报系统的严重错误和大错误应该为 0，bug、小错误数量应该在总功能的 5‰以下；

• 不导致系统崩溃的软件故障和硬件故障需要报错，允许报错后终止程序运行；

• 导致系统崩溃的故障不得影响数据库一致性和完备性；

• 连接中断时重新开始用户的会话。

8.2.3　性能要求

由于此预测预报系统是一个需要对海量数据进行实时处理的系统，故需要有同时响应大量请求的能力。因此要求在用微软的应用程序测试中心模拟 100 个用户同时访问一个资源时，错误率在 5%以内，响应时间在 10 s 以内。首页能够在 2 000 用户同时访问的情况下正常工作。所以总体而言预测预报系统的性能应该需要满足下列要求：

• 对事务的响应时间一般在 5 s 以内，对于大量的流量数据统计应该在 30 s 以内；

• 每秒处理的事务数应该能大于 2 000，不存在并发冲突；

• 系统可以容纳的客户可以在 10 万，另外能够满足 2 000 人同时高频度的访问首页；

• 在高负荷情况下，能够实现降级模式，满足 50%的可访问率，低于 50%可视为系统不稳定需要管理人员进行检查；

• 在进行日常运行情况下，内存利用率在 75%以下，CPU 利用率在 85%以下，磁盘空间使用率能够低于操作系统的提出的磁盘已满的阈值。

8.2.4　设计约束

• 开发工具

需求分析和总体设计：

Sybase PowerDesigner12

代码编写与测试：

Visual Studio2008 使用 C# 作为开发语言

• 运行环境

服务器端：

Microsoft Windows2003 操作系统

Microsoft. NET Framework2. 0

ORACLE9i

IIS6. 0

ArcGIS9. 2

客户端：

Microsoft Windows XP/2003 操作系统

IE6. 0 以上

安全性要求：

系统中每个需要认证授权的功能都让正确的角色使用，非认证用户不能使用相应的功能。

8. 2. 5 界面要求

预测预报系统的界面要求尽可能的人性化，要给人留下亲切、温暖的第一感觉。整个界面的结构清晰，各功能模块明显，操作方便。所以预测预报系统应该采用图形化界面，界面富有质感并且体现专业性，对用户友好。界面的设计应遵循如下规则：

• 界面要具有一致性；

• 提供友好的错误提示；

• 提供信息反馈，用多种信息提示用户当前系统运行状态、系统界面元件的功能；

• 设计良好的联机帮助；

应遵循国家关于计算机词汇的标准，用词应当精炼准确，无歧义，图形的意义明朗。

8. 2. 6 接口要求

预测预报系统在设计和运行时应该具有开放性并且较容易的满足硬件供应的要求。所以应该从软硬件接口方面满足下列的要求：

• 硬件接口

支持一般的 PC 机、笔记本电脑以及联网设备

支持一般的声卡

• 软件接口

服务器端：

Microsoft Windows2003 操作系统

Microsoft. NET Framework2. 0

通过 ADO. NET 连接数据库处理数据

访问 ORACLE9i 关系式数据库

支持 XML 类型的数据访问

客户端：

Microsoft Windows XP/2003 操作系统

IE6. 0 以上浏览网页

• 通信接口

应用层支持 HTTP 协议

传输层和网络层支持 TCP/IP 协议。

8. 2. 7　许可需求

预测预报系统的用户有权在单位内部以任何形式利用系统提供的相关资源，有权对代码进行修改和删除，有权在多台服务器中安装使用系统，并且利用系统的代码进行相关人员的学习和培训。

8. 2. 8　联机用户文档和帮助系统

为了让预测预报系统的用户更好的使用该系统，系统除了提供源代码以外还提供了在线帮助系统，以及详细的使用说明书。

在线帮助要求简洁明了、美观大方、操作简洁，让用户在短时间内迅速查找到相关的内容，并能够正确地进行操作。使用说明书要求全面详细的介绍系统各个功能的使用方法，并且要加上大量的图示，帮助用户尽量简洁高效的使用系统。

8. 2. 9　过程要求

第一阶段，开发人员、设计人员和工作人员讨论，进行需求分析，概要设计。

第二阶段，设计人员进行基本元素的界面设计，在文档基础上，完成用例

图、顺序图、类图、状态图的绘制工作。在这期间，每周必须经过两次讨论，对每人的进度进行评估，并讨论其成果。

第三阶段，在各种设计图基本完成而且基本界面完成后，由开发人员和设计人员在以前成果的基础上进行核心代码编写，完成各种消息响应事件。

在完成前3个阶段后，进行功能和性能测试，保证所有功能都能正确高效的实现，将系统交付用户并根据用户的反馈意见进行修改，迭代上述3个阶段的任务。

8.2.10 交付要求

需交付的内容：

- 软件需求分析文档；
- 软件设计文档；
- 源代码；
- 可执行文件；
- 设计过程的各种图，包括用例分析图、顺序图、状态图、活动图等。

参考文献

[1] Karl E. Wiegers 著. 软件需求［M］. 陆丽娜，王忠民，王志敏，译. 北京：机械工业出版社，2007

[2] Dines Bjorner 著. 软件工程卷3：领域、需求与软件设计［M］. 北京：清华大学出版社，2007

[3] 陆惠恩，张成姝著. 软件工程［M］. 北京：清华大学出版社，2009

[4] 贾晓辉，韩凯，乐嘉锦. 基于 UM L 的系统需求分析［J］. 计算机应用与软件，2007，24（8）：72～74

第9章　系统设计

9.1　系统物理结构

北京市公安局公安交通管理局目前已经拥有对交通流实时检测信息的汇总、处理以及支持现有各种数据用途的数据中心，数据中心可以表现为一台服务器，服务器上运转着 Oracle 数据库和以该数据库为基础的各种应用程序。

9.1.1　物理构成与系统服务形式

北京市道路交通流特性预测预报系统（以下简称：预测预报系统）的物理构成情况如图 9.1 所示。预测预报系统主要由 4 台服务器构成，分别为：数据服务器、GIS 服务器、计算服务器和 Web 服务器。

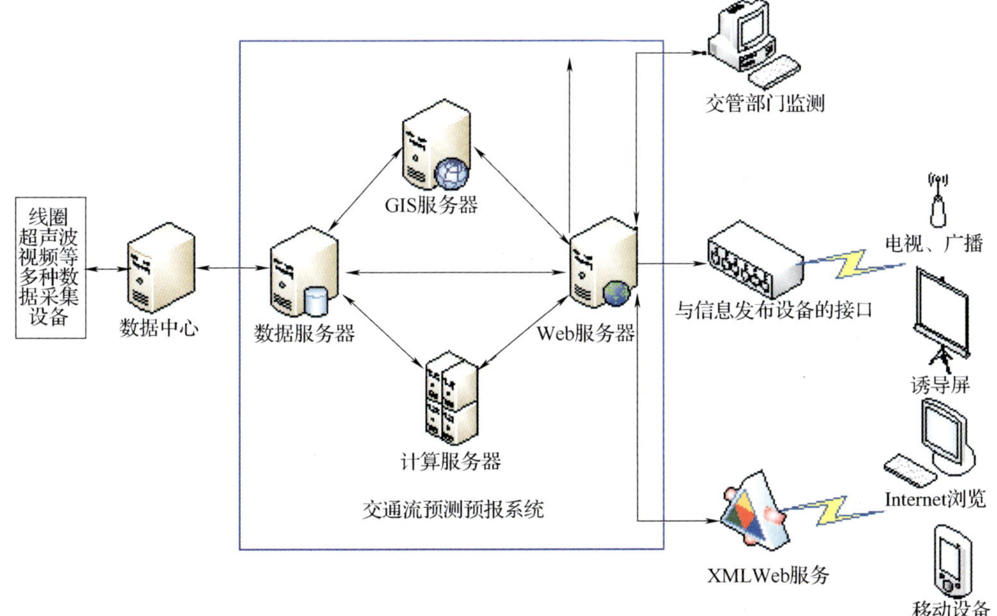

图 9.1　北京市交通流特性预测预报系统的物理构成

该系统对外提供服务的基本形式为：用户通过各种终端访问 Web 服务器，

通过面向浏览器的各项操作，向 Web 服务器发出请求，而 Web 服务器将用户请求解析为对自身及其他 3 台服务器的请求，依次分发并接收相应的返回信息，再将这些信息进行综合处理，形成返回给用户的页面信息。

9.1.2 服务器功能说明

图 9.1 中，对各台服务器的基本功能说明如下。

数据服务器：用于（1）从交管局现有的数据中心获取原始数据，进行数据融合，转化成满足预测预报系统要求的规范化的基础数据；（2）存储实现预测预报系统各项功能所需要的所有基础、过程以及成果性的交通流特性数据；（3）响应其他 3 个服务器对交通流特性数据的读取、写入、更新等请求。

计算服务器：用于（1）从数据服务器提取交通流特性基础数据，据此进行交通流预测、路网动态服务水平评价、拥挤评价、交通事件预警等核心功能相关的计算任务，并将计算结果传输到数据服务器进行存储；（2）响应来自 Web 服务器的针对各项计算任务的逻辑控制指令，按照请求修改各种配置信息，从而改变计算逻辑；（3）响应来自 Web 服务器的计算任务指令，执行相应的计算任务，并将计算结果传输给 Web 服务器。

GIS 服务器：用于（1）存储支持预测预报系统所有功能表现所需要的北京市路网 GIS 数据；（2）响应来 Web 服务器的请求，将请求解析为相应的 GIS 数据需求和交通流特性数据需求，通过数据服务器获取交通流特性数据，将其与 GIS 数据进行综合处理，得到可视化信息，并将其传输给 Web 服务器；（3）响应来自 Web 服务器的 GIS 信息修改指令，按照要求修改 GIS 信息。

Web 服务器：用于响应来自网络上其他终端的网页浏览请求，将用户请求解析为对 GIS 数据、交通流特性数据以及计算功能的需求，分别对其他 3 台服务器发出请求，并接收相应的返回信息，对其进行综合处理，形成返回给浏览器用户的页面信息。

9.2 系统逻辑架构

9.2.1 模块划分及依赖关系

北京市道路交通流特性预测预报系统总体上包含 3 大功能模块，分别是计算模型模块、Web 服务器模块、GIS 模块。计算模型模块包含短时交通流预测、通行能力评价、服务水平评价、拥堵状态识别等相关模型算法，实现系统的核心计算功能。Web 服务器模块处于系统的最前端，负责与用户进行交互。GIS

模块负责对北京市地理信息数据的管理、维护、查询、表现。各个模块的责任与依赖关系如图9.2所示。

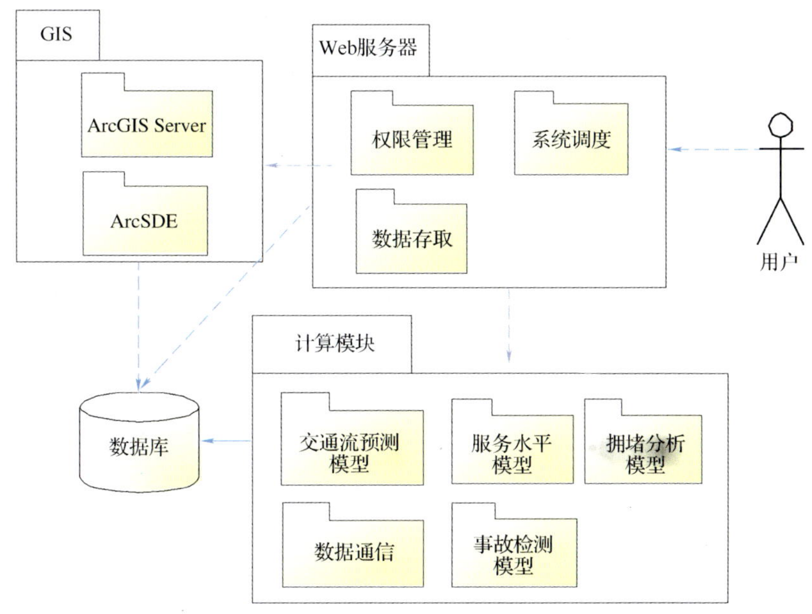

图9.2 模块间依赖关系

9.2.2 计算模型模块

该模块主要包含短时交通流预测、道路服务水平评价、拥堵状态识别、事件事故检测等算法模型及与数据库的通信功能。其中的各个算法模型以服务的形式运行，通过数据通信模块从数据库读取数据，进行相应的计算，把结果存入数据库中。

预测计算采用后台运行的方式，在无用户请求和干预的情况下，系统自动执行预测。后台预测的预测步长为15 min、30 min、1 h、2 h，每隔5 min执行一次，预测时刻为整5 min时刻，即使在无人使用系统的情况下也正常运行，因此采用一个单独的线程，每隔指定时间唤醒一次，执行相应运算，再等待指定时间。

当进行模型修改或路网结构修改时，需要由web服务器向计算服务器发送消息通知计算模块。不同服务器之间的调用通过.NET Remoting实现。

9.2.3 Web服务器模块

该模块是系统的前端界面，负责与用户的交互，同时作为系统的整体框架，负责各个功能模块间的通信与调度。由于采用 B/S 结构，用户不用安装专门的客户端程序，只需 web 浏览器即可使用系统的全部功能。用户使用系统的处理流程如下：用户通过 web 界面发出功能请求，该请求以 HTTP Request 的形式发送给 web 服务器，web 服务器根据 HTTP Request 的内容调用不同的模块，通过数据存取模块从数据库读取数据，或者调用 GIS 模块进行 GIS 表现，最后将数据或 GIS 表现结果通过 HTTP Response 发还给 web 浏览器，展现给用户，这就完成了一个处理过程。一个 web 请求处理过程中的指令流和数据流如图 9.3 所示。

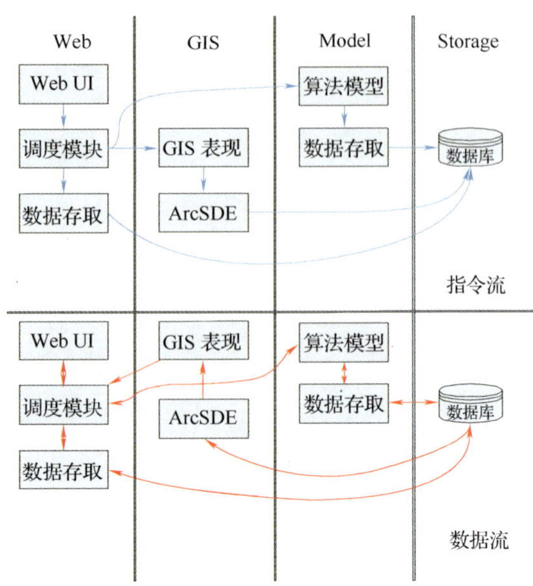

图 9.3　各模块之间的指令流域数据流

9.2.4　GIS 模块

该模块负责地理信息数据的查询、交通流预测结果的表现和系统路网 GIS 信息的维护。GIS 数据的管理功能查询包括路段、路口、检测器等静态信息的查询以及历史交通流数据、现状交通流数据、预测交通流数据等动态信息的查询。通过表现功能可以将历史交通流数据、现状交通流数据、预测交通流数据等动态信息用不同的颜色、线宽以直观的方式在地图上显示出来。维护功能包括对路段、路口、检测器等静态信息的维护以及预测模型的维护。

9.3　系统功能设计

9.3.1　组合模型预测功能

北京市道路交通流特性预测预报系统组合模型预测主要包括如下功能。

1. 后台预测与模型更新

交通流预测的逻辑过程如图 9.4 所示。模型的标定是指图中的“参数拟合过程”。输入为训练样本序列，输出为待拟合参数数值，经过标定过程之后，就得到一个完全具体化的可应用的模型。模型的应用是指图中所示的“将自变量序列输入具体预测模型，输出预测结果”的过程。

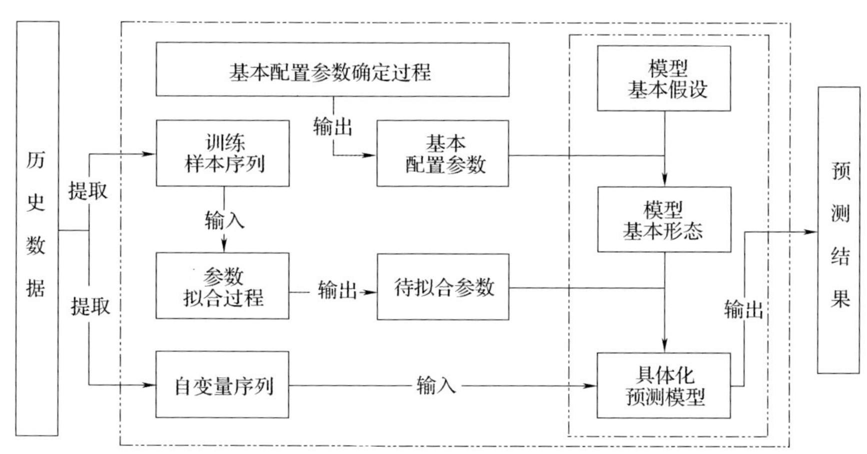

图 9.4　交通流预测的逻辑过程

具体功能描述如下。

(1) 傅立叶变换与逆变换

给定一定长度的数据序列，对其进行离散傅立叶变换，得到傅立叶系数序列。

给定傅立叶系数序列，对其进行离散傅立叶逆变换，得到还原的数据序列。

(2) 多元线性方程的最小二乘法拟合功能

给定多元线性方程的具体形式，和一定数量的训练样本，根据最小二乘法给出最合理的参数取值。

(3) 实现组合预测模型的多步应用过程

预测模型的输入数据都是以 5 min 为统计时段的，因此，预测步长为15 min 和 30 min 的预测任务，需要通过预测模型的多步迭代应用来实现。

(4) 多元线性预测模型的在线迭代更新功能

基于历史真实数据标定得到模型的参数初始值，在软件的运行过程中，随着实时数据地不断获取，采用迭代回归方法不断地对模型的参数进行修正，保持模型的更新。

2. 预测模型修改

一个预测模型相关的数据要素包括：基本配置参数、待拟合参数、训练样本序列、自变量序列、预测结果。详细说明如下。

（1）基本配置参数：决定模型假设的基本形态，是在根据训练样本进行参数拟合之前确定的，确定方法有多种：根据经验确定、用户设定、通过分析训练样本确定等。

（2）待拟合参数：是在基本配置参数确定的前提下，根据最小二乘法或其他方法进行拟合得到的具有最小拟合误差的模型参数组合，是模型标定过程的输出结果。

（3）训练样本序列：是用于模型标定的训练样本集合，在逻辑上表现为一系列取自真实环境的关于基本模型假设的〔自变量，因变量〕二元组。

（4）自变量序列：是对应于待预测数值的自变量，对经过标定的预测模型，输入自变量序列，即输出待预测数值。

在系统运行过程中，当需要对预测模型的参数进行人为修改时，必须通过一定的方式通知预测模型模块重新读取相应的参数，更新预测模型。

3. 邻域结构修改

组合预测模型中考虑了上游交通流对考察点预测交通流的影响，空间邻近断面关系需要根据断面所处路网位置的拓扑关系以及邻近路段上的检测器安装情况由人工具体确定，关联关系采用如下结构表示。图 9.5 表示 001 断面未来 15 min 的交通参数与 002 断面之前 10 min 和 20 min 的交通参数、003 断面当前时刻的交通参数以及 004 断面 5 min 前的交通参数有关。在实际应用中根据交通参数序列的统计时段长度，将时间前置量转化为序列序号，例如 $k-n$。随着路网结构的变化，邻域关系结构也会随之修改，在邻域关系修改后，需要通过一定的方式通知预测模型模块重新读取相应的参数，更新预测模型。

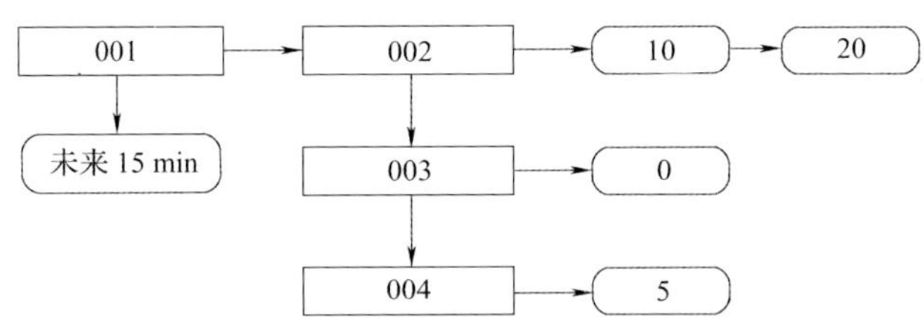

图 9.5　邻域关系结构图

9.3.2　非参数回归模型预测功能

非参数回归预测功能主要包括如下功能：

1. 整理模块

（1）重复数据、缺失数据的处理。

（2）数据整合。

（3）缺失检测器原始数据文件按照相邻上游检测器和下游检测器取平均值得到。

2. 主成分分析

主成分分析的目的是将多个影响下游流量状态的因素进行综合整理之后得到为数不多的几个因素（主成分），在不影响预测效果的情况下，达到削减变量个数、提高预测速度的目的。对于短时流量预测，原始因素向量 $\{V_{a1}, V_{a2}, V_{a3}, V_{a4}, \cdots, V_{aN}\}$，就变为 n 个主成分组成的向量 $\{V_{com1}, V_{com2}, V_{com3}, \cdots, V_{comn}\}$，$n \ll N$。

3. 聚类分析

（1）发现数据中心点和近邻点。

（2）剔除出冗余数据。

在本系统的研究中，对主要聚类方法 DBSCAN、SC、CURD 进行了对比实验研究，应用复兴门桥——中信银行路段 2007 年 10 月以 5 分钟为时间间隔的交通流数据，共计 8928 组数据。对这 3 种聚类方法的参数设置和聚类后的中心点数进行了比较，最终确定采用 SC 聚类方法。

4. 样本数据库的生成

在数据库中需要存放的数据主要有中心点向量、中心点附近的近邻点向量，以及原始数据。其中原始数据是一个时间序列。其数据描述为：

（1）原始变量数据（时间序列）：

$$Original\_Data(t) = \{V_{n1}(t), V_{n2}(t), \cdots, V_{nN}(t),\}$$

有 N 个状态变量，$V_{ni}(t)$ 表示第 i 个状态变量的时间序列。

（2）数据预处理之后的一般数据点：

$$Normal\_Data\_Point(t) = \{P_{m1}(t), P_{m2}(t), \cdots, P_{mM}(t)\}$$

数据预处理之后，每个数据点有 M 个分量，$P_{mi}(t)$ 表示 t 时刻第 i 个分量。

（3）中心点向量

$$Center\_Data\_Point(t) = \{C_{m1}(t), C_{m2}(t), \cdots, C_{mM}(t)\}$$

中心点向量分量个数和一般数据点个数一致，$C_{mi}(t)$ 表示 t 时刻第 i 个分量。

（4）中心点附近 K 个近邻点向量

$Neighbour\_Set(t) =$

$\{Normal\_Data\_Point_1(t_1), Normal\_Data\_Point_2(t_2), \cdots, Normal\_$

$Data\_Point_K\ (t_K)\}$ 近邻点全部为一般数据点。每个近邻点的采样时间是不一样的，用 t_i 表示。

具体的数据库操作流程如图 9.6 所示。

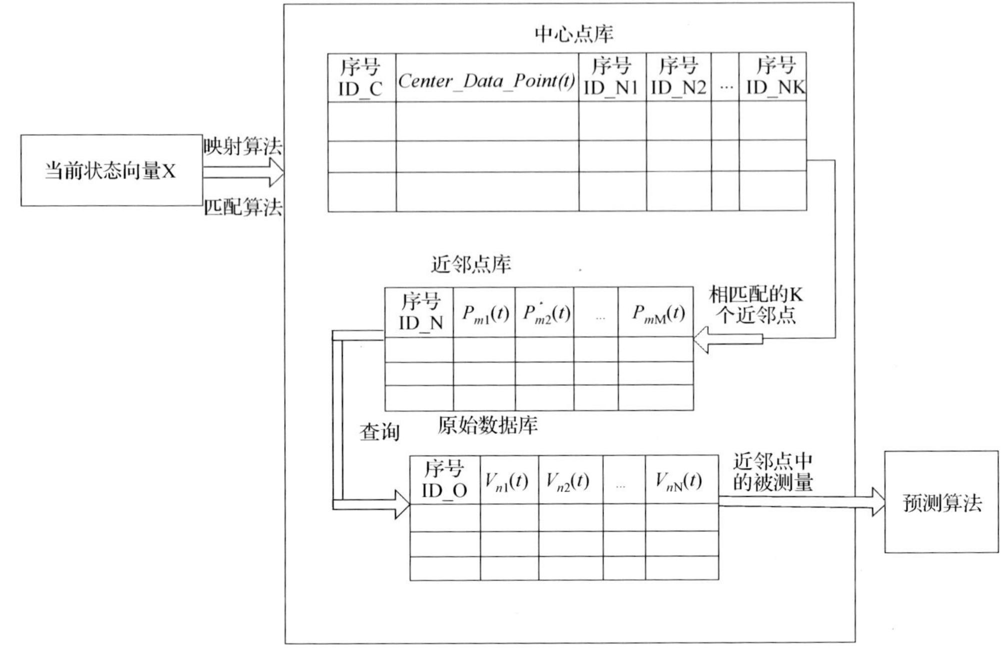

图 9.6　数据库操作流程

5. 数据库匹配策略及实现

在样本数据库中，原始数据库、中心点库、搜索库、近邻点库的关系及数据匹配如图 9.7 所示：

9.3.3　数据处理功能

该功能主要包括如下功能。

1. 数据样本提取

该功能为预测模型的应用和标定服务。具体包括以下内容：

(1) 给定断面编号、交通流特性类别和始末时刻，从数据库内提取整 5 min 时刻的交通流数据序列。

(2) 给定交通流特性类别，给定（断面编号、记录时刻）组合序列，从数据库内提取整 5 min 时刻的交通流数据序列。

(3) 给定交通流特性类别，给定（断面编号、记录时刻）组合序列，从数

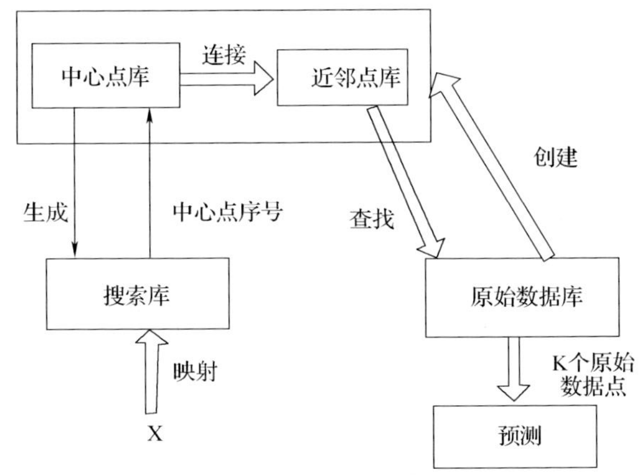

图 9.7 数据库匹配策略

据库内提取整 1 min 时刻的交通流数据序列。

2. 历史数据处理

给定日期，从数据库中提取该日期的所有整 5 min 的数据，通过傅立叶变换，来更新历史平均数据表。逻辑执行步骤为：

遍历所有单向断面的每一个交通流特性（流量、速度、占有率等），针对每一个元素，执行以下操作：

- 从数据库中提取该日期的所有整 5 min 的数据；
- 对这一天的数据序列进行傅立叶变换，得到傅立叶系数；
- 判断这一天是星期几，用得到的傅立叶系数更新对应的用于预测的系数序列；
- 对用于预测的傅立叶系数序列执行傅立叶逆变换，得到交通流特性序列；
- 用交通流特性序列，更新历史平均数据表内的数据。

其中，傅立叶变换和逆变换通过调用预测模型的标定、应用和在线更新功能模块的功能实现。

3. 数据导出与删除

给定日期或始末时间、断面编号，从指定的某个表格（包括 1 min 统计表格、5 min 统计表格、15 min 预测表格、30 min 预测表格）内把该断面的交通流特性数据提取出来，并存储在文件内。

给定日期或始末时间，从指定的某个表格内把所有断面的交通流特性数据提取出来，并存储在文件内。

给定日期或始末时间，清除指定表格内的所有数据记录。

9.3.4 交通综合态势评价功能

利用该系统工作人员能够对交通状态进行分析，灵活编辑交通状态评价指标，进行交通状态等级评价，核心内容包括交通状态评价指标的确定、拥挤状态的综合评价、交通状态信息的发布。如图 9.8 所示。

该部分功能实现的特点主要在于交通状况评价指标的编辑，不影响评价方法。本系统的评价方法——利用云模型的理念，同时考虑评价指标的动态性、评价指标权重的动态性加以改进，实现评价方法的动态适应性，评价结果的信息发布分别针对交通管理者与交通出行者加以考虑。

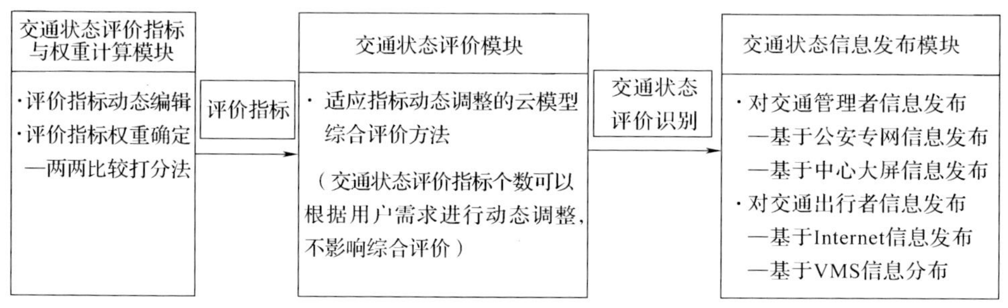

图 9.8　交通态势综合评价模块功能

（1）交通综合态势评价指标选择

系统提供针对路段与交叉口的评价指标，而且可在此基础上，进一步实现评价指标的动态编辑，增加系统的灵活性与可扩展性。

（2）交通综合态势评价指标权重确定

系统在提供相关权重默认数值的基础上，进一步提供根据用户需求灵活确定权重的功能，为综合评价的科学性实现奠定基础。

（3）交通综合态势评价

系统采用云模型理念，同时考虑评价指标的动态性、评价指标权重的动态性加以改进，实现评价方法的动态适应性，该算法很好地完成了从定量因素推导出定性评价结果，科学的应用隶属度的相关理论，改变了以往机械地从定量推出定性评价结果的模式。

（4）评价结果信息发布

系统提供针对交通管理者与交通出行者两方面的相关发布信息模式与内容，从而更方便用户使用。

9.3.5 交通拥挤评价功能

拥挤评价的主要功能是对交通状态进行分析，进行拥挤分类和拥挤等级评价。核心内容包括交通拥挤评价指标的确定、拥挤聚类分析、拥挤状态评价、交通拥挤信息发布以及交通拥挤对策预案的生成与编辑的确定等。如图 9.9 所示。

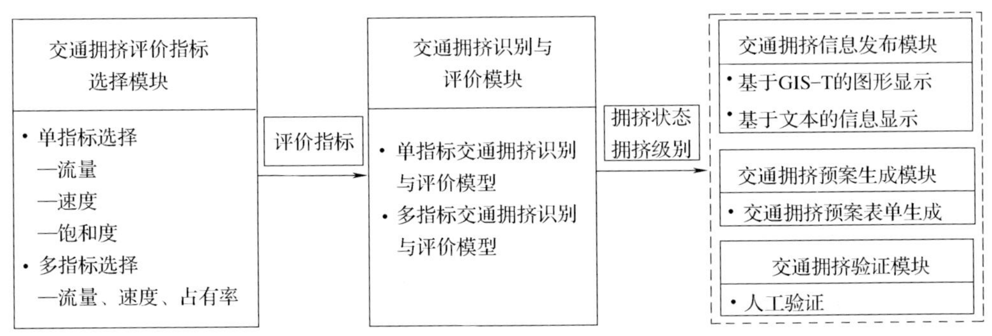

图 9.9 交通拥挤评价模块功能

1. 交通拥挤评价指标选择

系统提供：选择单一评价指标算法模块与选择多评价指标算法模块，并相应提供针对上述不同思路的评价指标计算模型、交通状况评价模型以及交通拥挤识别与评价模型。

单一评价指标是指选择下面指标的任意一个作为交通拥挤的评价指标：

(1) 路段交通量（直接检测获取）；

(2) 路段饱和度（通过流量与承载能力之比获得，即 V/C）；

(3) 路段平均运行速度（二环路、三环路、四环路、地铁路、两广路、平安大街、长安街等均可获得平均运行速度和流量）。

多评价指标是指同时提供饱和度、平均车速、交通拥挤预警指标等。

从数据库读入或者来自于人工输入（对于通过人工方式采集的数据可采用人工输入数据的方式读取数据）。

2. 交通拥挤多指标评价

该算法的基本逻辑是首先通过对流量、速度、占有率三参数进行判断，最终得到拥挤的成因类别以及拥挤程度。

3. 交通拥挤单指标评价

该功能的基本逻辑是通过对流量、速度、饱和度中的任一参数进行判断，最终得到拥挤的成因类别以及拥挤程度评价。这种算法利用当前时刻 t 之前 10

个采样周期的交通流参数数据（分别是流量、占有率、速度）的算术平均值作为交通流参数在当前时刻的预测值，再用标准正态偏差来度量交通流参数数据相对于其以前平均值的改变程度，当它超过预先设定的阈值时，则认为发生了交通拥挤，并根据预先设定的拥挤级别划分阈值，则可进一步得到拥挤的级别。

4. 交通拥挤预案生成

通过交通拥挤信息的输出模块，根据交通拥挤评价的结果（包括交通拥挤的成因类型和交通拥挤的级别），实现交通拥挤预案的自动生成，系统同时支持对预案信息进行编辑的功能。

5. 交通拥挤验证

根据实际交通拥挤情况（实际情况的获取通过人工获取，即包括：（1）驾驶员移动电话呼叫；（2）事件管理人员观看闭路电视监视图像；（3）驾驶员求助电话或路边紧急电话；（4）交通警察；（5）交通部门或其他单位工作人员通过对讲机的报告；（6）车队（公交车、货车等）报告等等），对系统给出的交通拥挤评价的结果（包括交通拥挤的成因类型和交通拥挤的级别）进行验证，实现交通拥挤信息表的刷新。

9.3.6 交通拥挤预警功能

该模块根据交通流预测模块以及通行能力模块提供的交通流量、通行能力能够实现对交通事故的预警，并进一步实现拥挤分析预测模型的智能更新。如图 9.10 所示。

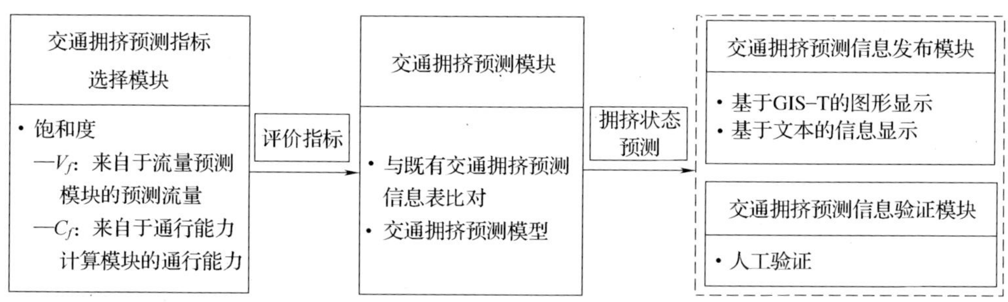

图 9.10　交通拥挤预警功能分解

（1）交通预警功能

该功能支持将基于模型预测结果与既有交通拥挤预测信息进行比对，以综合实现交通拥挤的预测。

（2）交通拥挤预测信息验证

同 9.3.5 中的 5。

9.3.7 交通拥挤扩散分析与发布功能

工作人员在选择交通拥挤发生路段的基础上，该功能模块可进一步实现针对当前交通拥挤路段对周边路段（可以根据用户需求选择指定半径范围内的路段）带来的交通影响的分析，能够对交通拥挤状态进行分析，进行拥挤等级评价，核心内容包括已知交通拥挤路段的选取、拥挤扩散半径的选取、指定半径范围内的拥挤状态的分析、交通拥挤扩散信息的发布。

（1）交通拥挤路段的选择模块

本系统支持在既有的交通状况评价结果基础上和交通拥挤识别分析结果基础上选择交通拥挤路段，支持文字输入（要求系统提供输入界面），同时支持系统在基于 GIS-T 的上述信息发布图上点选。

（2）交通拥挤扩散半径的获取模块

在指定交通拥挤路段的基础上，依据 GIS 功能搜索指定半径范围内的相关路段 ID，系统提供搜索半径的默认值，并利用人机交互界面提供用户输入交通拥挤扩散半径数值，同时提供搜索后的相关路段的输出结果，如果系统在指定搜索半径下没有搜索到路段时，系统将提供帮助信息界面。

（3）相关路段的交通拥挤状态分析模块

根据上述选择模式最终获取所有相关路段的 ID，针对上述路段进行交通拥挤状态分析，即采用交通识别模型，获取上述路段是否存在交通拥挤，如果存在具体拥挤的等级与类型，最终在上述路段的拥挤类型为持续性交通拥挤的路段，被认为是由此路段的拥挤引起的扩散，输出上述路段名称、拥挤等级。

具体计算流程如下：

• 针对每一个相关路段进行交通拥挤状态的识别与评价

• 获取 Status (i) ＝“持续性交通拥挤”的相关路段 ID 即标号 (i)，即获取因当前交通拥挤路段而扩散到相邻路段的 ID 及其具体拥挤级别

• 将上述信息提供给扩散信息发布模块

（4）交通拥挤扩散信息发布模块

根据本功能的具体特性，相关信息发布提供给交通管理者或决策者，主要基于公安专网和指挥中心大屏显示两种手段的信息发布形式与内容。

9.3.8 路网通行能力计算功能

该模块实现路网通行能力的自动计算、路段、路口通行能力查询和瓶颈分析等功能。该部分提到的“道路设施”指：快速路基本路段、快速路出口匝道、快速路进口匝道、快速路主线分流区、快速路主线合流区、快速路交织段、快

速路立交、辅路路段、主次干道路段和主次干道信号交叉口。“通行能力”专指机动车通行能力。

（1）道路设施通行能力自动更新

当路网属性（新建、扩建道路等）和交通控制（交叉口信号配时、渠化、限速、专用道设置等）条件改变时（需要加入天气条件），系统自动执行后台计算，得到更新后的道路设施理论通行能力。

（2）路径通行能力查询和瓶颈分析

用户通过点选 GIS 路网上的图形元素选择，或者对话框输入路径的起点、终点和经过的主要路段，系统自动计算该路径理论通行能力，在 GIS 路网上标示出瓶颈所在位置，并给出该位置道路设施详细信息。

9.3.9 路网动态服务水平评价功能

本部分功能主要是实现对道路网络的交通服务水平的综合评价。主要使用的参数，对于路段为饱和度、流量、速度、旅行时间；对于路口为饱和度、流量。

对于区域（或整个研究范围），用比例关系表示整体交通状况。

9.3.10 Web 服务器功能

该模块是系统的前端界面，负责与用户的交互，同时作为系统的整体框架，负责各个功能模块间的通信与调度。由于采用的是 B/S 结构，用户不需要安装专门的客户端程序，只需 web 浏览器即可使用系统的全部功能。

Web 服务器模块包括以下功能：

（1）系统调度

为了减小系统各功能模块之间的耦合程度，降低系统开发和维护的难度，需要尽可能的减少各模块之间的不必要的依赖关系。系统调度模块采用依赖注入的方式减少各模块之间的耦合，起到协调各模块之间通信的作用。

（2）数据存取

该模块负责到 Oracle 数据库的数据存取。为了减小系统业务逻辑对数据库实现细节的依赖程度，将对数据库的存取通过一个统一的模块进行，避免对数据库的访问遍布整个系统，造成系统难以维护的局面。

本系统的数据读取模块采用 ORM（Object Relational Mapping）实现。ORM 即对象关系映射，实质就是将关系数据（库）中的业务数据用对象的形式表示出来，并通过面向对象的方式将这些对象组织起来，实现系统业务逻辑的过程。在 ORM 过程中最重要的概念是映射（Mapping），通过这种映射可以使业务对象与数据库分离。从面向对象来说，数据库不应该和业务逻辑绑定到一起，ORM 则起到这样的分离作用，使数据库层透明，开发人员真正的面向对象。

9.3.11 系统管理功能

1. 用户管理

该功能包括用户的添加、删除与修改。

2. 权限管理

系统针对不同级别的用户会提供不同的功能，本系统中主要分为两级用户：

普通用户：进行系统的浏览，一般功能的使用。

系统管理员：系统管理、用户管理、模型更新、GIS 数据维护等功能。

（1）权限管理

此功能是为了使系统管理员能够对每个用户所属的权限组进行设置。

（2）权限组管理

用户的系统权限由其所属的权限组决定，一个权限组的用户对各种系统功能具有相同的权限。权限组管理的内容包括权限组的添加、删除和修改，以及类权限组对不同功能所具有的权限的设置。

9.3.12 GIS 功能

该模块负责交通流现状数据、预测数据、道路服务水平、拥挤状况等的可视化表现以及系统路网 GIS 信息的查询、管理。主要功能有：

1. 基本地图操作

（1）地图的放大、缩小

包括基于比例尺的放大、缩小和基于中心点的放大、缩小。

（2）地图漫游

基本的地图操作功能，用户可以根据需求在一定范围内移动地图。

（3）全图显示

使用户在多次缩放地图后使地图重新回到初始比例尺，即可以全图显示。

（4）鹰眼功能

鹰眼可使用户了解到当前窗口地图在整幅地图中的位置。

（5）地图输出

此功能是为了用户能够保存操作结果，形成图片或纸质图像的功能。

用户可根据自己的需要点击相应按钮保存或打印地图。图片保存为可指定分辨率的指定格式图片。如打印的话，可以通过打印机打印到复印纸上或利用

PDF 打印机打印为 pdf 文件。

(6) 标尺功能

此功能是为了使用户能够使用标尺量测地图上的距离。

用户点击标尺工具，鼠标变为标尺形状，左键单击选择起点，拖动至终点后单击左键选择终点，弹出尺寸长度。

(7) 地图选择功能

单选功能：此功能是为了用户能够选择地图上的某一元素。

多选功能：此功能是为了用户能够连续选择地图上的多个同类元素。

圈选功能：此功能是为了用户能够通过圈选的方式选择地图上的多个同类元素。

2. 交通流信息可视化

(1) 表现形式配置

对各种交通流特性参数（流量、速度、占有率）在 GIS 地图上的可视化样式（使用线宽、颜色等视觉元素的差异表示交通流特性的差异），相应的用户对这些样式进行配置、修改。

(2) 现状路况显示

系统能够根据后台获取的各个道路的真实交通流信息（流量、速度、占有率），以不同的颜色、线宽表示其几何路线，使用户能够直观地了解道路流量状况。

(3) 预测路况显示

系统能够根据后台获取的各个道路的预测交通流信息，以不同的颜色、线宽表示其几何路线，使用户能够直观地了解未来时刻的道路交通流状况。

(4) 交通拥挤评价信息显示

根据交通拥挤评价模块的计算得到最终评价结果之后，评价结果的显示可以在基于 GIS-T 的基础上加以显示，同时也支持文字显示，便于用户理解。

(5) 交通拥挤预测结果输出

根据交通拥挤预警模块的计算得到最终预测结果，系统提供可以在基于 GIS-T 的基础上加以显示的方式，也支持文字显示，便于用户理解。

9.4 系统详细设计

系统详细设计主要包括系统数据库设计和预测模型详细设计。

9.4.1 系统数据库设计

数据库设计内容主要为各种数据表的设计。

（1）图清单

名　称	代　码
Oracle All	Oracle All
检测数据	检测数据
现状与预测数据	现状与预测数据
用户管理	用户管理
预测模型	预测模型

（2）所有的 Oracle 数据表

DETECT_TRAFFIC_FLOW_1MIN		
监测点编号	VARCHAR2(50)	<ak>
监测时间	DATE	<ak>
流量	NUMBER	
速度	NUMBER	
占有率	NUMBER	

FOURIER_MODEL_PARAMETERS		
监测点编号	VARCHAR2(50)	<ak>
预测类型	VARCHAR2(10)	<ak>
FOURIER_ORDER	NUMBER	<ak>
系数	NUMBER	

5 min的检测数据		
监测点编号	VARCHAR2(50)	<ak>
监测时间	DATE	<ak>
流量	NUMBER	
速度	NUMBER	
占有率	NUMBER	

15 min预测结果		
监测点编号	VARCHAR2(50)	<ak>
预测时间	DATE	<ak>
流量	NUMBER(6,2)	
速度	NUMBER(6,2)	
占有率	NUMBER(6,2)	

30 min预测结果		
监测点编号	VARCHAR2(50)	<ak>
预测时间	DATE	<ak>
流量	NUMBER(6,2)	
速度	NUMBER(6,2)	
占有率	NUMBER(6,2)	

邻域关系		
监测点编号	VARCHAR2(50)	<ak>
预测类型	VARCHAR2(10)	<ak>
相邻的监测点编号	VARCHAR2(50)	<ak>
相邻监测点的阶数	NUMBER	<ak>
系数	NUMBER(10,9)	

FORECAST_MODEL_PARAMETERS		
监测点编号	VARCHAR2(50)	<ak>
预测类型	VARCHAR2(10)	<ak>
HISTORY_WEIGHT	NUMBER(10,9)	
AR_WEIGHT	NUMBER(10,9)	
NEIGHBOR_WEIGHT	NUMBER(10,9)	

用户角色		
ROLEID	VARCHAR2(50)	<pk>
用户角色描述	VARCHAR2(100)	

FK_ASPNET_USERS_ROLES

历史平均数据		
监测点编号	VARCHAR2(50)	<ak>
TIME_OF_DAY	NUMBER	<ak>
流量	NUMBER(6,2)	
速度	NUMBER(6,2)	
占有率	NUMBER(6,2)	
DAY_OF_WEEK	NUMBER	<ak>

用户		
用户名	VARCHAR2(20)	<pk>
密码	VARCHAR2(200)	
名称	VARCHAR2(20)	
警号	VARCHAR2(20)	
部门	VARCHAR2(100)	
所属用户角色	VARCHAR2(50)	<fk>

FORECAST_MODEL_AR_COEFF		
监测点编号	VARCHAR2(50)	<ak>
预测类型	VARCHAR2(10)	<ak>
AR_ORDER	NUMBER	<ak>
系数	NUMBER(10,9)	

FORECAST_MODEL_COMAT		
监测点编号	VARCHAR2(50)	<ak>
预测类型	VARCHAR2(10)	<ak>
COMAT_ABC	VARCHAR2(4000)	
COMAT_AR	VARCHAR2(4000)	
COMAT_NB	VARCHAR2(4000)	

CONGEST ION_15MIN		
SECTION INDEX	VARCHAR2(50)	<pk>
TIME	DATE	<pk>
VOLUME_STATUS	VARCHAR2(50)	
VOLUME_RANK	NUMBER（1）	
SPEED_STATUS	VARCHAR2(50)	
SPEED_RANK	NUMBER（1）	
OCCUPANCY_STATUS	VARCHAR2(50)	
OCCUPANCY_RANK	NUMBER（1）	
MULTI_STATUS	VARCHAR2(50)	
MULTI_RANK	NUMBER（1）	

CONGEST ION_CURRENT		
SECTION INDEX	VARCHAR2(50)	<pk>
TIME	DATE	<pk>
VOLUME_STATUS	VARCHAR2(50)	
VOLUME_RANK	NUMBER（1）	
SPEED_STATUS	VARCHAR2(50)	
SPEED_RANK	NUMBER（1）	
OCCUPANCY_STATUS	VARCHAR2(50)	
OCCUPANCY_RANK	NUMBER（1）	
MULTI_STATUS	VARCHAR2(50)	
MULTI_RANK	NUMBER（1）	

TEMP_DATA_SOURCE_		
SECT ION_INDEX	VARCHAR2（50）	<ak>
DETECT_TIME	DATE	<ak>
VOLUME	NUMBER	
SPEED	NUMBER	
OCCUPANCY	NUMBER	

监测点编号对应关系		
ID	VARCHAR2(20)	<pk>
NAME	VARCHAR2(100)	

PLAN_TABLE	
STATEMENT_ID	VARCHAR2(30)
PLAN_ID	NUMBER
TIMESTAMP	DATE
REMARKS	VARCHAR2(4000)
OPERATION	VARCHAR2(30)
OPTIONS	VARCHAR2(255)
OBJECT_NODE	VARCHAR2(128)
OBJECT_OWNER	VARCHAR2(30)
OBJECT_NAME	VARCHAR2(30)
OBJECT_ALIAS	VARCHAR2(65)
OBJECT_INSTANCE	NUMBER
OBJECT_TYPE	VARCHAR2(30)
OPTIMIZER	VARCHAR2(255)
SEARCH_COLUMNS	NUMBER
ID	NUMBER
PARENT_ID	NUMBER
DEPTH	NUMBER
POSITION	NUMBER
COST	NUMBER
CARDINAL ITY	NUMBER
BYTES	NUMBER
OTHER_TAG	VARCHAR2(255)
PARTITION_START	VARCHAR2(255)
PARTITION_STOP	VARCHAR2(255)
PARTITION_ID	NUMBER
OTHER	LONG
DISTRIBUTION	VARCHAR2(30)
CPU_COST	NUMBER
IO_COST	NUMBER
TEMP_SPACE	NUMBER
ACCESS_PREDICATES	VARCHAR2(4000)
FILTER_PREDICATES	VARCHAR2(4000)
PROJECTION	VARCHAR2(4000)
TIME	NUMBER
QBLOCK_NAME	VARCHAR2(30)

CONGEST ION_30MIN		
SECTION INDEX	VARCHAR2(50)	<pk>
TIME	DATE	<pk>
VOLUME_STATUS	VARCHAR2(50)	
VOLUME_RANK	NUMBER（1）	
SPEED_STATUS	VARCHAR2(50)	
SPEED_RANK	NUMBER（1）	
OCCUPANCY_STATUS	VARCHAR2(50)	
OCCUPANCY_RANK	NUMBER（1）	
MULTI_STATUS	VARCHAR2(50)	
MULTI_RANK	NUMBER（1）	

(3) 表格清单

名　　称	代　　码
5 min 的检测数据	DETECT _ TRAFFIC _ FLOW _ 5MIN
15 min 预测结果	FORECAST _ TRAFFIC _ FLOW _ 15MIN
30 min 预测结果	FORECAST _ TRAFFIC _ FLOW _ 30MIN
CONGESTION _ 15MIN	CONGESTION _ 15MIN
CONGESTION _ 30MIN	CONGESTION _ 30MIN
CONGESTION _ CURRENT	CONGESTION _ CURRENT
DETECT _ TRAFFIC _ FLOW _ 1MIN	DETECT _ TRAFFIC _ FLOW _ 1MIN
FORECAST _ MODEL _ AR _ COEFF	FORECAST _ MODEL _ AR _ COEFF
FORECAST _ MODEL _ COMAT	FORECAST _ MODEL _ COMAT
FORECAST _ MODEL _ PARAMETERS	FORECAST _ MODEL _ PARAMETERS
FOURIER _ MODEL _ PARAMETERS	FOURIER _ MODEL _ PARAMETERS
PLAN _ TABLE	PLAN _ TABLE
TEMP _ DATA _ SOURCE _	TEMP _ DATA _ SOURCE _
历史平均数据	HISTORY _ AVERAGE _ FLOW
用户	ASPNET _ USERS
用户角色	ASPNET _ ROLES
监测点编号对应关系	GIS _ DETECTOR _ INFO
邻域关系	FORECAST _ MODEL _ NB _ COEFF

(4) 参考清单

名称	代码	父表格	子表格	外键列	父角色	子角色
FK _ ASPNET _ USERS _ ROLES	FK _ ASPNET _ USERS _ ROLES	用户角色	用户	所属用户角色		

(5) 用户清单

名称	代码
BJTRAFFIC	BJTRAFFIC

(6) 表格“5 min 的检测数据”

表格“5 min 的检测数据”的卡片

名称	5 min 的检测数据
代码	DETECT _ TRAFFIC _ FLOW _ 5MIN

表格“5 min 的检测数据”的服务器检验表达式

%RULES%

表格“5 min 的检测数据”的选项

```
pctfree 10
initrans 1
maxtrans 255
storage
(
    initial 64K
    minextents 1
    maxextents unlimited
)
tablespace USERS
logging
 noparallel
```

表格“5 min 的检测数据”的约束名称

CKT _ DETECT _ TRAFFIC _ FLOW _ 5MIN

表格“5 min 的检测数据”的列清单

名称	代码
监测点编号	SECTION _ INDEX
监测时间	DETECT _ TIME
流量	VOLUME
速度	SPEED
占有率	OCCUPANCY

表格“5 min 的检测数据”的键清单

名称	代码	主要的
UNIQUE _ 5MIN	UNIQUE _ 5MIN	FALSE

9.4.2 预测模型详细设计

预测模型模块是本系统的核心计算模块，采用组合模型（傅立叶变换＋自回归模型＋空间相互作用模型）和非参数回归模型两个途经进行预测。其中组合模型模块的主要功能包括：后台预测、模型在线更新、模型修改和邻域结构修改以及相应的数据提取、数据导出、数据清理等功能。

在此主要介绍目前系统中所用的部分类。

（1）TrafficFlowData 类

• 概要

代表某一断面某一时刻的交通流数据

• 类图

• 详细说明

TrafficFlowData 类代表由检测器获得的或预测得到的某一断面某一时刻的交通流特性参数数据，包括交通流的速度、流量、占有率。

• 接口说明

（图标说明：◆：方法；属性图标：属性）

Icon	Member	Description
◆	TrafficFlowData（）	构造 TrafficFlowData 类的实例
属性	Occupancy	占有率
属性	Section	断面编号
属性	Speed	速度
属性	Time	采集数据的时刻
属性	Volume	流量

（2）DataAccessor 类

• 概要

用于预测模型与数据库的交互、存取交通流特性参数数据等。

• 类图

• 详细说明

为了减少系统业务逻辑与数据库实现细节的耦合，将系统对数据库的访问统一到一个类的接口下进行。DataAccessor 类主要负责与数据库交互，存取交

DataAccessor
Class

- Methods
  - LoadDetectData (+ 1 overload)
  - LoadForecastModelParameters
  - LoadFourierModelParameters
  - LoadHistoryAverageData
  - Save15MininuteForecastData
  - Save30MininuteForecastData
  - SaveForecastModelParameters
  - SaveFourierModelParameters
  - SaveHistoryAverageData

通流检测数据、预测数据、模型参数信息等。

- 接口说明

Icon	Member	Description
	DataAccessor ()	初始化 DataAccessor 类的实例
	LoadDetectData (String, DateTime, DateTime, TimeSpan)	从数据库读取指定断面，指定类型，指定起止时间、时间间隔的交通流检测数据
	LoadDetectData (String, DateTime)	从数据库读取指定断面，指定类型，指定时间点的交通流检测数据
	LoadForecastModelParameters (String, ForecastType)	读取预测模型的参数
	LoadFourierModelParameters (String, ForecastType)	读取傅立叶变换参数
	LoadHistoryAverageData (String, DateTime)	读取历史平均数据
	Save15MininuteForecastData (String, DateTime, TrafficFlowData)	将 15 min 的预测结果保存至数据库
	Save30MininuteForecastData (String, DateTime, TrafficFlowData)	将 30 min 的预测结果保存至数据库
	SaveForecastModelParameters (String, ForecastType, ForecastModelParameter)	保存预测模型的参数
	SaveFourierModelParameters (String, ForecastType, FourierModelParameter)	保存傅立叶变换参数
	SaveHistoryAverageData (String, DateTime, List<TrafficFlowData>)	保存历史平均数据

（3）ForecastModelParameter 类

• 概要

表示组合预测模型参数。

• 类图

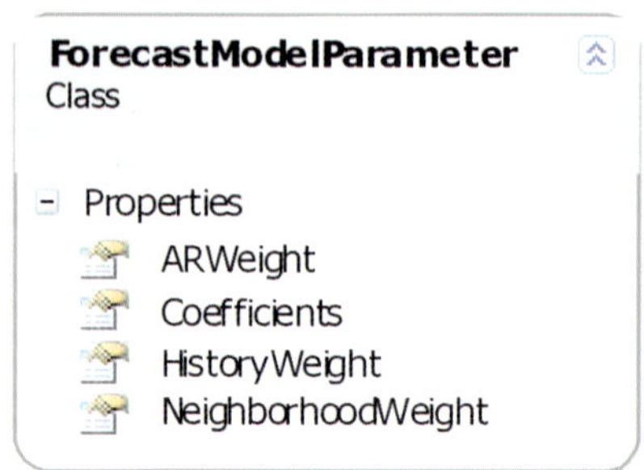

• 详细说明

在系统运行过程中，交通流预测模型的参数需要不断更新，因此将模型参数保存在数据库中，需要时从数据库中读取。交通流预测模型参数每个断面、每种交通量数据类型均取一组不同的值。

• 接口说明

Icon	Member	Description
	ForecastModelParameter（）	初始化 ForecastModelParameter 类的实例
	ARWeight	AR 模型的权重
	Coefficients	其他参数，用阶次/系数对的方式表示
	HistoryWeight	历史数据的权重
	NeighborhoodWeight	相邻数据的权重

（4）FourierModelParameter 类

• 概要

表示傅立叶变换模型参数。

• 类图

• 详细说明

在系统运行过程中，需要将经过筛选的一组傅立叶系数保存入数据库中，供以后的预测调用。FourierModelParameter 就表示这样的一组傅立叶系数。

• 接口说明

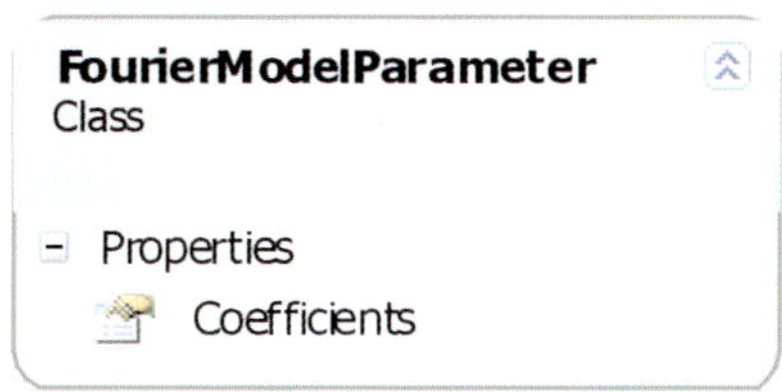

Icon	Member	Description
	FourierModelParameter ()	初始化 FourierModelParameter 的实例
	Coefficients	傅立叶变化系数，用阶次/系数对的方式表示

（5）ForecastType 枚举

• 概要

表示预测的类型。

• 类图

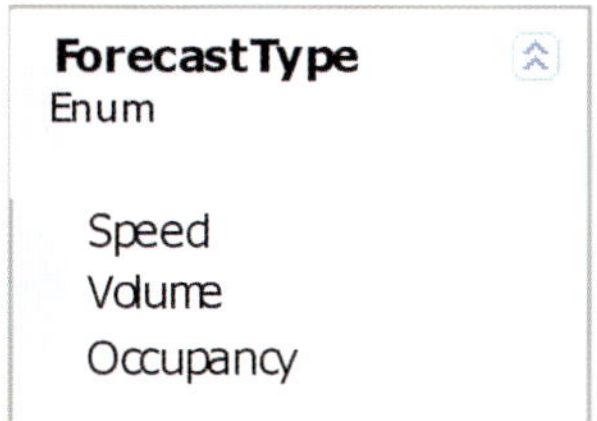

• 详细说明

ForeType 枚举表示交通流数据的类型，包括速度、流量、占有率。

• 接口说明

Member	Description
Speed	速度
Volume	流量
Occupancy	占有率

（6）Forecaster 类

• 概要

预测模型类，负责针对某一具体断面某一时刻获取数据，调用具体的计算模型，保存计算结果。

• 类图

• 详细说明

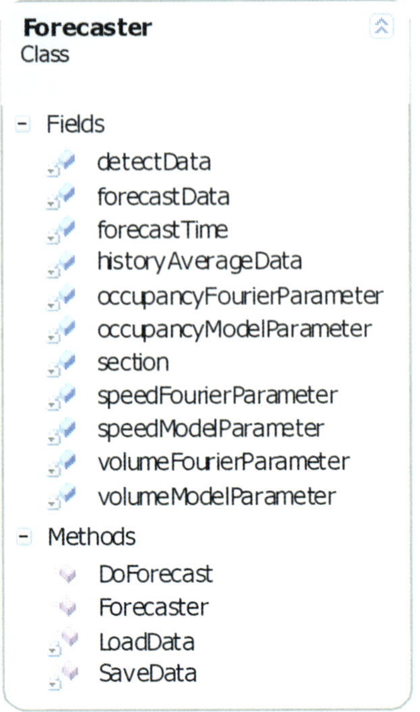

具体的计算模型函数由C++实现，只负责模型计算，不包括与web服务器的联系，数据库存取等。通过Forecaster类读取数据，调用具体的计算函数，与其他类交互。

• 接口说明

Icon	Member	Description
	Forecaster（DateTime，String）	初始化Forecaster的实例
	DoForecast（）	调用计算模块，进行预测

• 私有成员说明

Icon	Member	Description
	LoadData（）	读取所需数据
	SaveData（）	保存数据
	detectData	交通流检测数据
	forecastData	交通流预测数据
	forecastTime	交通流预测时间

续上表

Icon	Member	Description
	section	预测的断面编号
	historyAverageData	历史平均数据
	occupancyFourierParameter	用于预测占有率的傅立叶参数
	speedFourierParameter	用于预测速度的傅立叶参数
	volumeFourierParameter	用于预测流量的傅立叶参数
	occupancyModelParameter	用于预测占有率的组合模型参数
	speedModelParameter	用于预测速度的组合模型参数
	volumeModelParameter	用于预测流量的组合模型参数

（7） RemoteForecaster 类

• 概要

用于供 web 服务器远程调用，执行用户指定的预测。

• 类图

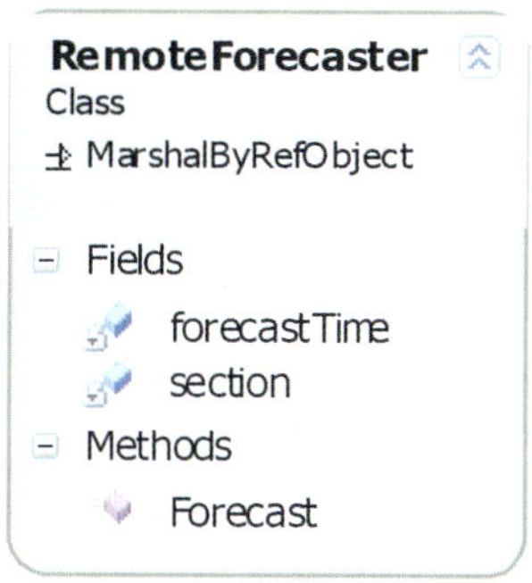

• 详细说明

系统除了执行每 5 min 一次的预测外，用户还会指定对特定时间进行预测。每五分钟一次的预测作为服务线程在计算服务器上定时运行，而用户指定的预测则需要有 web 服务器远程调用计算服务器上的相应模块执行计算，RemoteForecaster 类就负责执行这样的远程调用。

• 接口说明

Icon	Member	Description
	RemoteForecaster ()	初始化 RemoteForecaster 的实例
	Forecast ()	执行远程调用的预测

• 私有成员说明

Icon	Member	Description
	forecastTime	预测时刻
	section	预测断面编号

(8) RemoteServer 类

• 概要

用于启动供 web 服务器远程调用的服务。

• 类图

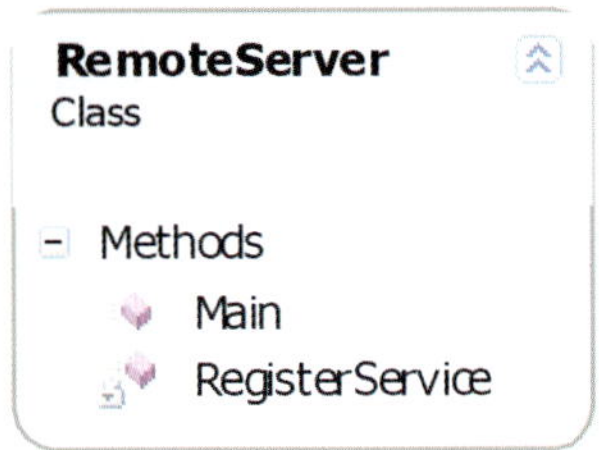

• 详细说明

为了使 web 服务器能调用计算服务器上的计算模块，在计算服务器上需要启动相应的服务，RemoterServer 类用来注册通信端口并启动服务。

• 接口说明

Icon	Member	Description
	RemoteForecaster ()	初始化 RemoteForecaster 的实例
	Forecast ()	执行远程调用的预测

私有成员说明

Icon	Member	Description
	forecastTime	预测时刻
	section	预测断面编号

(9) BackgroundForecastService 类

• 概要

计算服务器上作为服务连续运行的计算模型。

• 类图

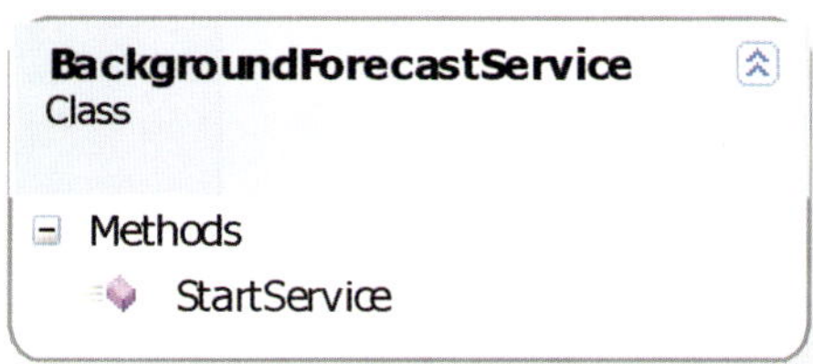

• 详细说明

计算服务器上的预测模型作为服务来运行。即使在无人使用系统的情况下也应正常执行计算任务，每隔指定时间预测一次。BackgroundForecastService类即用来实现计算服务。

• 接口说明

Icon	Member	Description
	RemoteForecaster ()	初始化 RemoteForecaster 的实例
	Forecast ()	执行远程调用的预测

• 私有成员说明

Icon	Member	Description
	forecastTime	预测时刻
	section	预测断面编号

第10章 北京市道路交通流特性预测预报系统开发

10.1 北京市现有检测系统

本系统的研究开发主要基于目前北京市公安局公安交通管理局现有多个交通信息检测系统的基础之上，在一期开发过程中所使用交通流检测系统主要包括如下3个：快速路及城市主干路交通流信息检测系统、旅行时间检测系统和信号控制系统线圈检测系统。

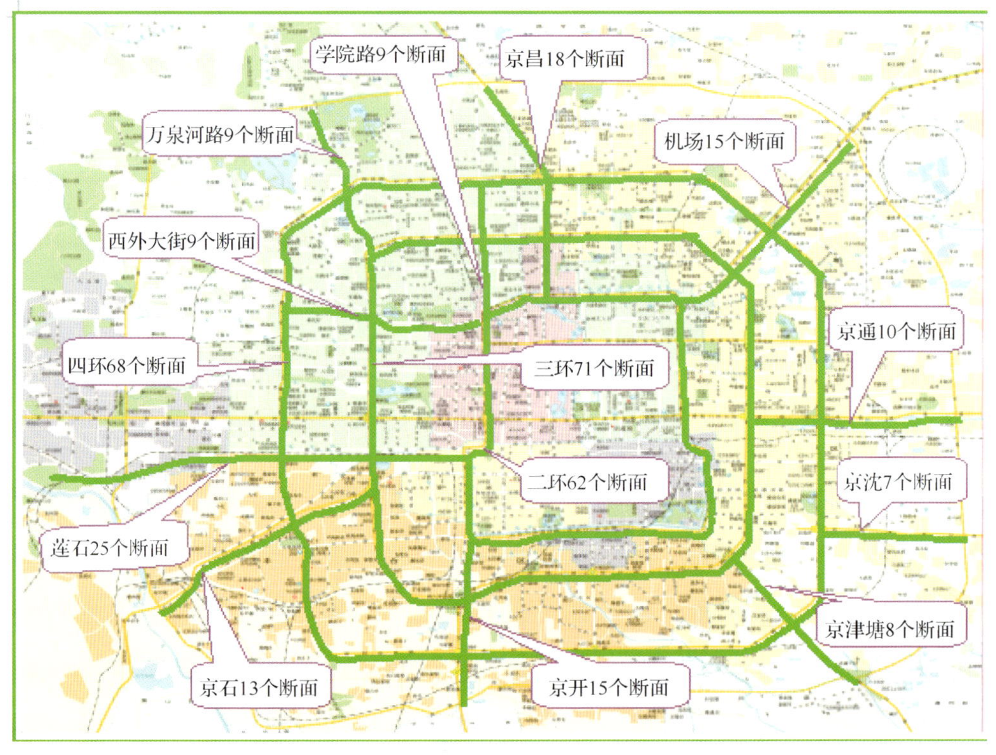

图10.1 北京交通流信息检测系统建设现状

1. 交通流信息检测系统

交通流信息检测系统分为快速路交通流信息检测系统和城市主干路交通流信息检测系统。

快速路交通流信息检测数据主要来源于微波及超声波交通流信息检测系统，可提供流量、流速、占有率、长车数量等参数。目前快速路交通流实时信息检测系统已覆盖二、三、四环路及 11 条联络线（京昌、机场、京通、京沈、京津塘、京开、京石、莲石、西外、万泉河路、学院路），共 200 多 km。微波及超声波交通流信息检测断面 339 个，安装检测器 534 台，所有数据汇聚到交管局中心，经处理后为指挥调度和信息发布等提供基础数据。

具体分布情况如图 10.1 所示。

图 10.2　一期和二期旅行时间检测点分布

城市主干路交通流信息来自两个系统，一是交通信号控制系统的环形线圈检测器，但环形线圈是为信号控制设置的，其数量和安装位置均不能满足信息发布服务和交通诱导的要求，信息发布服务和交通诱导主要依靠交通旅行时间检测系统。

从 2002 年北京市开始设计、建设城市主干路旅行时间检测系统。到目前为止，已经进行了三个阶段的实施。

目前城市主干路旅行时间检测系统已覆盖三环路至五环路之间 24 条放射线和三环路以内的西单大街、东单大街、平安大街、两广路、长安街，共245 km。

旅行时间检测装置设在 139 处地点，共 374 个单向断面，如图 10.2 所示。

2. 信息服务系统

目前在信息发布与诱导方面的技术比较成熟，在北京市快速路交通流信息实时检测系统和北京市快速路交通诱导系统的基础上，通过交通信息综合处理技术和信息发布技术的应用实现了信息发布与诱导。

交通诱导系统由室外显示屏、主指挥中心控制系统、分指挥中心控制系统、通讯系统等部分组成。室外显示屏通过光纤连接到主或分指挥中心的通讯服务器，它们之间为双向点到点的串行通讯，使用 RS232 通讯协议。主或分指挥中心之间使用交管局内部的专用计算机网络，使用 TCP/IP 协议。

10.2 系统实施环境分析

北京市道路交通流特性预测预报系统的运行环境如下：

• 服务器选用 Windows Server 2003 操作系统；

• Web 服务器采用 IIS6；

• 数据库选用 ORACLE 9i 数据库；

• Web GIS 开发与运行平台选用 ESRI 的 ArcIMS 系列产品将在将来更新为 ArcGIS server；

• 客户端选用 Windows 98 以上版本的操作系统，IE6.0 以上版本的浏览器。

本系统的开发环境如下：

系统开发环境采用 Microsoft Visual Studio 2008，开发语言采用 C＃/C＋＋。

10.2.1 硬件平台

系统硬件平台包括：数据服务器、计算服务器、GIS 服务器、Web 服务器等。

具体介绍详见第 9 章相关部分。

10.2.2　软件平台

软件平台包括：Windows 操作系统、.NET Framework、IIS Web 服务器、Oracle 数据库、GIS 平台、开发环境——Visual Studio .NET、开发语言——C#/C++等。

1. Windows 操作系统

Windows 操作系统具有如下优点：

（1）界面图形化

在 Windows 中的操作可以说是“所见即所得”，所有的东西都摆在用户眼前，只要移动鼠标，单击、双击即可完成。故其拥有非常好的用户界面友好性。

（2）多用户、多任务

Windows 系统可以使多个用户用同一台电脑而不会互相影响。

2. .NET NET Framework

.NET NET Framework 具有两个主要组件：公共语言运行库、.NET Framework 类库。

公共语言运行库是 .NET Framework 的基础，它可以用来管理运行代码，确认类型的安全性，提供垃圾收集，进行错误处理，对半信任代码的访问安全进行控制，提供公共类型系统（Common Type System）如：数值类型（Integer、Float、User Defined、Etc）、引用类型（Objects、Interfaces）等。此外，它还可以用来访问系统资源如：本地 API、COM interop 等，它还提供了多语言的开发环境如 C#、C++、VB. NET、J#、Perl、Python 等。

.NET Framework 类库是一个与公共语言运行库紧密集成的可重用的类型集合。该类库是面向对象的，并提供自己的托管代码可从中导出功能。该类库还可以用来完成一系列常见编程任务（包括诸如字符串管理、数据收集、数据库连接以及文件访问等任务）。

3. IIS Web 服务器

（1）执行环境

IIS 显然只为 Windows 平台设计，只能用于 Windows 平台。虽然 IIS 的这一特点限制了基于 IIS 的 Web 服务可能部署的平台范围，但同时也带来一些优势，包括与宿主操作系统更深入地集成，便于通过大量标准的操作系统工具管理和控制 Web 服务器。

在 IIS6.0 中，操作系统与 Web 服务器之间的集成比以往更深入了，原来接受和处理客户请求的组件现在分离成了两个组件，内核模式的请求监听器 http.sys 监听并接受来自客户端的请求，把请求放入一个或者多个请求队列；随后，IIS 处理队列中的请求，利用一个或多个工作进程来控制各个请求和应用程序的运行。

由于分离了接收请求和处理请求的组件，即使工作进程由于某种故障而不再运行，Web 服务器仍能接收请求；同时，这种分离也方便了对处理请求的工作进程的控制。

(2) 动态组件

在 IIS 中，开发动态应用的主要工具是 ASP，ASP 实际上是一种允许将代码嵌入到 HTML 页面的解决方案的统称。服务器根据客户端的请求解析 ASP 页面，将 ASP 页面生成的 HTML 结果发回到客户端。ASP 系统允许开发者使用各种编程语言，包括 Visual Basic、VBScript、JavaScript、Java 和 C/C++，还有各种源代码开放的编程语言，诸如 Perl 和 Python。另外，IIS 继续支持传统的 CGI 应用开发方式，还有以 ISAPI 筛选器为特征的 IIS 特有的筛选、执行系统。

(3) 安全和验证

IIS 因其与操作系统的紧密结合而获益良多，Windows 中配置、管理和验证用户的系统同时也为 IIS 服务器提供了安全和验证服务，由于只需要管理一个安全系统，管理负担大大减轻。同时，在适当的配置下，用户只要登录到 Windows，就可以同时通过 Intranet 自动登录到 IIS 服务器上的应用。

由于整个操作系统以及 IIS 服务器都使用同一个身份验证系统，所以分配 Web 网站所在文件系统的访问权限也很方便。例如，当用户登录到 Web 应用，他访问网站各个目录的权限也已经由用户和组的授权情况决定。

(4) 性能

IIS 集成了大量改善性能的特性，在多处理器系统上工作进程模式显著地提高了性能，ASP 和 ISAPI 扩展使得应用程序能够从处理请求的进程直接运行。另外，以内核模式运行的 http.sys 也能够从缓冲区或磁盘将静态内容或简单的动态内容直接提供给客户端，避免了将请求转发给工作进程的开销。

(5) 管理

在 IIS 众多的配置编辑工具中，比较常用的包括一个微软管理控制台的管理单元，一个 Web 方式的管理系统，还有添加、更新和配置各种组件的一组命令行工具。管理员可以随时手工编辑 XML 文件，IIS 服务器将立即自动反映出修改后的配置，不需要重新启动。另外，XML 配置文件也很容易移植，方便了多台机器之间的配置信息共享。

（6）可靠性

在IIS 6.0中，大部分的请求通常由工作进程处理，IIS 6.0为工作进程提供了大量的管理和控制机制。为了提高可靠性，IIS可以隔离各个应用程序，让应用程序运行在各自独立的内存和执行空间之中，或者与其他应用程序共享执行空间。这意味着，如果一个应用程序出了问题，最多只影响到当前的工作进程，但不会影响到其他工作进程及其运行的应用程序，也不会影响到处理请求的内核。

4. Oracle 数据库

Oracle数据库9i企业版基于运行Windows、Linux和UNIX的集群服务器或单一服务器提供业界领先的性能、可伸缩性、安全性和可靠性。它提供了全面的功能来管理要求最严格的事务处理、商务智能和内容管理软件。其主要优点如下：

• 防止服务器故障、站点故障和人为错误的发生，并减少了计划内的宕机时间；

• 利用行级安全性、细粒度审计、透明的数据加密和数据的全面回忆确保数据安全和遵守法规；

• 轻松管理最大型数据库信息的整个生命周期。

5. GIS 平台

下面主要介绍一下在系统中使用的ArcSDE和ArcIMS。

➢ ArcSDE

ArcSDE是ArcGIS与关系数据库之间的GIS通道。它允许用户在多种数据管理系统中管理地理信息，并使所有的ArcGIS应用程序都能够使用这些数据。

ArcSDE是多用户ArcGIS系统的一个关键部件。它为DBMS提供了一个开放的接口，允许ArcGIS在多种数据库平台上管理地理信息。这些平台包括Oracle，Oracle with Spatial/Locator，Microsoft SQL Server，IBM DB2，和Informix。

➢ ArcIMS：GIS地图、数据和元数据的网络发布

ArcIMS是一个通过中心网络门户来发布GIS地图、数据和元数据的有效解决方案。使用ArcIMS构建的GIS网站允许任意数量的用户通过企业局域网或Internet进行访问。

ArcIMS使网站能够提供GIS数据、交互式地图、元数据目录以及特定的GIS应用。通常，ArcIMS用户通过他们的Web浏览器，借助ArcIMS内含的HTML或Java应用程序来访问这些GIS服务。除此以外，ArcIMS服务还能够被更多的客户端访问，如ArcGIS Desktop、ArcGIS Engine应用、ArcReader、

ArcPad、ArcGIS Server 节点、MapObjects for Java 应用以及各种使用 HTTP 和 XML 进行网络通讯的无线设备。

6. 开发环境——Visual Studio. NET

Visual Studio. NET 是一套完整的开发工具，用于生成 ASP Web 应用程序、XML Web 服务、桌面应用程序和移动应用程序。Visual Basic. NET、Visual C＋＋. NET、Visual C＃. NET 和 Visual J＃. NET 全都使用相同的集成开发环境(IDE)，该环境允许它们共享工具并有助于创建混合语言解决方案。另外，这些语言利用了 . NET Framework 的功能，此框架提供对简化 ASP Web 应用程序和 XML Web 服务开发的关键技术的访问。

7. 开发语言——C＃/C＋＋

C＃是 Microsoft 在 Visual Studio. NET 中推出的一门新的编程语言，它继承了 C 和 C＋＋语言的一些优良特性，同时具有现代、直观、面向对象、类型安全以及平台独立等众多优良特性。使用 C＃语言可以进行 Windows 应用程序、Web 应用、XML Web Server 以及移动应用等程序的开发。同时，C＃可以充分利用 . NET 框架提供的各种特性、工具和类库，如自动垃圾回收、集合类、网络支持、多线程支持、字符串和正则表达式类、XML 和 XML 架构支持、XML 名字空间、XSLT 和 SOAP 支持等，从而简化了程序开发的工作。

10. 2. 3 框架设计

基于上述对硬件、软件平台的介绍，本系统的概念框架如图 10. 3。

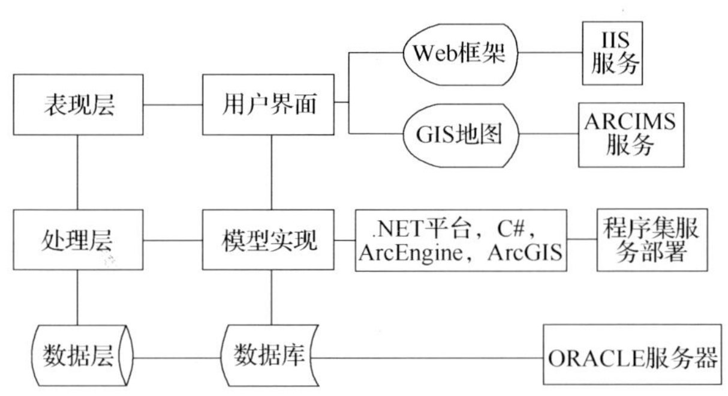

图 10. 3 本系统的概念框架

10. 3 系统功能介绍

北京市道路交通流特性预测预报系统以中短时交通流预测和拥挤评价为核

心，以 Web 服务方式对外提供五大功能：路况显示、拥挤评价、旅行时间、统计分析和系统管理。以下分别进行简要介绍。

1. 路况显示

路况显示是北京市道路交通流特性预测预报系统最核心、最主要的功能部分，具体包含三部分。

第一部分，系统以 GIS 电子地图的形式向用户提供当前时刻以及未来 5 min、15 min、30 min、1 h、2 h 时刻的路况信息。路况信息包含路段上的交通流量、平均速度、占有率以及饱和度等数据。所有数据每隔 5 min 刷新一次。系统根据对北京市混合交通流的交通流模型研究为每一类参数数据制定了区分快速路和主干路的分级方案，将参数数值映射到红、黄、绿三色之一。GIS 电子地

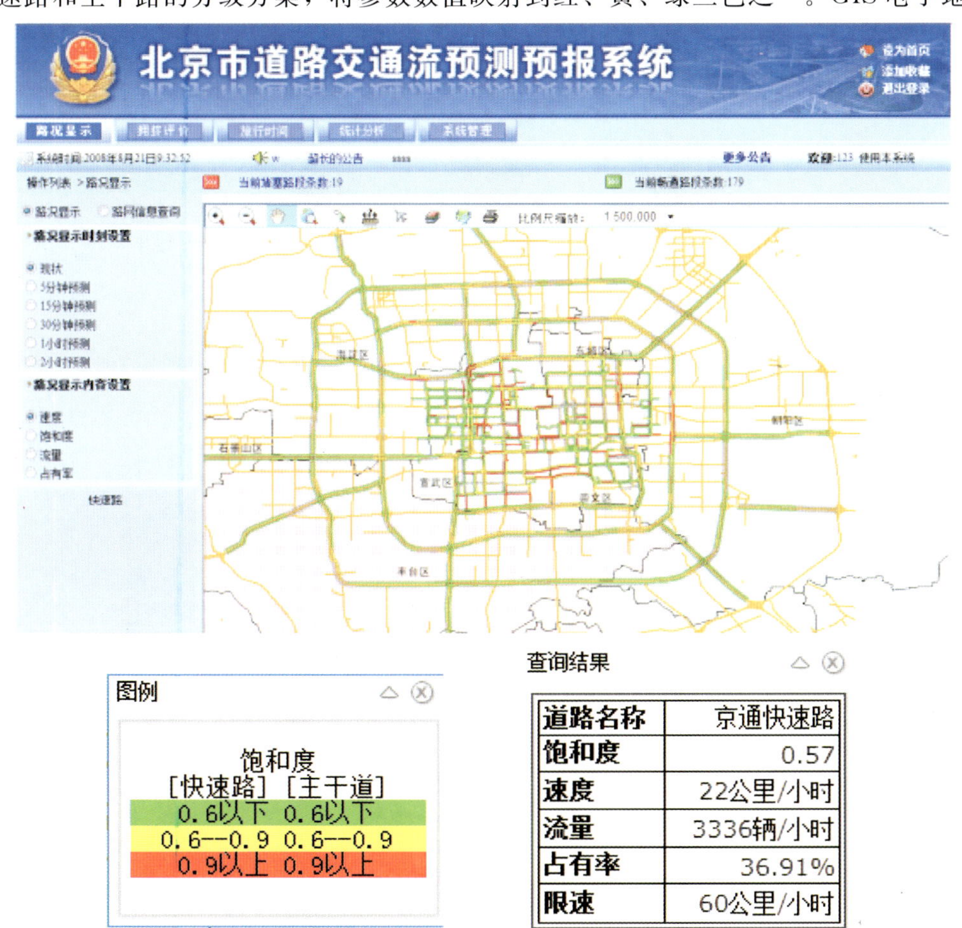

图 10.4　预测信息显示及查询

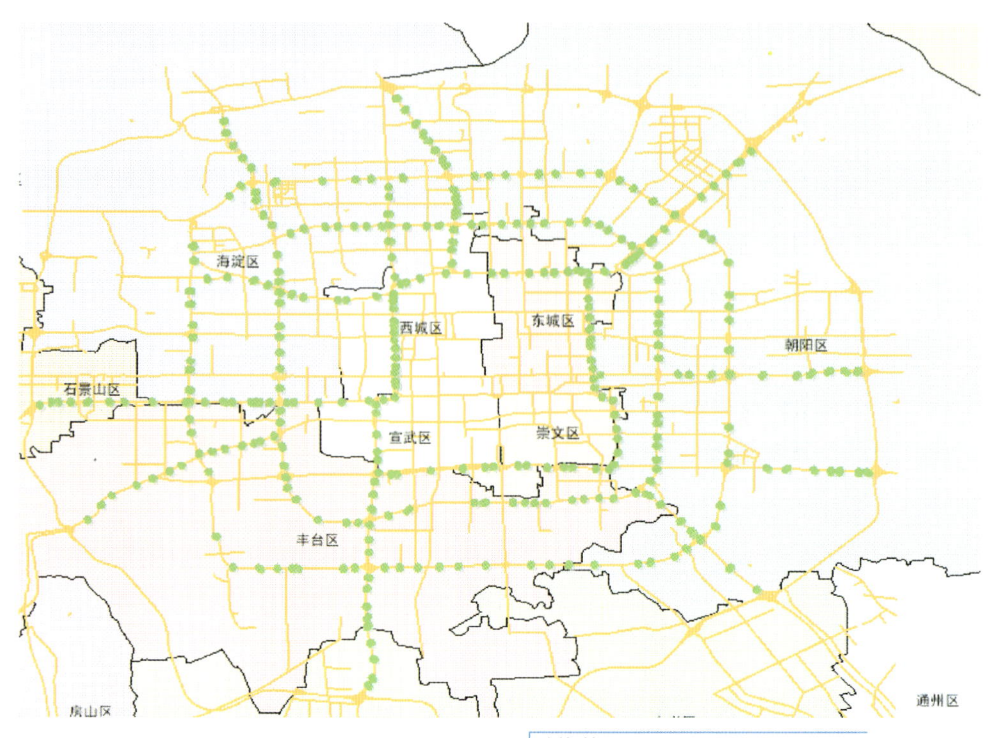

查询结果

道路名称	知春路
道路长度	98.5008米
道路宽度	6米
车道数	2

查询结果

检测器编号	4044
检测器类型	微波
地点编号	4H-54-W
地点名称	海淀桥东桥头
车流方向	4044EW
道路名称	四环路
检测车道数	4
错误总时间	0

分车道数据

车道编号	流量	速度	占有率	时间
4	444	49.2780	10.5860	2008-8-21 9：25：00
16	451	22.7080	44.7430	2008-8-21 9：25：00

图 10.5　检测器信息显示

图以表示路段交通流状况的线条颜色直观地向用户提供路况信息。系统提供完备的 GIS 操作功能，用户可以进行平移、缩放、点击查询等操作。当用户点击查询时，系统给出路段闪烁回馈，并通过弹出窗口提供详细的路况数据。此部分是系统最核心的功能之一，如图 10.4 所示。

第二部分，系统以 GIS 电子地图的形式向用户提供北京市五环路范围内的静态路网信息和快速路范围内的检测器信息。除上述常规 GIS 操作功能外，用户可以通过点击查询的方式获得路段、检测器的静态信息以及检测器当前的分车道的实时路况检测信息，如图 10.5 所示。

第三部分，路况显示作为北京预测系统的默认显示界面，还集成了其他常用的功能。包括：显示最新发布的交通公告链接、以饼图的形式显示当前路网上的路况状态分布情况、显示拥挤评价部分给出的堵塞和畅通的路段条数等，如图 10.6 所示。

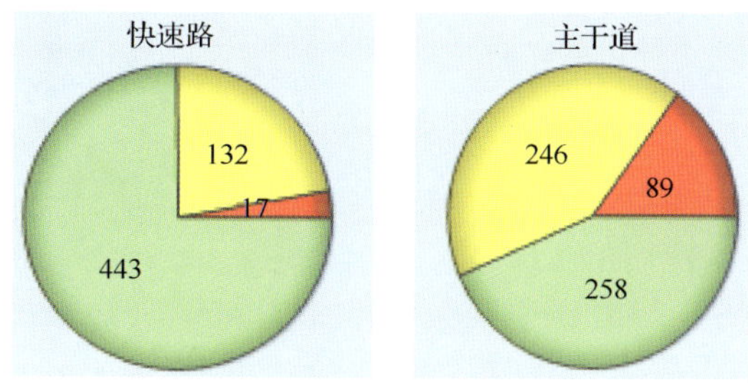

图 10.6　拥挤比例显示

2. 拥挤评价

拥挤评价部分对每个路段的流量、速度、占有率、饱和度等多个交通参数进行综合分析，评定其对应的拥堵级别。路段的拥堵状况从畅通到拥塞共分为 5 级，分别用从绿到红的渐变色进行表征，以便在 GIS 电子地图上进行显示。系统可以针对当前路况以及预测得出的未来 5 min、15 min、30 min、1 h、2 h 时刻的预测路况进行拥挤评价和分级。系统主要以 GIS 专题地图的形式提供整个路网的拥堵状态，用户可以使用平移、缩放等常规 GIS 操作功能进行方便的浏览。还可以使用点击查询功能，通过弹出窗口查看详细数据。此外，系统还以饼图的形式显示属于各个拥堵级别的路段在整个路网上占据的比例情况，如图 10.7 所示。

3. 旅行时间

旅行时间部分从车牌识别数据中提取旅行时间信息，以提供相关服务。系统按照旅行时间的长短对路段进行分级，并以 GIS 专题图的形式进行显示。用户可以针对 GIS 地图进行平移、缩放、点击查询等操作。此外，系统

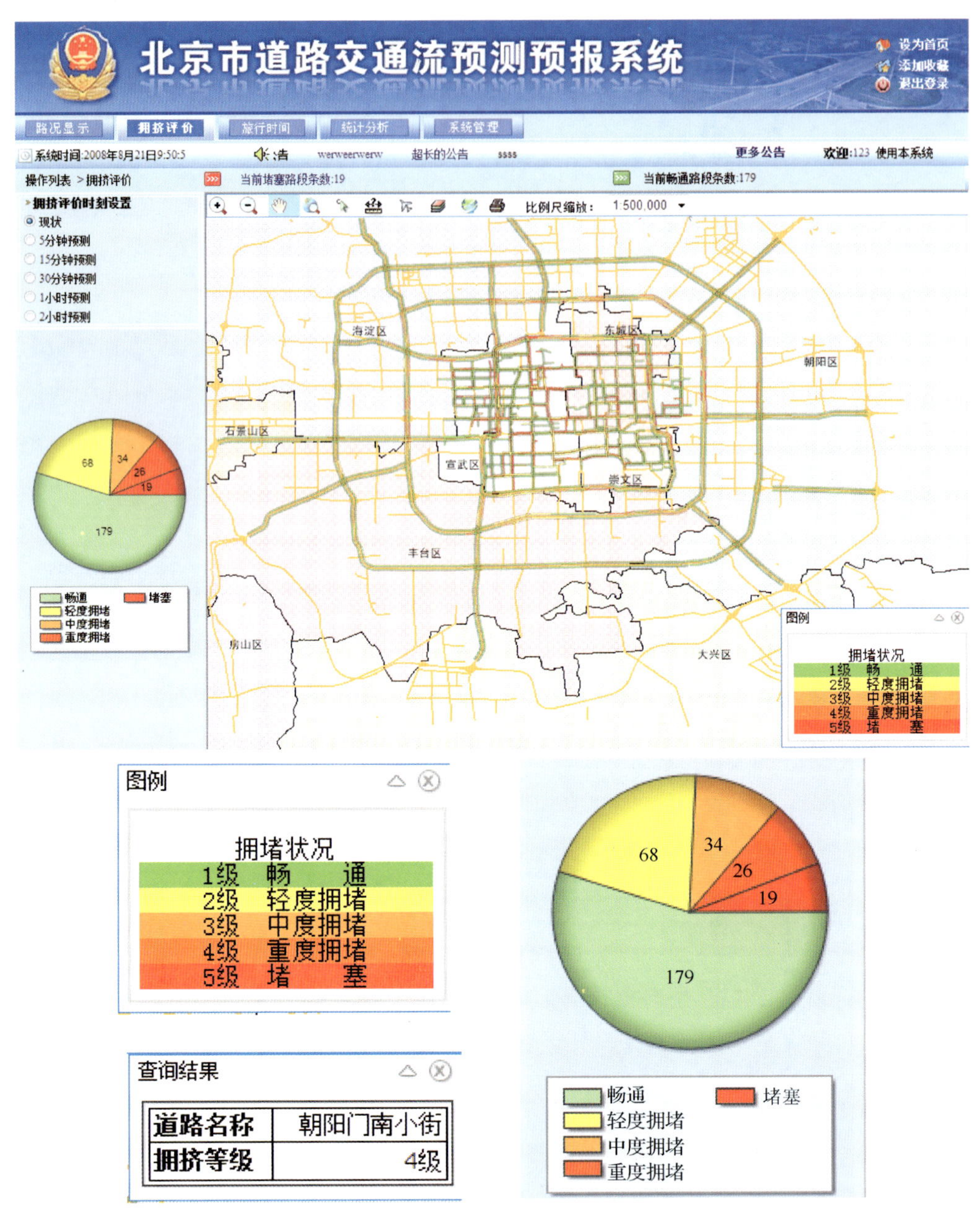

图 10.7　拥挤评价及显示

还在此基础上提供路径旅行时间查询功能。用户可以在本系统覆盖的路径范围内，选择感兴趣的起点和终点，获得相应的旅行时间信息，以辅助出行路径选择决策。如图 10.8 所示。

图 10.8　旅行时间查询

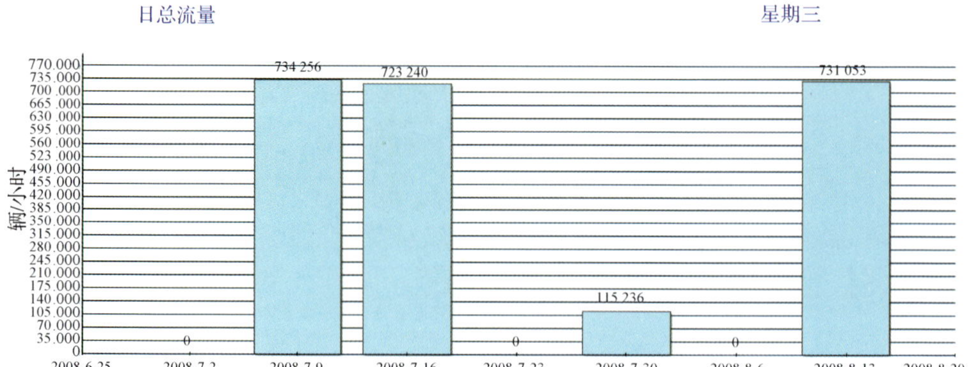

您查询的是万柳桥→丰益桥2008-8-13之前一段时间内相同星期三的单日总交通流量的对比结果

拥堵排名

2008-8-7-----2008-8-15

时间	持续时间(小时)	断面索引
2008-8-7 0:00:00	6.33	31111EW
2008-8-7 0:00:00	6.33	41171WE
2008-8-7 0:00:00	6.08	21491WE
2008-8-7 0:00:00	4.33	25411WE
2008-8-7 0:00:00	4	59531SN
2008-8-7 0:00:00	3.83	21271NS
2008-8-7 0:00:00	3.75	25261NS
2008-8-7 0:00:00	3.75	25311WE
2008-8-7 0:00:00	3.67	22451NS
2008-8-7 0:00:00	3.67	24421SN
2008-8-7 0:00:00	3.67	26491NS
2008-8-7 0:00:00	3.67	26321WE

您查询的是2008-8-7 0:00:00 到2008-8-15 0:00:00前12名的拥堵路段

您查询的是2008-07-16—日内处于拥挤状态的路况所占的比例的变化情况

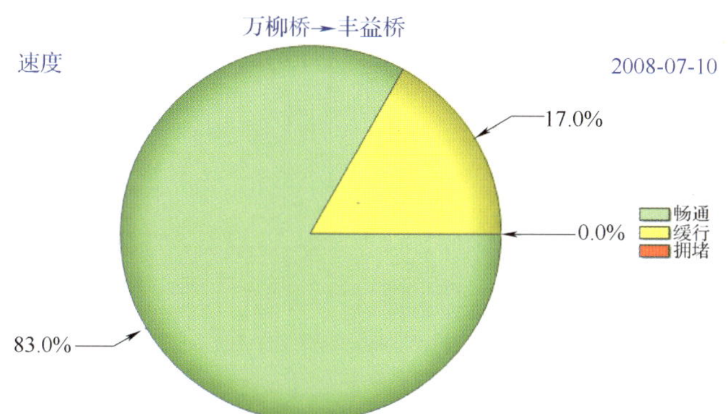

图 10.9　统计分析功能示意图

4. 统计分析

北京市道路交通流特性预测预报系统基于实时路况和历史数据提供丰富的统计分析功能，包括基于单个时段、单日或更长时段的针对单个断面或整个路网的各种各样的统计计算。分析结果表现形式包括折线图、饼图、柱状图、数据表格等。具体功能包括：历史数据查询、实时路况对比、单日总流量对比、单日路况状态对比、单日统计指标计算、单日断面拥堵比例分析、全路网状态分析、拥堵排名统计以及对检测器当前和历史工作状态的查询和分析等，如图 10.9 所示。

5. 系统管理

北京市道路交通流特性预测预报系统的用户分为普通用户和管理员两种，

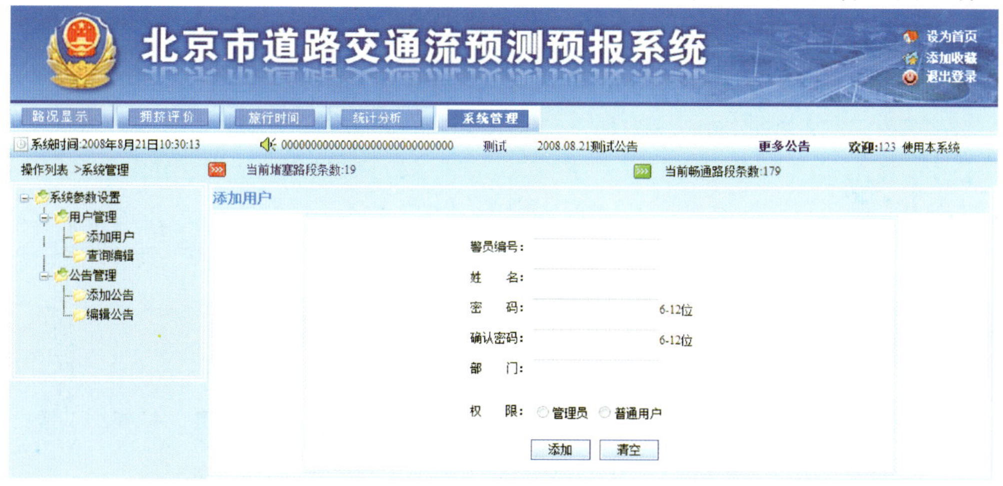

图 10.10　系统管理功能

只有管理员才能使用完整的包括系统管理在内的五大项功能，普通用户只能使用前3项功能。系统管理功能包括用户管理和公告管理两大部分。其中用户管理包括用户的添加、删除、查询和信息修改。公告管理包括公告的添加、删除和修改，如图10.10所示。